新闻传播类专业实用型核心教材

实用广告文案写作

武小菲　成毅涛　编　著

清华大学出版社
北京

内容简介

本书以广告文案写作实践为内容,通过进阶方式详细讲解广告文案写作的理论基础、写作要素、写作流程及作品分析,同时对不同媒体、品类广告文案作品的特点、写作技巧进行解读与方法归纳。在各个环节均配以大量有针对性的案例,从而使读者能够全方位、多层次地理解并掌握广告文案写作的知识储备、写作流程和技巧。

本书建立在众多学者的研究成果和业界文案写作实践的基础之上,既包含对广告文案写作相关理论的研究,也是对当前广告文案写作实践的总结。

本书可以作为高等院校新闻传播类专业学生的教材,也可以作为广告从业人员的参考资料。

本书封面贴有清华大学出版社防伪标签,无标签者不得销售。
版权所有,侵权必究。举报:010-62782989,beiqinquan@tup.tsinghua.edu.cn。

图书在版编目(CIP)数据

实用广告文案写作/武小菲,成毅涛编著. --北京:清华大学出版社,2016(2024.8重印)
新闻传播类专业实用型核心教材
ISBN 978-7-302-44510-4

Ⅰ.①实… Ⅱ.①武… ②成… Ⅲ.①广告-写作-高等学校-教材 Ⅳ.①F713.8

中国版本图书馆 CIP 数据核字(2016)第 171793 号

责任编辑:张龙卿
封面设计:徐日强
责任校对:袁 芳
责任印制:丛怀宇

出版发行:清华大学出版社
    网 址:https://www.tup.com.cn,https://www.wqxuetang.com
    地 址:北京清华大学学研大厦 A 座 邮 编:100084
    社 总 机:010-83470000 邮 购:010-62786544
    投稿与读者服务:010-62776969,c-service@tup.tsinghua.edu.cn
    质量反馈:010-62772015,zhiliang@tup.tsinghua.edu.cn
印 装 者:涿州市般润文化传播有限公司
经 销:全国新华书店
开 本:185mm×260mm 印 张:18.75 字 数:426 千字
版 次:2016 年 8 月第 1 版 印 次:2024 年 8 月第 7 次印刷
定 价:59.00 元

产品编号:070242-03

前 言
FOREWORD

习近平总书记在党的二十大报告中,将"实施科教兴国战略,强化现代化建设人才支撑"列为专章进行整体论述,作出整体部署,并指出"教育、科技、人才是全面建设社会主义现代化国家的基础性、战略性支撑",进一步彰显了党中央对于教育、科技、人才事业的高度重视,为高等教育改革发展指明了前进方向,提供了根本遵循。这使得广大教育工作者倍感振奋、备受鼓舞。

高等学校及教师努力为学生提供更高质量的学习经历,真正培养出有思想有能力有担当的实践、实用、实干人才。广告文案写作是一门实用性非常强的课程,需要在学习过程中不断训练和强化学生的实战写作能力,而突出"实用性"的教材可以成为培养学生专业能力的重要基础之一。在已经出版多部广告文案教材的背景下,本教材力图在以下四个方面有所创新。一是将数字营销的理念及新媒体的广告形式纳入视野并促使学生关注广告文案的新趋势、新变化;二是从修辞学和叙事学引入一些知识理论,帮助学生更加深刻地理解广告文案的写作与构成;三是在读图时代尽量增加广告作品的完整性,使学生能以一种整体的理念来理解和把握广告文案与图之间的关系;四是在选择广告文案的作品中将经典作品与最新的作品一并作为案例进行介绍,尽量增强作品的时代性、前沿性。

广告文案写作是通过文字(包括视频、音频脚本)来讲述"品牌故事",在全球传播的时代,这个"品牌"不应是"商业品牌"这样狭义的概念,品牌应该有非常广泛的概念,可以小到每一个人,大到每一个国家,都需要进行传播,展示自己。在世界民族之林,中华民族就是一个优秀的品牌。中国作为一个优秀的国家品牌,也需要更多受众了解和认知,广告文案写作可以成为一种重要的传播品牌的方法。从这一点来看,广告文案写作本质上与"讲好中国故事"的意涵相合,亦可以成为重要的"讲好中国故事"有效方式之一。优秀的广告文案在一定程度上可以增强中华文明传播力、影响力,坚守中华文化立场,讲好中国故事,传播好中国声音,展现可信、可爱、可敬的中国形象,推动中华文化更好走向世界。

本书内容建立在众多学者的研究成果和优秀广告人的实践基础之上,既包含对广告文案写作相关理论的研究,也有对当前广告文案写作实践的总结。在广告文案写作领域,高志宏、徐智明、胡晓芸等学者曾出版过一批较高质量的著作,我们认真总结和借鉴了诸位学者的研究成果,并努力使这些理论更加实用化。书中的各种案例也大都是近年来的广告文案写作实践,是各优秀广告人的劳动成果。他们的默默付出,是我们必须要感谢的。

本书具有三大特色：①阶梯式。按照学生学习规律将内容分为基础篇、进阶篇、提升篇三大部分，强调从基础理论到具体技法，由整体思路到具体广告文案写作内容之间的递进性，便于学生循序渐进地进行学习和掌握相关知识及技能。②内容新。教材专门针对网络及新兴媒体广告文案写作进行了讲解，将数字营销及新出现的广告形等内容融于其中，在案例的选择性方面考虑经典性与前沿性并重的原则，添加近年大量新颖的、实用的文案案例，注重与时俱进。③体例新。每章前面皆有"开篇案例"，章内加入了大量的"知识链接"和"小案例"等拓展性知识，每章后有思考与练习题目，以强化具体内容的训练和提，进而巩固和锻炼学生的实际操作能力。在教材编写团队和广告文案写作教学团队的努力下，以本教材为蓝本的优质在线课程已经建成，读者在学习本教材的同时，也可以前往相关网站进行教学视频的观看和配套学习，该在线课程受到了长安大学的支持。

　　全书由13章组成，每章正文前均包含"学习要点"，可以帮助读者了解本章要掌握的内容；"开篇案例"通过相关案例开启读者思考，同时引导读者进入本章学习；若干"小案例"穿插于正文中，方便读者学习与思考；"知识链接"主要用于读者扩展相关的知识领域；每一章后的"思考与联系"及"应用分析"等主要是对本章内容的回顾与练习，以检查读者对内容的掌握情况。

　　本书是集体协作的结晶，前期由武小菲策划，最后由武小菲、成毅涛统稿。全书共分为13章，各章具体的分工如下：武小菲负责第1~3章、第9章、第11~13章的编写，王恺悦参与了13章的编写和整体稿件校对；成毅涛负责第4~8章、第10章的编写，苗学敏、沈雅兰参与了第5~8章部分资料的搜集与内容编写。本书的出版得到了长安大学的支持。

　　本书的主要编著者都曾讲广告文案写作课程多年，也都有广告文案写作实践经验，由于编者学识有限，书中偏颇和不足之处在所难免，我们真诚期待各位专家与读者批评、指正。

编　者
2024年7月

目 录
CONTENTS

引言　文案不死 ··· 1

基 础 篇

第 1 章　广告文案写作概述 ··· 5

1.1　广告文案写作的概念 ·· 6
  1.1.1　广告文案的定义 ·· 7
  1.1.2　关于广告文案写作的基本认知 ·· 8
  1.1.3　广告文案写作的地位 ·· 10
  1.1.4　广告文案写作的任务 ·· 11

1.2　广告文案写作的特点 ·· 12
  1.2.1　广告文案的基本构成 ·· 12
  1.2.2　广告文案的文本特性 ·· 15
  1.2.3　广告文案写作与其他文体写作的比较 ································· 15
  1.2.4　广告文案的写作要求 ·· 17

1.3　广告文案的历史渊源 ·· 19
  1.3.1　广告文案概念的发展 ·· 19
  1.3.2　广告与文案的历史进程 ·· 20

本章小结 ·· 25
思考与练习 ·· 25
应用分析 ·· 26

第 2 章　广告文案与广告创意 ··· 28

2.1　创造力及创造过程 ··· 29
  2.1.1　关于创造力 ··· 29
  2.1.2　沃勒斯关于创新的"四阶段说" ·· 30
  2.1.3　詹姆斯·韦伯·杨的五阶段论 ··· 31

2.2 创造性思维方式训练 33
2.2.1 会议式头脑风暴法 33
2.2.2 个人头脑风暴法 34
2.2.3 逆向思维法 34
2.2.4 水平思考法 35
2.2.5 属性罗列法 36
2.2.6 重新组合法 37
2.2.7 日常记录法 37
2.3 广告创意及经典创意主张 38
2.3.1 关于"广告创意"的不同观点 38
2.3.2 界定广告创意 39
2.4 经典的创意主张 41
2.4.1 独特的销售说辞(USP) 41
2.4.2 固有刺激法 43
2.4.3 品牌形象论 45
2.4.4 关联性、原创性、冲击力(ROI) 47

本章小结 49
思考与练习 49
应用分析 50

第3章 广告文案与广告诉求 51

3.1 广告诉求策略 51
3.1.1 人的需求与广告诉求 52
3.1.2 广告配合诉求策略的主要方向 52
3.1.3 诉求方式选择工具介绍 54
3.1.4 广告及广告文案公式介绍 55
3.2 定位策略 56
3.2.1 定位的概念 56
3.2.2 定位策略分析 56
3.2.3 在文案中贯彻定位策略 59
3.3 理性诉求广告文案写作 61
3.3.1 理性诉求广告文案的特征 61
3.3.2 理性诉求手法在文案中的运用 61
3.4 感性诉求广告文案写作 65
3.4.1 感性诉求广告文案的特征 65
3.4.2 感性手法在文案中的运用 66
3.4.3 感性与理性结合诉求 71
3.4.4 BFD文案公式 72

本章小结 ·· 73
　　思考与练习 ·· 73
　　应用分析 ·· 74

第 4 章　广告文案与写作艺术 ··· 75
　4.1　修辞艺术 ··· 76
　　4.1.1　什么是修辞 ·· 76
　　4.1.2　广告写作中常用的修辞手法 ·· 77
　4.2　叙事与广告文案写作 ·· 83
　　4.2.1　叙事理论概述 ·· 84
　　4.2.2　叙事与广告文案写作 ·· 85
　　4.2.3　广告叙事的聚焦 ··· 88
　4.3　视觉传播与文案写作 ·· 89
　　4.3.1　媒介的变革与视觉体验的转向 ·· 89
　　4.3.2　视觉体验与广告文案的写作 ··· 90
　本章小结 ·· 91
　思考与练习 ·· 91
　应用分析 ·· 91

进 阶 篇

第 5 章　广告语 ··· 95
　5.1　广告语的相关概念 ·· 96
　　5.1.1　定义 ·· 96
　　5.1.2　广告语的表现形式 ·· 96
　　5.1.3　广告语撰写的准备工作 ··· 97
　　5.1.4　广告语的功能 ·· 99
　5.2　广告语的写作策略 ·· 100
　　5.2.1　广告语的写作关键 ·· 100
　　5.2.2　如何增强广告语的感染力：巧用修辞等手法 ····················· 101
　　5.2.3　广告语的写作路径思考 ··· 102
　　5.2.4　广告语写作的常见问题 ··· 104
　　5.2.5　广告语的检验 ·· 105
　本章小结 ·· 106
　思考与练习 ·· 106

第 6 章　广告标题 ·· 108
　6.1　广告标题概述 ·· 109

  6.1.1　广告标题的概念及作用 …………………………………………… 109
  6.1.2　标题的构成形态 ……………………………………………………… 110
  6.1.3　标题的本质 …………………………………………………………… 113
  6.1.4　标题的创作要点 ……………………………………………………… 116
 6.2　广告标题的创造性手法 ……………………………………………………… 120
  6.2.1　类比式标题 …………………………………………………………… 120
  6.2.2　新闻式标题 …………………………………………………………… 121
  6.2.3　疑问式标题 …………………………………………………………… 121
  6.2.4　故事/叙事式标题 …………………………………………………… 121
  6.2.5　命令/祈使/建议式标题 ……………………………………………… 122
  6.2.6　对比式标题 …………………………………………………………… 123
  6.2.7　悬念式标题 …………………………………………………………… 125
  6.2.8　假设式标题 …………………………………………………………… 125
  6.2.9　拟人式标题 …………………………………………………………… 125
本章小结 ………………………………………………………………………………… 127
思考与练习 ……………………………………………………………………………… 127
应用分析 ………………………………………………………………………………… 127

第7章　广告正文和随文 …………………………………………………………… 128

 7.1　概述 …………………………………………………………………………… 129
  7.1.1　广告正文的概念 ……………………………………………………… 129
  7.1.2　正文的功能 …………………………………………………………… 129
  7.1.3　正文的内容 …………………………………………………………… 130
  7.1.4　正文的写作要求 ……………………………………………………… 132
  7.1.5　广告正文的结构 ……………………………………………………… 132
 7.2　广告正文的写作技法 ………………………………………………………… 134
  7.2.1　广告正文的表现形式 ………………………………………………… 134
  7.2.2　正文的写作技巧 ……………………………………………………… 138
 7.3　广告随文的写作 ……………………………………………………………… 141
  7.3.1　随文的概念及作用 …………………………………………………… 141
  7.3.2　随文的内容 …………………………………………………………… 141
  7.3.3　随文的形式 …………………………………………………………… 142
  7.3.4　随文的写作要求 ……………………………………………………… 143
本章小结 ………………………………………………………………………………… 143
思考与练习 ……………………………………………………………………………… 144
应用分析 ………………………………………………………………………………… 144

第 8 章　报纸杂志广告文案的写作 ·········· 145

8.1　报纸广告文案的写作 ·········· 147
- 8.1.1　报纸广告的特点 ·········· 147
- 8.1.2　报纸广告的类别 ·········· 148
- 8.1.3　报纸广告的版面形式 ·········· 150
- 8.1.4　报纸广告文案的写作要求 ·········· 151
- 8.1.5　报纸广告写作的技巧与手法 ·········· 155

8.2　杂志广告文案的写作 ·········· 158
- 8.2.1　杂志广告的特点 ·········· 158
- 8.2.2　杂志广告文案的写作要求 ·········· 159

本章小结 ·········· 163

思考与练习 ·········· 163

第 9 章　广播电视广告文案的写作 ·········· 164

9.1　广播广告文案写作 ·········· 165
- 9.1.1　广播的源流与发展 ·········· 165
- 9.1.2　广播广告主要规格和类型 ·········· 166
- 9.1.3　广播广告的三要素 ·········· 167
- 9.1.4　广播广告文案写作的要点 ·········· 168
- 9.1.5　广播广告制作流程及脚本写作 ·········· 169
- 9.1.6　广播广告的表现形式 ·········· 170

9.2　电视广告文案写作 ·········· 177
- 9.2.1　电视的渊源与发展 ·········· 177
- 9.2.2　电视广告主要规格与特殊性 ·········· 178
- 9.2.3　电视广告脚本的格式 ·········· 179
- 9.2.4　不同时段的电视广告脚本写作要点 ·········· 181
- 9.2.5　电视广告的主要表现形式 ·········· 184

本章小结 ·········· 188

应用分析 ·········· 188

第 10 章　互联网及新媒体广告文案写作 ·········· 189

10.1　数字传播、数字营销与广告 ·········· 190
- 10.1.1　数字传播 ·········· 190
- 10.1.2　数字营销 ·········· 191

10.2　互联网广告文案写作 ·········· 197
- 10.2.1　互联网广告的形式 ·········· 197
- 10.2.2　互联网广告的特点 ·········· 199

  10.2.3 互联网文案写作 ·· 200
 10.3 新媒体与广告文案写作 ·· 202
  10.3.1 新媒体广告的类别 ·· 202
  10.3.2 新媒体时代的广告文案写作 ······································ 208
 本章小结 ·· 209
 思考与练习 ··· 210
 应用分析 ·· 210

提 升 篇

第 11 章　产品广告文案作品分析与鉴赏 ·· 213

 11.1 产品的概念与文案写作要点 ·· 214
  11.1.1 产品的定义 ·· 214
  11.1.2 产品的类型 ·· 214
  11.1.3 不同类型产品广告文案诉求思路 ······························· 215
 11.2 有形产品广告文案作品分析与鉴赏 ······························· 218
  11.2.1 食品类广告文案作品分析 ·· 218
  11.2.2 酒类广告文案作品分析 ··· 224
  11.2.3 饮料类广告文案作品分析 ·· 228
  11.2.4 药品类广告文案作品分析 ·· 232
  11.2.5 零售业广告文案作品分析 ·· 233
  11.2.6 洗涤卫生用品及护肤品类广告文案作品分析 ··············· 235
  11.2.7 家用电器广告文案作品分析 ···································· 236
  11.2.8 汽车广告文案作品分析 ··· 237
  11.2.9 房地产广告文案作品分析 ·· 239
 11.3 无形产品（服务）广告文案作品分析与鉴赏 ················· 243
  11.3.1 旅游观光类广告文案作品分析 ·································· 243
  11.3.2 餐饮类广告文案作品分析 ·· 245
  11.3.3 保险类广告文案作品分析 ·· 247
  11.3.4 银行类广告文案作品分析 ·· 248
  11.3.5 公共交通广告文案作品分析 ···································· 249
  11.3.6 航空客运广告文案作品分析 ···································· 250
  11.3.7 电信服务类广告文案作品分析 ·································· 251
  11.3.8 其他行业文案创作思路 ··· 253
 本章小结 ·· 253
 应用分析 ·· 253

第 12 章　企业形象类及公共事务类广告文案作品分析与鉴赏 ········ 254

12.1 企业广告文案作品分析与鉴赏 ········ 255
- 12.1.1 企业广告主要特征 ········ 255
- 12.1.2 企业认知广告文案作品分析与鉴赏 ········ 256
- 12.1.3 企业形象广告文案作品分析与鉴赏 ········ 256
- 12.1.4 企业公关广告文案作品分析与鉴赏 ········ 260
- 12.1.5 企业实用性广告文案作品分析与鉴赏 ········ 261

12.2 公共事务类广告文案作品分析与鉴赏 ········ 263
- 12.2.1 公共事务广告的分类和诉求点 ········ 264
- 12.2.2 公共机构广告文案作品分析与鉴赏 ········ 265
- 12.2.3 公益广告文案作品分析与鉴赏 ········ 266

本章小结 ········ 270
应用分析 ········ 270

第 13 章　广告文案测试 ········ 271

13.1 广告文案测试的概念和意义 ········ 272
13.2 文案测试的标准和类型 ········ 272
13.3 事前测试 ········ 273
- 13.3.1 公司内部事前测试 ········ 273
- 13.3.2 面向诉求对象的事前测试 ········ 275

13.4 事后测试 ········ 278
- 13.4.1 辅助回忆法 ········ 278
- 13.4.2 纯粹回忆法 ········ 278
- 13.4.3 态度测试法 ········ 279
- 13.4.4 查询法 ········ 279
- 13.4.5 销售测试法 ········ 279

本章小结 ········ 283
应用分析 ········ 283

拓展阅读推荐书籍及网站资源 ········ 284

参考文献 ········ 285

引 言

文案不死

"读图时代"的到来,让很多人措手不及,亦让很多人对图像以外的其他事物失去了信心,有些人在谈论广告的时候常常忽略了其中文案的存在,甚至认为,文案已死。

然而,我想说的恰恰与之相反。当下,也许广告文案已经失去了在大卫·奥格威那个时代具有的对整体广告发展的"致命"影响力和"绝对"控制力,但我们都必须承认的是,文案依然重要,依然以"她"的独特魅力影响着广告的发生、发展。宝洁公司前CEO约翰·佩帕曾说:"我已经观察过25年,发现对于我们的品牌的盈利增长和好的广告文案之间的关系不是25%,不是50%,而是100%。我还没有见过哪个宝洁公司的品牌没有一个好的广告也能够在很多年里保持一个盈利性增长的。"我们不难看出,广告文案正在以"她"长足的生命力继续在整体广告运作中发挥着作用。

请相信:文案不死!

那么应该做怎样的广告文案撰稿人呢?

学者陈刚在给著名广告人李欣频的著作《诚品副作用》写的序中有这么一段话,"如果把广告活动看作一种仪式,那么,在这个仪式中,一个非常关键的因素就是广告文案。广告文案就像某种神秘的咒语。在很多宗教仪式中,咒语被认为具有神奇的力量,轻念咒语,人与宇宙万物间沟通的开关一下子就打开了。好的广告文案也是如此,一句看似不经意的广告语,对消费者而言,仿佛是撬动心灵之门的按键。消费者被真实所触动,然后领会、感悟,最终参与到消费的过程中。对于广告活动而言,好的广告文案,是灵魂,是活力之源,具有咒语一样的魔力,它会触发广告效果的能量场,创造品牌与消费者的沟通。"

《实用广告文案写作》这本教材的编写目的亦是希望通过对广告文案的基础知识、写作技巧等相关内容的介绍,使读者能够了解并且学会如何通过文案这一载体与受众沟通,即成为像陈刚说的那种与李欣频一样的"咒语"的"通灵者"。

好了,让我们一起来开启"通灵"之旅吧!

基 础 篇

第期

第1章

广告文案写作概述

 学习要点

- 了解广告文案的概念;
- 掌握广告文案的写作特点;
- 区分广告文案写作与其他文体写作的异同;
- 把握广告文案写作的本质;
- 对广告文案的整体历史发展状况有一定的了解。

 开篇案例

找个理由"多喝水"

多喝水是一款以年轻人为诉求对象的纯净水品牌,隶属于中国台湾味丹企业,多年前知名广告人孙大伟为其创作的广告语"多喝水没事,没事多喝水"一直沿用至今。近年多喝水在广告创意上不断出新,获得年轻受众的喜爱。在《奥美的观点6》中奥美广告台北业务总监苏宇铃写道:"多喝水"是个年轻的小伙子,有着玩世不恭的个性,有点无厘头,看时间的方式永远和别人不同;他酷酷的,却总有自己的想法;"多喝水没事,没事多喝水"像个绕口令般,是他常挂在嘴边的口头禅。

2012年开始多喝水的广告以"找个理由多喝水"为主要诉求点展开,拍摄了一系列符合年轻人喜好的视频广告。2012年推出"救命篇"和"暧昧篇",2013年又推出"唇形篇"及"矫正篇",掀起了一场以多喝水为主题的时尚运动,如图1-1所示。

思考与练习:

1. 本案例中哪些属于广告文案?
2. 广告文案在此案例中起到了什么作用?
3. 你还能找到什么理由号召大家多喝水?

(a) 救命篇　　　　　　　　　　　　　(b) 暧昧篇

(c) 唇形篇　　　　　　　　　　　　　(d) 矫正篇

图　1-1

1.1　广告文案写作的概念

很多专家学者对"什么是广告文案"这一问题都给出了自己的答案,但学界及业界对广告文案并没有确切的、统一的定义,该现状恰好给我们呈现了一个巨大的关于广告文案命题的想象空间。

菲利普·沃德·博顿在其《广告文案写作》中,就从六个角度给出了关于广告文案的不同说辞。

美工:文案就是那些支撑我所提供的艺术作品或图片的文字。

印刷广告者:文案就是一种书面信息,它能够传达我的创意,并充分体现艺术作品的意义。

印刷工人:在我眼里,文案是一个概念,包括组成我们称之为"广告"的所有东西。所以,对我来讲,文案意味着文字和艺术作品,就是读者在看到广告时看见的所有材料。

广播广告作者:因为我们的思维有形象和声音,因此文案就是构成广播电视广告的文字部分。我们的任务是利用音效、音乐、图像和人声给这些文字提供支持。

批评家:文案就是我每天被成百上千的广告信息围攻时看到、听到的那些东西,它们有时候很讨厌,有时又能给你带来信息,但时常给人强迫的感觉。我只希望这种东西不要那么多。

律师:虽然艺术作品有时也会参与进来,但通常来说,文案只是与我们相关的文字。有时,这些文字是准确而真实的;有时却不是如此,后者正是我们以及联邦贸易委员会、药品食品管理局和其他机构关注的问题。

这些从不同视角提出的定义或许能给我们带来启发与思考,让我们能更加全面地理解广告文案的内涵。笔者记得自己上学的时候谈到广告文案这个词语,最先被提到的便是当时两则汽车的广告语:其一是丰田汽车的"车到山前必有路,有路必有丰田车";其二是日产汽车的"古有千里马,今有日产车",这两则广告语都把产品跟中国传统文化进行了巧妙地结合,给人留下了深刻印象。毫无疑问,广告语属于广告文案写作探讨的范畴,但只是其中的一个部分。

"广告文案"(简称"文案")一词来自英文 advertising copy,"文案撰稿人"(简称"文案""撰文")来自英文的 copywriter。

汉字"文案"一词古已有之,《辞海》中对"文案"有两种解释:一是"公文案卷";二是"旧时衙属中草拟文牍、掌管档案的幕僚"。这恰与广告业同时以"文案"指代广告作品中的文案和文案撰稿人的情况相吻合。

美国著名广告人大卫·奥格威在1982年起草的一封信中写道:"如果在我公司进行一次写作考试,那么最高分一定属于十四位董事。在奥美广告公司,通常是写作越好,提升也越快,因为写作能力强的人思路也敏捷。思路混乱的人起草的文章、信件和发表的言论,往往缺乏逻辑条理性。优秀文章不是自然的恩赐,而是要通过努力学习才能获取的。"美国广告界知名人士 H.史戴平斯也指出:"文案是广告的核心。依靠语言文字,可以使广告内容明确、清晰、醒目动人。"由此可见,文案在广告作品中扮演着最重要的角色。

现实生活中大多广告都是靠文案引起人们的注意并最终取得成功的。如,有一则平面广告是把一根吸管插在护发素中,将"饮料"与"保养品"巧妙地结合在一起,构想已经十分新奇,而它精妙的文案使整个广告更显得新颖别致。一句"头发的饮料"引出了一段生动的阐释。"您的头发也一样会'口渴'的,并且会企求一点'饮料'来帮助它恢复柔软、光泽与弹性;而某品牌护发素正是您的头发每周都需要的'止渴饮料',它能使您的头发重新变得靓丽夺目。"如果没有这些精妙的广告文案,也很难在众多同类商品广告中脱颖而出,受人青睐。

那么到底什么是广告文案呢?

1.1.1 广告文案的定义

胡晓芸对相关书籍中的广告文案定义进行概论分析,她认为,关于广告文案概念的探讨大体上包括三种现象。

(1) 广告文=广告稿=广告作品=广告文案。如傅汉章、邝铁军的《广告学》中所言。

(2) 广告文稿=广告文案=所有的广告运作中为广告而写的文字资料。如顾执的《广告文案技法》所言。

(3) 广告文案=每一广告作品中为传达广告信息而使用的全部语言符号(包括有声语言和文字)所构成的整体。它与非语言符号共同构成有效传达信息的广告作品。如高志宏、徐智明的《广告文案写作》。

笔者也较为赞同最后一个定义的说法,即可以理解为"已经定稿的广告作品的全部的语言文字部分"。

广告本质上是一种信息传播活动,而传播必须依靠传播者与传播对象在共用一个符号系统的前提下对符号的意义达成较为一致的认识。图像符号与语言文字符号共同构成了广告作品。最终定稿的广告作品就是这些符号有机组合的结果,广告中的语言符号就是文案。所以以上定义应该是对广告文案概念的较为深刻的概括。

高志宏、徐智明进一步指出,要深入理解此概念,应特别注意以下几个关键词。

其一,全部。除了广告中出现的产品包装上的文字、广告场景中出现的文字(如广告伞上的文字、店铺招牌上的文字、卖场POP上的文字)外,广告中的语言符号,都包含在文案的范畴中,包括一些常常被忽视的部分,如广告中可能会出现一张纸条或一封短信,上面的内容也应该纳入文案人员的考虑范围当中。

其二,整体性。在广告作品中,文案往往与非语言符号交织在一起,很少被独立、完整地呈现,但它依然应该被视为一个整体,文案的每一部分都是在统一的传播目标下分担具体的传播任务。对文案中"广告语"和"标题"两种主要元素的重视常常超过其他部分,但仅有好的广告语或标题并不能成就一则有效的好文案。

其三,文案非文字。在电视、广播等电子媒介发达的今天,越来越多的文案在广告中以有声语言而不是文字来表达。有声文案不应该是文字文案的"有声版本",而应该是适应不同媒介的传播特点,拥有自己的个性和生命。

1.1.2 关于广告文案写作的基本认知

作为广告文案撰稿人在写作文案之前,首先要对广告文案有以下几个方面的基本认知。

1. 销售或说服是终极目的

"文案撰稿人(copywriter)就是坐在键盘后面的销售人员。"朱蒂斯·查尔斯创意传播公司总裁如是说。这个对文案撰稿人的解释也许不够全面,但它在一定程度上点出了广告文案撰稿人最重要的任务。

广告文案写作虽然也是写作,但并不是让文案人员施展文学才华的地方,更不是华丽的辞藻与优美文字的堆砌。曾经有人这样比喻广告文案,说它犹如婚礼中的伴娘,是为衬托和陪伴新娘出嫁的,并不是自己要出嫁。因此广告文案写作与表达都只是传达信息的手段和工具,最终的目的还是推广商品或服务。通过广告文案把诉求对象的注意力引向产品,进而有效地传达信息、帮助销售,这才是广告文案写作的最终目的。

什么是好广告

什么是好广告?有三种不同的观点。对什么东西都无所谓的人说,客户认可的广告就是好的。另一种人同意雷蒙·罗比凯的观点:"上乘广告的最好标志是,它不仅能影响群众争购它所宣传的产品,而且它能使群众和广告界都把它作为一件可钦可佩的杰作而长记不忘。"

我创作过广告界"长记不忘"的"可钦可佩的杰作",可是我却属于第三派。我认为广告佳作是不引公众注意就把产品推销掉的作品。它应该把广告诉求对象的注意力引向产品。诉求对象说的不是"多妙的广告啊!",而是"我从来没有听说过这种产品,我一定要买它来试试。"

好的广告能够在卖出商品的同时,避免彰显自我的存在,它应该要让消费者的注意力牢牢地盯在商品上。巧妙地隐藏操作手法,是广告公司应尽的专业责任。

——摘自大卫·奥格威的《一个广告人的自白》

文案无法创造购买商品的欲望,只能唤起原本就存在于百万人心中的希望、梦想、恐惧或渴望,然后将这些"原本就存在的渴望"导向特定商品。这就是文案作者的任务所在:你要做的不是创造大众的欲望,而是将欲望引导到你要的地方。

——摘自尤金·舒尔兹的《创新广告》

2. 你的诉求对象是和你一样的"人"

部分广告人常常会在所谓的专业中迷失,在具体的广告运作中常常想到的是专业语言,比如我们会说:广告文案是给"消费者"和"潜在消费者",或者说是给"诉求对象"看的。诉求对象的身份、年龄、性别、生活方式、消费心理、消费行为等特征在品牌定位中已经有非常明晰的描述,但这些专业化的术语也往往使得文案人员忘掉广告是在对跟我们一样的"人"说话。广告人不论用什么样的语言来表示"诉求对象"这一群体,但其本质上就是人本身,是和你我一样有血有肉、有情感、有好恶的"人"。广告与消费者的沟通,就是与人的沟通,能和"人"沟通的广告,才是真正有效的广告。因此如何在文案写作中做到打动人、从人的立场出发,是我们必须要思考的问题。

人类的本质是不会变的。从大部分的角度来看,现代人跟恺撒时代的人没什么两样,所以基本的心理学原则依然牢靠,因此,你永远不必将学过的心理学原则全部打破、重新建立。

——摘自克劳德·霍普金斯的《科学的广告》

3. 有"戴着镣铐起舞"的心理准备

优秀的文案人员应该充分发挥想象力和创造性,跳出原有的条条框框,尽量写出新颖、独特,有吸引力和说服力的广告文案。但也应明确认识到:想象力和创造性的发挥不是随意的而是有规律的,并且要遵循广告传播的规律。广告文案写作不是独立的,它是整体广告表现的环节之一,广告文案的传达方式由具体创意限定,而不是由文案人员完全按自己的意思选择。文案人员的主要工作是借助语言文字的力量,设法把制定好的创意概念融入广告文案之中,让广告最大限度地发挥传播效用。比如现在你的客户是中国移动的全球通,他们已经确定了"我能"这样一个大的定位或者说创意方向,你要进行文案创作就只可以在"我能"这一个大的创意前提下进行。这正是广告行业刺激和有趣的地方,"戴着镣铐起舞"决定了我们必须严格按照广告规律来进行广告文案的创作。

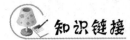 **知识链接**

广告文案人员的六大知识基础

1. 心理学知识

制作一篇好的广告文案,完全适应用心理学而产生的精华。制作文案首先要有一个基础性的构想。这时,如果能应用到心理学的原则和知识(注意、兴趣、欲望、行动),那么就更容易将其构想巧妙地以图画、文字或语言表现出来。

——[日]川胜久《广告心理学》

2. 社会学知识

社会学是对社会和社会行为的系统的和客观的研究。社会学原理使我们能够超出自己对世界的有限认识而看到整个社会——社会成员所共有的价值观和意识,组成这个社会的群体和结构,以及改变这个社会的种种力量。

3. 营销学知识

真正的广告人是:"具有知识技术、经验以及洞察力,能为广告主建议最好使用广告去完成他们的目的,并能有效地执行,使广告能达成这些目的的人。"

——詹姆斯·韦伯·杨

4. 文学知识

广告文案写作虽然在性质上有别于文学写作,但在技巧上还是有许多相通之处的。广告常常是讲述一个有关产品或服务的故事,要想在有限的版面或时间中达到预期的效果,就必须具有深厚的文学功底。

5. 新闻学知识

新闻性给广告的生命力是如此之大,以致产品本身不具备此种与生俱来的新闻性时,任何一位广告人都会想尽方法往别处寻求。他也许必须实际去做产品发展的煽动者,才能得到此类新闻的供应。或者他要经由对产品新用途的彻底研究才能找到。

——詹姆斯·韦伯·杨

6. 传播学知识

拉斯韦尔曾把宣传定义为,"就广义而言,宣传是通过操纵表述以期影响人类行动的技巧。这种表述可以采用语言、文字、图画或音乐的形式进行。"

心理学家罗杰·布朗则认为,就使用的技巧而言,宣传和说服如出一辙。只有当行为对接受者有益时,这种行为或消息才被称为宣传。

1.1.3 广告文案写作的地位

从整体广告运作的过程来看,文案写作属于广告表现的环节之一,实际上是广告策略和创意之后的具体执行环节,具体如图1-2所示。

整体广告运作大致包括五大环节:广告调查(详尽了解市场、产品、消费者和环境的动态,为广告策略和创意提供实证依据);广告策划(在调查的基础上形成广告活动的策略

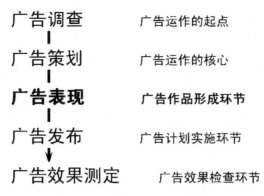

图 1-2

和计划,拟订广告计划书);广告表现(根据广告策略进行创意、设计、制作、完成计划发布的广告作品);广告发布(根据广告计划,将广告作品通过选定的媒介传播);广告效果测定(检查策略的正确性、广告的传播效果和诉求效果,为新的广告活动提供改进的依据)。

　　广告表现环节的任务是根据之前制定好的广告策略,为广告信息寻找创造性的传达方式,最终形成具体的广告作品。创造性的传达必须借助各种传播符号来完成,把广告信息转化成具体的语言、画面等视听觉符号,最终才能实现与消费者的信息沟通。创意概念的符号化通过语言符号和非语言符号的设计来完成。寻找有效语言符号的任务,由文案人员承担,寻找有效非语言符号的任务,由相关设计人员来完成。

1.1.4　广告文案写作的任务

　　很多学者对广告文案写作的任务进行了总结,如:对广告信息进行合理组织;将广告信息按照创意所规定的"创造性传达方式"以语言文字传达出来;使创意所包含的"创造性"在文案中得到完整体现;使文案符合创意所限定的形象、格调、氛围;提供完整的、与其他视觉要素和谐统一的广告文案文本。其实,归根结底可概括为一句话——让创意更好地"符号化"。广告文案写作的课程的大部分内容就是讲述如何把创意符号化这一问题。

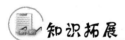知识拓展

"信息"与"信息包"

　　现在给大家介绍一个非常实用的写作广告文案的方法,即把要传达的"信息"转换成"信息包"。简单来说,"信息"一般只包含一个意思(通常只能阐明产品的基本概念),而"信息包"则是多个信息的聚合物,包含至少两个意思。

　　有这么一则故事:

　　春暖花开,一个眼瞎的乞丐在路边乞讨,为了让路人知道他是瞎子的事实,他在身前放了一个空碗和一块纸板,纸板上面写着"我是瞎子,可怜可怜我吧!",已经到了下午,他的碗里面也没有几毛钱。此时,一个广告人路过,见到乞丐生了怜悯之心,于是把乞丐的纸板拿起来,在纸板背面写了句话,重新放好纸板。到了傍晚,乞丐的碗已经满满的全是

路人给的钱。那句话便是:"春天来了,可是我什么都看不见。"

这个故事的真伪无法考量,但其恰恰给我们展示了"信息"与"信息包"的不同之处。在故事里,"我是瞎子,可怜可怜我吧!"(即信息),"春天来了,可是我什么都看不见。"(即信息包),显然前者只是简单地说明基本情况(瞎子、可怜、要钱),而后者除了说明基本情况之外,还包含更多内容(路人对美好春天的切身体会,路人的情感会被很好地调动起来……)。因此,广告文案要做的事情就是把"信息"转换成"信息包"传达给诉求对象,又如舍得酒的两则广告语,其一,"品舍得酒,享智慧人生";其二,"人生舍得道,乾坤珍酿中"。后者包含的信息显然要多于前者,文案张力也更强。

1.2 广告文案写作的特点

1.2.1 广告文案的基本构成

关于广告文案的构成,学术界和行业界已经进行了大量探讨,经过长期发展和大量文案人员的实践,比较认可的说法是:平面媒体的广告文案由广告语、标题、正文、随文四个不同元素构成,电视、广播媒体的广告文案通常以脚本的方式呈现,但大致可以在具体的广告作品中找到这几个元素。这四个元素分别发挥着不同的作用和影响。

1. 广告语(slogan)

广告语又称广告口号,是为了加强诉求对象对企业、产品或服务的印象而在广告中长期、反复使用的简短口号性语句。广告语是企业最想传达给消费者的信息,是企业对消费者长期不变的信息传达,对企业长期统一的品牌形象的建立起着重大作用。企业需要在竞争中,以精练、便于记忆、便于重复的形式传达其最核心的信息,而广告语就是传达这一核心信息,建立稳定企业或品牌形象的最有效手段之一。

由于广告语重视的是对企业或品牌长期形象的建构,通常和广告的具体内容联系不是特别紧密。但由于广告语通常传递的是企业或品牌最核心的信息,又长期反复使用,因此广告语已经成为企业和品牌的一种有效识别方式。消费者可能对某品牌的图形标志等记忆不够清晰,但很可能会记得并说出其广告语,如雀巢咖啡的"味道好极了"。部分广告语由于其深刻的内涵已成为企业或品牌的最核心价值,比如耐克的广告语"Just do it!(想做就做)"。消费者有可能会忘记耐克的某一个具体的广告用了哪一个明星,但不会忘记"Just do it!"这句话及其所代表的精神。

2. 广告标题(headline)

广告标题是每一个广告作品为传达最重要或最能引起诉求对象兴趣的信息,而在最显著位置以特别字体或特别语气突出表现的语句。一般而言,消费者对广告有本能的抵触心理,再加上广告信息铺天盖地,各个广告之间也存在着巨大的注意力争夺。因此争取注意力常常是标题的责任。《如何让你的广告赚大钱》的作者约翰·卡普斯就曾这么写道:"标题写得好,就是广告成功的保证。相反,就算是最厉害的文案撰稿人,也救不了一则标题太弱的广告。"广告标题可以用不同的表现方式来展开诉求,如提问式,"你有以下这些装潢问题吗?"等。

知识拓展

现代广告模式之"缺陷修复"法

(1) 你的生活存在缺失。
(2) 不过,这个可以补救。
(3) 用我们的产品可以做最好的补救。

坦白地说,这一模式显得老套,但目前我们仍然可以看到众多广告都还在使用这样的"缺陷修复"法,因此,好方法永远都不会过时,关键看你怎么使用。尝试回忆一下你看过的这种类型广告,试着去分析和评判它们。

3. 广告正文(body copy,text)

一般情况下广告正文传达的信息量较大。如果企业或品牌想传达更多的信息,在广告标题之后会利用广告正文来进一步传达信息,或者对信息展开说明,或者对诉求对象进行深入说服。

正文会为之前的广告标题给出的承诺提供相关依据,或对重要信息进行相对完整的解释。在一些深度诉求的文案中,正文的优劣对购买起着关键性作用。在读图时代,由于信息铺天盖地,广告正文更容易被消费者忽略,因此正文如何构思、如何展开、如何发挥正文的效果,是文案人员应该精心思考的问题。

当然,部分广告本身不需要传达大量信息和做深度诉求,因此这些广告中没有广告正文。这就要求广告在其他方面有所突破,比如在画面创意或标题的创造性传达等方面下功夫。

【小案例】 智威汤逊广告公司所做《舒丝去毛刀——看板篇》(见图 1-3)

图 1-3

业务服务：王佐荣、潘振隆、陈逸珊

创意总监：狄运昌、常一飞

美术指导：游明仁

文案：李实衍

文案：夏天到了，别做惊人之举！

案例分析：该广告利用户外的天然环境因素，把泳装美女的腋下部分和窗户上放着的一支拖把有机结合，形成视觉上的错觉和张力。强烈的对比，呈现出一种会心一笑的幽默，同时暗喻出女性如果不除毛是多么令人碍眼。此时不需要太多文案，只要用广告标题点明创意点便可，观众一看即懂。

4. 广告随文

随文也叫附文，是广告中传达购买商品或接受服务的方法等基本信息，是促进或者方便诉求对象采取行动的语言或文字，如公司电话、网页、地址等内容。随文通常被安排在电视、广播广告末尾，印刷广告的角落等。虽然随文中的信息不是诉求重点，但对于一个完整的广告却必不可少，好的随文会促使诉求对象立即做出反应，对实际购买行动有很大帮助。

广告文案虽然被分成四个部分，但在实际的写作过程中应该根据创意的设定来进行有效的文案写作，并不是每一则广告文案都必须具备这四个部分的。如果创意契合，甚至个别广告可以只通过图片传达信息，但这是一种可遇不可求的个别形态。

【小案例】 百事健怡无糖可乐（见图1-4）

图 1-4

案例分析：这则百事可乐的广告就通过画面非常好地传达了产品特征——无糖、减肥。一只猫钻进了小小的老鼠洞里，为什么？答案就在画面中的干瘪可乐罐上。原来猫刚刚喝过百事无糖减肥可乐才变得这么厉害。显然，如果该广告中出现文案反而会显得画蛇添足。罐子上的文字已经起到了广告文案的作用。

1.2.2 广告文案的文本特性

1. 结构完备但不固定

广告文案文本在结构上体现出自身的独特性和完备性。与一般文本相比,广告文案文本由标题、正文、口号、附文等部分组成,表现结构独特而完善。在完善的表现结构中,各部分各司其职,赋予文案文本以独特的吸引力、完备的信息内容、生动的表现力、巨大的感召力,并且层次分明、主次有序,从而获得完满的传播效果。同时,广告文案文本的结构并不拘泥于结构形式自身的完整,而是从广告的传播目的或销售目的出发,以发展创意、表现创意为根本,有机地处理结构的安排和取舍。在实际的广告文案文本中,也会出现只采用了结构中的某一部分的文案文本(如无标题文案、唯标题文案等),它们是打破了完整结构的文案文本,以独特的结构、独特的诉求方式,从而具有更有效的传达力、说服力。

2. 表现手法多样化

广告文案的表现方式、表现手法多种多样。文案撰稿人接到任务后最大的一个兴奋点就是如何以一种最吸引人的表现手法将信息传达出来。但文案文本形成过程中的表现手法的创造、选择和运用,其目的只是为了借助表现达成有效传播,获得广告目的。但这里特别强调,使用各种表现手法是为达到广告目的服务的,不要为了多样化而多样化。

3. 说服和劝诱是目的

广告文案的文本形式可以有多种多样,但广告文案必须在传达广告信息的活动中才得以存在。广告文案的写作活动也只有在传达广告信息的过程中才得以展开。并且广告文案写作的根本任务是如何在传达信息的同时产生说服和劝诱目标受众的效果。

1.2.3 广告文案写作与其他文体写作的比较

1. 广告文案写作与文学写作的区别

有很多人一提到广告文案写作,就马上联想到文学写作,但这两者是完全不同的存在,特别是它们的写作目的大相径庭。

广告文案写作注重的不是如何表达撰稿人的思想、体现撰稿人的才情,而是如何运用才情处理信息,使信息表达得更准确、更完美、更有吸引力。写作者的主体性是为客体表现服务的,主体风格是为了客体的目标而存在的。广告文案的本质特点是讲求效益性,是"带着锁链跳舞",是严守规则的创作。

文学自身的规律和自身独具的表达方式,使形式本身的创造性成为文学写作的重要目的。让读者陶醉在对文学形式的审美过程之中,是文学写作者的写作意义之一。

当然,广告文案写作可以借鉴文学表现的手法。如美林·香槟小镇"七天创镇记"就模仿了《圣经》中的写作方法。

2. 广告文案写作与新闻写作的区别

新闻和广告都属于大传播学的范畴,亦同属于应用性很强的学科,但它们在写作过程中亦存在明显区别。

新闻是对新近发生的事实的报道。其写作要求绝对真实,广告文案写作要求传达的信息也是绝对真实,但是在表现方法上可以大胆创新,允许以夸张、虚构的表现方式呈现。

新闻作品一般主要出现在大众传播媒介上,但广告文案作品对媒介没有过多要求,近些年广告新媒体开发已成为广告界一片新兴的沃土,对广告文案来说,只要是有利于目标受众接收、有利于说服受众的途径就是好的媒介途径。

另外,时效性是新闻作品的生命,但广告文案写作对时效性问题没有特殊要求,要视具体广告策略而定。当然,广告文案写作可以利用新闻写作的特殊结构、新闻写作的特殊语言表达程序和表达风格来吸引消费者的视听,表现消费者的需要。比如:万科就曾经用其董事长王石"珠峰凯旋"为议题召开新闻发布会,同时在报纸上刊登软文,用来传播万科品牌及其企业文化。

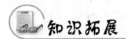
知识拓展

软　文

软文是相对于硬性广告而言,是由企业的市场策划人员或广告公司的文案人员来负责撰写的"文字广告"。与硬广告相比,软文之所以叫作软文,精妙之处就在于一个"软"字,它将宣传内容和文章内容完美结合在一起,让用户在阅读文章时能够了解策划人所要宣传的东西,在国内具有代表性的用软文做推广的公司有易推传媒、蘑菇街等。软文有时以新闻的形式出现,有时以故事或散文的形式出现。

3. 广告文案写作与公文写作的区别

公文写作对写作的形式要求非常严格,每一种公文都有其相应的格式。公文写作对语言有特殊的要求,须庄重、典雅,用词准确无歧义,形式规范化(比如公文写作中对领导姓名的排列顺序有明确规定)。广告文案只要有助于广告信息的有效传达,符合产品特性、目标受众接受特性、媒介特性等要求就可以,没有格式上的硬性限制。

当然,广告文案写作可以运用公文的写作形式达到广告目的。比如上海奥美广告有限公司给上海贝克啤酒的广告文案就巧妙地利用了古代公文中"令"的形式,将广告信息用规范的公文形式表现出来,产生了很好的广告效果。

【小案例】　贝克啤酒平面广告(见图1-5)

广告标题:禁酒令

广告正文(简体字):查生啤之新鲜,乃我酒民头等大事,新上市之贝克生啤,为确保酒民利益,严禁各经销商销售超过七日之贝克生啤,违者严惩,重罚十万元人民币。

图 1-5

客户：贝克啤酒

广告公司：上海奥美广告有限公司

创意总监：范可钦

美术：黎音

文案：杨舸

1.2.4 广告文案的写作要求

对于什么样的文案是好文案,许多优秀的文案人员曾经提出过很多具体标准。但最重要的是以下几点。

1. 真实性

真实性是广告文案写作的基本要求和原则。此处的真实并不是指广告文案写作的形式,而是主要针对广告文案传达的信息本身,信息本身必须是真实的,这也是广告文案写作的底线所在。

2. 符合策略要求

策略是广告活动的总体原则,开展广告活动都必须依据策略进行。前文已经讲明,广告文案撰稿人是"带着镣铐起舞"。有经验的广告人在进行创意活动时,都奉行一个原则：

"先求对,再求好"。首先,要保证策略的正确并且能正确地执行,然后再追求作品本身的优秀品质与创意。

3. 精准地传达信息

作为创意的执行环节,文案不是创意之外的一种东西,只有精研创意,把握创意核心,精细并准确地阐明创意所要表达的信息,文案才能做到有的放矢。在写作广告文案之前,首先应对产品或品牌的相关资料进行搜集、整理和分析,在对信息进行研究的基础上再思考创意以及进行广告文案的写作。

4. 尽量的人性化

文案人员还应深入思考如何与"人"沟通,了解诉求对象的以下情况:他们是什么样的人?他们喜欢什么?不喜欢什么?他们的生活是什么样的?情感是什么样的?他们喜欢别人以什么样的态度和方式对他们说话?……只有深刻理解诉求对象和普遍人性,在文案写作过程中做到人性化表达,才能做到有效沟通与说服。

5. 简洁明了

著名广告人伯恩巴克曾说:"杰出的广告不是夸大,不是掩饰,而是要竭尽智慧使广告信息单纯化、清晰化、戏剧化、印象化。"无论你写的是长文案还是短文案,在写作过程中都应该时刻谨记"KISS原则",即"Keep it simple and stupid",简明在文案的写作过程中异常重要,每个优秀的文案撰稿人都会在文案初稿完成后对文案进行通读,找到其中多余的字词,迅速删除它们。

6. 尽可能使用有魅力的语言

文案应使用什么样的语言?诗意的、直白的、华丽的?还是简约的?应使用什么样的语气?这是文案写作最基础的层面。运用语言的能力是必要的,但这里所说的善用语言,强调的并不是纯粹的文字功底。特别强调的是,此处的"魅力"主要是对文案的诉求对象而言的。

 知识链接

文案的使命是去形成动机与欲望,建立信任感,给消费者找一个在众多品牌中一定要选择某一品牌之原因。它在广告的信息中是最具有弹性的部分……在广告制作上,文案功能是需要最大的技巧、创意与智慧去完成的。

——阿夫来德·波立兹的《怎样创作广告》

 知识拓展

近年很多知名广告人的文案已经引起各方普遍关注,他们纷纷写作专门书籍来探讨广告与广告文案,这方面大家可以阅读一下知名广告文案撰稿人李欣频(如《诚品副作用》)和许舜英(如《大量流出》)所写的书籍以及相关广告文案。

1.3 广告文案的历史渊源

1.3.1 广告文案概念的发展

胡晓芸对广告文案概念的运用沿革有以下的描述。

广告文案概念的提出和界定,与广告文案产生的时间是不同步的,对于广告文案的概念进行界定,可能还是现代的事。有实证可查的是,晓玲在1992年第二期《国际广告》上曾撰文介绍,1880年的美国已出现了专门的广告文案撰稿人,他叫鲍尔斯,专门为"大货栈"(一个百货公司)写广告。所以,美国广告史学家将1880年称为美国广告专业的撰稿人出现的年份。鲍尔斯则是美国的第一位专门的广告文案撰稿人。可见,在1880年已出现了"广告文案"的概念和名称,也出现了专业广告文案撰稿人。但关于"广告文案"界定等问题当时并没有涉及。

在我国,对广告的研究始于1919年的徐宝璜的《新闻学》,其中有"新闻纸之广告"一章,之后戈公振在其《中国报学史》中,也专设了"广告"一节,但这两本书中都没有使用广告文案这一词语。1931年,苏上达的《广告学概论》对广告标题有较为精辟的论述,但依然没有提及广告文案概念及构成等相关内容。直到1979年,我国广告业复苏之后,陆续出现广告学方面的论著,才开始大量提及与广告文案写作相关的知识。

1981年,唐忠朴、贾斌在其所著的《实用广告学》中称:"为了达到预期的目的,我们在创作一篇广告稿(包括文字稿与图画稿)时,必须弄清它应遵循的几个原则。"提出了广告稿概念,而这里的广告稿包括文字和图片设计两个部分,实际上此概念于平面广告而言,已包括了广告作品的全部。1985年,傅汉章、邝铁军著《广告学》,内中有"广告文"和"Advertising copy"的提法:"广义的广告文,也称广告稿、广告拷贝(Advertising copy)或广告表现,它的内容包括广告作品的全部,如广告文字、绘画、照片及其布局等。"此后的李宏伟、张秉忠所著的《现代广告写作》虽为我国广告文案写作的第一部专业著作,但内中只称"广告文稿",并未提到"广告文案"一词。其后的姚振生等在其著作中,也未提到广告文案。

国内最早见到"广告文案"概念是在1991年左右中国友谊出版公司出版的《现代广告学名著丛书》中,译者统一采用了"广告文案"的概念,而1993年中国台湾地区朝阳堂文化事业股份有限公司出版的杨朝阳博士的著作《广告创意》《广告战略》,日经广告研究所编的《广告创意》等书进入内地,书中也大体用了"广告文案"的名称和概念。因此,"广告文案"概念不是内地广告人所提出的,而是凭借译本和我国港台地区的著作得到的,目前这一提法已被学界和业界广泛认可和使用。

1.3.2 广告与文案的历史进程

1. 非专业广告时期

(1) 口头广告时代

公元前3000—前2000年,口头广告在商业发达的古巴比伦出现,商人雇佣叫卖/喊人(crier)为他们传播信息。可以想象当时的叫卖与现在大都市繁华商业街的叫卖没有什么大的不同,都是靠简单、直接、明确的叫喊,而且以音量取胜。因此当时的广告形式更加粗朴一些。

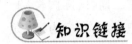 知识链接

广告中的"叫喊人"

叫喊人是最早的对广告人的称谓,在古埃及叫喊人的职责主要是告知船只的进港以及船上运载货物的名称。在古希腊叫喊人用来公布奴隶和牲畜拍卖的信息,同时他们也是拍卖时的唱标人,也可受雇于商人,以引起公众对商品的注意。

(2) 手写广告时代

文字和书写材料的出现,为信息传播带来更大的自由,人们在运用文字进行传播的时候开始特别注意措辞的精细与严谨。在手写传播时代已经出现了大量的优秀的广告文案,至今看来都有很多值得学习和借鉴的地方。

现今保存的世界上最早的文字广告是3000多年前古埃及的一则广告,现存于英国伦敦博物馆中,是一个叫哈布的织布店老板寻找逃走奴隶谢姆的"寻人广告",当时该广告以传单的形式散发,传单的材质是当时的底比斯草纸,约32开纸大小,大致内容是:

奴仆谢姆从织布店主人哈布处逃走,坦诚善良的市民们,请协助按布告所说将其带回。他身高五尺二寸,面红目褐,有告知其下落者,奉送金环一只,将其带回店者,愿奉送金环一副。——能按照您的愿望织出最好布料的织布师哈布。

这则广告中已经包含了主要的信息(悬赏搜寻逃奴),其中也有明确的、分等级的利益承诺(奉送金环一只、一副),同时在落款中,店主不忘给自己宣传织布生意。可以看出当时的广告信息传达已经非常高明。

(3) 印刷广告时代

印刷术的发明和使用,使信息可以大范围地复制和传播。那时的人们已经开始有意识地利用印刷技术,有技巧的语言文字和图像进行广告传播。中华文明是世界上最古老的文明之一,其彰显的文化底蕴,其蕴含的内在价值观,是中国故事的灵魂,也是中国传播的基石。中国古代印刷技术领先于世界,产生了大量印刷广告,其中不乏优秀文案作品。

【小案例】 北宋时期最早的印刷广告(见图1-6)

文字如下:

图　1-6

　　济南刘家功夫针铺　认门前白兔儿为记　收买上等钢条　造功夫细针　不偷工　民便用　若被兴贩　别有加饶　请记白（兔）

　　案例分析：我国这则最早的印刷广告已经具有了现代广告的基本要素，文案写得也非常朴实易懂，文案着意突出该针铺做工细致、物美价廉的特征。

2. 专业广告公司的形成

1445年德国人古登堡发明了金属活字印刷术，奠定了报纸出版的基础，排字印刷、定期出版的报纸终于在17世纪出现，使广告信息的大量传播成为可能。

（1）早期的广告公司

1610年，英国出现了世界上最早的广告代理店。代理销售报纸的广告版面，广告代理业开始萌芽。1869年F.魏兰德·艾耶在美国费城成立了艾耶父子广告公司，1890年公布版面价格并加收佣金，被称为现代广告公司的先驱。

（2）专业广告人员的出现

随着经验的积累，越来越多的广告人开始追求专业上的进步，他们将关于产品特性、消费者需求、广告诉求如何打动人心的思考引入广告作品中，提出了一些广告传播的基本观念，并奠定了广告公司提供策略服务的基础。

知识链接

拉斯克尔及约翰·肯尼迪关于广告的思考

当时著名的洛德暨托马斯公司（以下简称洛托）有一个推销自己的代理服务的广告——"明智地做广告"，说自己能够做报纸、杂志、户外广告，并且有1/3世纪的成功历史。当时著名的广告人拉斯克尔进入这家公司，他开始追问什么是"明智的广告"，但询问了当时几家大的广告公司，都没有人能回答，直到遇到约翰·肯尼迪。肯尼迪告诉他，广告就是"纸上推销术"，并教他如何让这种推销术更有效。肯尼迪为他分析的一个文案至今仍具启发意义。

1900洗衣机公司(惠而浦公司的前身)的广告：左边是一个老式洗衣盆,右边是一位妇女,一条链子把妇女铐在洗衣盆上。广告下端角落放着一种新式洗衣机的图片,那是有史以来第一款新式洗衣机。

文案说：别把自己铐在洗衣盆上。你会未老先衰。你的生活和健康正在被损坏。为您奉献采用新的原理制造的新式洗衣盆。它省时省钱。30天试用,先付2美元,余额分期付款,每周2美元,6周付完。1900洗衣机公司,纽约宾汉敦。

肯尼迪说："如果你想卖出商品的话,这个广告一无是处。首先,'别把自己铐在洗衣盆上'说反了,哪个妇女都不会认为自己是被铐在洗衣盆上,许多妇女还很喜欢洗衣服。这句话完全不对她们的口味。其次,普通妇女是被置于劳动苦力的地位,……但在潜意识中,她们不愿意承认自己从事的是牲口般的工作,更不愿意被轻视。再次,广告对想卖出的东西能干什么只字未提。另外,它宣扬分期付款,而人们不喜欢以分期付款的方式购买特征明显的商品,因为如果买回家,每个客人看到1900洗衣机时都会说：'啊哈,首付2美元,然后没完没了地付2美元'。最糟糕不过的是,它具有你所了解的广告通病,就是毫无新闻价值。"

后来肯尼迪做了如下的广告。

他也使用了一位妇女的形象。不过,这位妇女不再被铁链铐在洗衣盆上,而是坐在摇椅上,一边看书,一边转动这种滚珠轴承机器的手柄。标题是"让这台洗衣机自己去还债吧",这对任何人都有吸引力。

文案是这样开始的："曾经有一个人想卖给我一匹马。我对他说：'好吧,让我看看那匹马,让我试一下。'但他说：'不行。如果你想买我的马,你就支付马钱,然后我把马赶来给你。'这时另外一个人走过来说：'我有一匹好马,你牵走试好了。它会为你赚钱。我对它很有信心,你就从它赚来的钱中付给我钱好了。'我买了第二匹马,并为自己的选择而高兴。"所以,当我发明1900洗衣机时,我决心不让任何人为这种洗衣机而付款,我要让我的洗衣机自己来表明它能做别的洗衣机做不了的工作。下面是我对我的新洗衣机做出的郑重承诺：不管你自己花时间洗衣服还是雇用洗衣妇,它每周都将为你省下60美分,因为你要付给洗衣妇一天1.20美元的工钱,当然你自己的时间也值那么多。现在,不要费太大的力气,我保证我的新洗衣机能持续运转一天半,现有的洗衣机还没有哪种能全天工作。而且你将因使用我的机器而每周节约60美分,那么,为什么不让我送你一台这样的机器呢？试用4周吧,费用算我的,所有节省下的钱,全部归你。只需在4周以后的短短24周里,把你每周节省下的60美分中的50美分给我,然后那台机器就完全属于您了。"

可以看出,这在当时已经是非常具有策略性的思考了。拉斯克尔自己开始学习做广告,并开始与约翰·肯尼迪合作。1900他买下洛托公司后,一下子增加了9名文案人员,还聘请了著名的克劳德·霍普金斯。凭借做"好广告"的能力,洛托公司一度成为美国排名第一的广告公司。

——引自《拉斯克尔的广告历程》

19世纪末、20世纪初广告人的专业思考到克劳德·霍普金斯时达到一个顶峰。1923年,霍普金斯以几十年在广告主和广告公司方面担任文案撰稿人的经验,撰写了《科学的广告》，对广告的基本思考原则做了全面阐述。克劳德·霍普金斯被大卫·奥格威奉为导师，这本书也成为最早的一本广告圣经。

（3）文案人员成为广告公司核心力量

由于当时印刷技术特别是图片印刷还没有达到较高水平，大多数的报纸广告以文案为主，以图画辅助。广告文案最早由报纸编辑或广告代理商代为拟定，作为购买广告版面的附赠服务，因此撰写人员投入的精力和广告文案的质量并不是很高。专业的文案撰稿人首先出现在广告主的广告部门，可能就是源于广告主对这种状况的不满。在19世纪下半叶，撰写广告文案成为一项专业工作，广告文案撰稿人成为决定广告成败的核心力量。

拉斯克尔时代，全美国大约有四五个能独立完成广告的文案撰稿人，如约翰·鲍尔斯、约翰·肯尼迪、克劳德·霍普金斯，他们当时都在广告业方面工作。随着时间的推移，拥有专业能力和丰富经验的著名文案撰稿人渐渐不满足于为一家企业所局限，他们要寻求更大的空间发挥才能。于是，文案撰稿人的阵地转向广告代理商。"创意革命"前广告公司的广告创作以文案人员为主的格局由此奠定。

3．创意革命的到来

广播和电视的出现使大众传播进入了新阶段。广告传播形态更加多元，广告运作也随着市场的扩大和企业营销传播需要的提高变得更加综合和复杂。

（1）文案领导行业

20世纪30～50年代，集中出现了一批杰出的文案撰稿人，比如威廉·伯恩巴克、李奥·贝纳、乔治·葛里宾、大卫·奥格威和罗瑟·瑞夫斯等，他们的作品和观点成为广告领域的典范，他们以自己独特的创意观点推动自己的公司创作出当时最优秀的广告作品，他们开创了广告的历史，使得文案撰稿人成为广告行业最赚钱和地位最高的人。他们中有很多人成为广告公司的老总，他们的广告公司至今仍是世界上非常有影响力的公司。

知识链接

广告大师与广告公司

恒美广告（DDB Worldwide）1949年成立于美国纽约，由比尔·伯恩巴克（William Bernbach）、道尔（N. Doyle）及戴恩（M. Dane）三人共同创办DDB广告公司（Doyle Dane Bernbach，恒美广告公司）。他们开创了一种全新的市场营销方式，这一方式仰赖的是对人性的洞察、对消费者的尊重以及创造的力量。用他们的话说就是：让我们停止对人们单向的灌输，让我们开启能付诸行动的对话。目前该公司是传播公司Omnicom集团的子公司，在96个国家里，设有206个分公司或办事处。

李奥·贝纳广告公司（Leo Burnett）是美国广告大师李奥·贝纳创建的广告公司。现在是全球最大的广告公司之一，于1935年成立于美国芝加哥，是美国排名第一的广告公司，在全球80多个国家设有将近100个办事处，拥有一万多名员工，集品牌策划、创意、媒体为一体，在中国为国际及国内的知名客户提供全方位的广告服务。李奥·贝纳的客户包括全球25个最有价值品牌当中的7个,如麦当劳、可口可乐、迪士尼、万宝路、Kellogg、Tampax和Nintendo等。曾为"万宝路"牌香烟创立男性香烟的性格和美国西部牛仔的形象,把在美国市场上占有率不及1‰的香烟,推到世界销售的第一位。2002年,它被世界第四大传媒集团阳狮国际收购。

扬罗必凯广告公司(Young & Rubicam)1923年成立,是美国历史最长和最大的广告代理公司之一,与中国国际广告公司于1986年合资在北京成立了中国内地第一家4A广告公司,Y&R(扬罗必凯)率先把国际专业广告和品牌实践经验及模式带入中国。目前是WPP集团的重要成员,80多年来,Y&R秉持"RESIST THE USUAL(拒绝平凡)"的理念不断领先发展。1935年,经过几次改换门庭之后,乔治·葛里宾来到了美国著名的扬罗比凯广告公司,进入该公司后,从最基本的广告撰写员干起,经过20多年的磨炼,终于在1958年担任了这家赫赫有名的广告公司的总经理。他为箭牌衬衫、旅行者保险公司、美林证券公司、哈蒙德和弦风琴等创作的广告,被公认为是世界广告史上的经典之作。

奥美集团(Ogilvy & Mather)由大卫·奥格威于1948年创立,1989年,被WPP集团收购。目前已发展成为全球最大的传播集团之一,为众多世界知名品牌提供全方位传播服务。业务涉及广告、媒体投资管理、一对一传播、顾客关系管理、数码传播、公共关系与公共事务、品牌形象与标识、医药营销与专业传播等。奥美集团旗下已有涉及不同领域专业的众多子公司:如奥美广告、奥美互动、奥美公关、奥美世纪、奥美红坊、奥美时尚。

达彼思广告在1940年由Theodore Bates创立,原名为Ted Bates,现公司总部设在美国纽约,隶属于WPP集团,全球年营业额超过8亿美元,在72个国家设有165个分公司,全球有7000多名员工。罗瑟·瑞夫斯于1940年进入达彼思广告公司(The Bates & Company),1955年成为该公司的董事长。罗瑟·瑞夫斯创立的广告哲学和原则,使这间公司从小型公司跃升为世界最大的广告公司之一。

(2) 创意革命的开启

20世纪60年代,伯恩巴克在他创办的DDB广告公司最早摒弃了让文案撰稿人先写好文案,再交给艺术指导进行设计的老方法,将文案撰稿人和艺术指导搭配在一起工作,广告正式成为"团队作业(TEAM WORK)",广告创意应以创意小组为单位进行。很多广告公司看到了这种广告运作方式的优势,纷纷效仿,这就是20世纪美国麦迪逊大道著名的"创意革命",该革命的三大旗手分别是威廉·伯恩巴克、李奥·贝纳和大卫·奥格威。至此,个人占绝对主导地位的广告运作时代结束了,团队成为广告运作的核心。

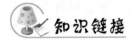知识链接

麦迪逊大道

麦迪逊大道原本是纽约曼哈顿区(Madison Avenue)的一条著名大街,由于美国许多广告公司的总部都集中在这条街上,这条街逐渐成为美国广告业的代名词。再加上马丁·迈耶所著《麦迪逊大道》一书的成功出版,使得麦迪逊大道成为"广告业"的代名词。《麦迪逊大道》是记者笔下美国广告业和那些以其创造性和商业头脑塑造了这一行业的杰出人

物的"肖像",马丁·迈耶在撰写此书的过程中采访了数百名行业内最出色的人物——其中包括广告业巨子比尔·伯恩巴赫、J. W. 扬、大卫·奥格威和 R. 里夫斯等人物。

4A 广告公司

4A 一词源于美国,是 The American Association of Advertising Agencies 的缩写,中文为"美国广告代理协会",是 20 世纪初由美国各大著名广告公司协商成立的组织,因名称里有四个单词是以 A 字母开头,故简称为 4A。最初成员包括:Ogilvy & Mather(奥美)、J. Walter Thompson(智威汤逊,JWT)、McCann(麦肯)、Leo Burnett(李奥贝纳)、BBDO(天联)等著名广告公司。

后来世界各地都以此为标准,取其从事广告业、符合资格、有组织的核心规则,再把美国的国家称谓改为各自国家或地区的称谓,形成了地区性的 4A 广告公司。该组织最主要的协议就是关于客户媒体费用的收取约定(17.65%),以避免恶意竞争。此后,各广告公司都将精力集中在非凡的创意和高超的客户服务中,从而创造出一个接一个美妙的广告创意。因此,4A 也成为众多广告公司争相加入的组织。

本章小结

本章主要从广告文案写作的概念、渊源、构成等方面梳理了广告文案写作的基本概念及基本认知,力求学生在学习中对广告文案写作有基本认识和理解。

思考与练习

一、名词解释

1. 广告文案 2. 广告语 3. 广告标题 4. 广告随文

二、选择题

1. 广告文案写作包括以下哪几个要素?(　　)[多选]
   A. 广告口号　　　　　　　　　B. 广告标题
   C. 广告正文　　　　　　　　　D. 广告随文
2. 戈公振是下列哪本书的作者?(　　)[单选]
   A.《中国报学史》　　　　　　　B.《广告学概论》
   C.《广告文案写作》　　　　　　D.《实用广告学》
3. 我国最早的印刷广告是(　　)。[单选]
   A. 济南王家杂货铺　　　　　　B. 刘家功夫铺
   C. 济南刘家功夫针铺　　　　　D. 济南白兔药铺
4. "纸上推销术"是以下哪位广告人的观点?(　　)[单选]

A. 徐宝璜 B. 约翰·肯尼迪
C. 大卫·奥格威 D. 拉斯克尔

5. 罗瑟·瑞夫斯提出了以下哪个观点？（　　）[单选]
A. 品牌形象 B. 明智的广告
C. 独特的销售主张 D. 与生俱来的戏剧性

三、简答题

1. 你最欣赏的广告语是哪几个？为什么喜欢它们？
2. 找两则广告，看其有没有信息包，如果没有你可以尝试修改它。
3. 试着找三则运用文学表现手法写作的广告文案，对其进行深入分析和解读。

四、实训项目

以个人为单位阅读以下书籍，并选择其中一本进行精读，撰写读书笔记，在读书笔记提交之后课上谈论并交流读书心得。

具体书目为：《一个广告人的自白》《广告文案名人堂》《科学的广告/我的广告生涯》《拉斯克尔的广告历程》《定位》《新定位》《整合行销传播》《蔚蓝诡计》。

应用分析

美林香槟小镇"七宗醉"篇的系列文案

系列一：骄傲

一想到回家，去小镇的车子就骄傲起来。

"把对时间和路的抱怨——留给风吧！"——车子说；"一到三元桥就掉头不见了，永远不听话的家伙！"——红绿灯说；"北京时间5点，回家的心情追不上回家的速度！"——我说。

美林香槟小镇——杨林大道出口处即到，门前京顺、机场高速路，轻松汇入城市自然交通主动脉，一路没有红绿灯。从CBD到小镇——两大成熟高速绿化带一线直通，林涛树海归家路。

系列二：嫉妒

说起温榆河，Townhouse 的心不由得嫉妒了！

"10年，终于交到一个不一样的朋友"——别墅说；"30个10年，我等了300年"——温榆河说；"如果，如果一切可以重来！"——Townhouse 的爸爸说。

美林香槟小镇——几百年未曾干涸的温榆河、随处可见的原生成木林，形成了小镇原生的自然环境。从1993年到2003年——10年不断地成长，30余栋别墅持续崛起，形成了第一代成熟国际别墅区。小镇周边欧式商业街、国际贵族学校、Shopping Mall、高尔夫球场、马术俱乐部……一应俱全——成熟了10年的国际高尚生活氛围。未来的国际会展中心也将迁至这里。

系列三：愤怒

《愤怒的葡萄》！在这儿可不只是斯坦贝克的小说。

"愤怒！总来打扰我的午睡！"——葡萄藤对鸟说；"愤怒！不要把我看作风景，在法国我可是用来做香槟的!"——葡萄说;"人和葡萄的故乡——其实是同一个。"——《愤怒的葡萄》第173页。

美林香槟小镇——源自法国香槟区创镇灵感,小小镇里的葡萄原乡。自然、错落、三叶虫式总规布局。私有、半私有、公共、半公共——4种空间序列,给别墅更多公共空间。原汁原味再现葡萄原乡小镇天然意趣。

系列四:好色

四周的风景比我家的房子更好色!

"不是为了偷看女主人的晚礼服!只是想参观一下房子"——伸到露台上的杨树枝说;"你也可以把我叫作另一条温榆河"——小镇的水系说;"这儿连风都这么友好,下辈子我要做堂吉诃德!"——风车说。

美林香槟小镇——51%豪奢绿化率,18.3%建筑密度,只允许五分之一的地面生长房子——私家花园最大化。横向水系蜿蜒贯穿整个小镇,75000平方米流水园林,处处水景水趣,纵向景轴延绵风景,左右连接生命、时间双广场。

系列五:贪吃

太阳刚刚出来,贪吃的阳光就从庭院溜进了厨房。

"那缕馋嘴的阳光!又把牛奶偷喝了一小半!"——早餐桌说;"这回——我们可从天上差到地上了!"——屋顶对庭院说;"你是矮得不能再矮了!我可是大得不能再大了!"——庭院对屋顶说。

美林香槟小镇——留法设计师担纲设计,完全现代简约设计美学。双拼别墅、联排别墅、叠拼别墅。豪华全功能主卧,13种阳光户型。有天、有地、有庭院。

系列六:懒惰

大半个足球场的路呢——小镇的社交有些懒惰了!

"我可不愿把串门变成马拉松!"——家里的拖鞋说;"每次都把我当作聚会地点,2个懒家伙!"——楼间的长椅说;"距离,让我和邻居们重新熟悉了!"——小镇的居民说;美林香槟小镇——0.46超低容积率,让房子和房子之间保持更大距离。最大楼间距59米,两楼相隔大半个足球场的距离,更多空间留给流水、绿地、景点。

系列七:贪婪

房子也精装?!搬家的心情立刻变得贪婪!

"真正懂得的眼睛从不会忽略我!"——原木门说;"再大牌!这儿的装修风格也吃得消!"——家说;"第一次见面——未来的家给我留了个好印象!"——眼睛对我自己说。

美林香槟小镇——国际品牌全精装。简约中性装修主张——1种家的共性,生长286种风格。

运用本章所学知识,分析以下问题。

1. 分别找出该系列广告文案中的各个要素(广告语、广告标题、广告正文、广告随文等)。
2. 谈谈你对该系列文案的看法,你觉得其优缺点分别是什么?
3. 你是否可以模仿该系列文案的风格写一则其他品类(非房地产)的广告文案?

第 2 章

广告文案与广告创意

 学习要点

- 了解创造力及创造性思维;
- 掌握基本的创造性思维方法;
- 掌握广告创意的概念,并理解创意概念和执行点子;
- 会从创意角度对广告文案进行分析及解读。

 开篇案例

统一"左岸咖啡馆"

统一企业决定在中国台湾地区市场推出一种采用全新包装材料的方便饮料。这种新材料外观像塑料杯,但质感要好得多。为了避免以这种材料包装的饮料像利乐包饮料那样被消费者认为是低价饮料,统一决定初期以一种高级饮料切入市场。产品的内容、包装、定位,由台湾奥美广告公司策划。

奥美广告公司将饮料确定为咖啡,并将产品命名为"左岸咖啡馆"。

20世纪初,在塞纳河左岸是巴黎咖啡馆最集中的地方,曾经是毕加索、萨特等人固定的聚会场所。广告公司选择这样一个产品概念和产品名称,正是要在消费者心中开一家具有乌托邦性质的、代表浓厚欧洲人文气息的"左岸咖啡馆"。

同时,这个名称也有能力刺激消费者,并赋予消费者一种真实的、丰富的想象情境,因为咖啡与消费者之间的情感联系,远比其他饮料密切。它可以代表一种浪漫情怀,代表独处的心灵空间,代表古典幽雅的人文精神。

基于对品牌形象的这种设定,广告目标就被定位为帮助消费者形成对"左岸咖啡馆"这间虚构的咖啡馆的具体印象。广告将消费者的特性集中在广告的主角——一个单身前往法国自助旅行的女孩身上,并虚构了她在左岸咖啡馆喝咖啡的故事,通过她的所见、所闻、所感,渲染左岸的味道。

所有的平面广告和电视广告都采用了黑白的影像,广告女主角回忆式的独白,舒缓的语调、节奏,优雅的语言,古老的咖啡馆,浓郁的咖啡,温馨的人情往事,恰与喝咖啡的心情吻合,融合成一种引人神往的品牌形象。

左岸咖啡馆广告如一阵旋风刮过台湾地区,在一批年轻女士的心中产生了很大反响,她们说"广告太棒了,我们去买吧!"头一年,左岸咖啡馆就卖了四百万美元,品牌继续得到巩固。此后每年都保持着持续稳定的增长,今天,左岸咖啡馆已成为名副其实的强势品牌。

思考与写作:
1. 评析统一左岸咖啡馆的系列广告文案。
2. 尝试延续该系列文案的风格,为左岸咖啡馆再写一篇广告文案。

2.1 创造力及创造过程

文案写作并非只是文字写作,文案人员属于广告专业人员中的一类,广告专业人员需要用严谨的思维做策略性思考,并以创造力寻求最有效的信息传达方式。文案人员的唯一任务是使用语言文字工具帮助广告客户达成广告目标。因此文案人员还必须具备基本的广告学专业知识,如良好的知识结构,对产品、市场、消费者有深入理解,熟悉广告表现手段,善于敏锐把握创意概念、善于对语言文字做多样化运用等。当然具体的文案写作中还有一项锻炼非常重要,即创造性思维的培养。

【创造性测试】
- 想想苹果可以做什么。
- 除了历史名城、文化古都之类的理由外,再找出让受众喜欢西安的五个理由。

2.1.1 关于创造力

创造力是人类特有的一种综合性本领,是指产生新思想,发现和创造新事物的能力,它是知识、智力、能力及优良的个性品质等复杂因素综合优化构成的。

创造力具有三个基本特征。

其一,变通性。具有创造力的人能随机应变,举一反三,不易受功能固着等心理定式的干扰。

其二,流畅性。具有创造力的人反应既快又多,能够在较短的时间内表达出较多的观念。

其三,独特性。具有创造力的人对事物具有不寻常的独特见解。

另外,创造力与人格特征也有密切关系,美国著名教育心理学家 G. A. 戴维斯和 S. B. 里姆最为典型,人们认为:"创造型的人,在自信心、独立性、冒险、有能量、热情、大胆、好奇心、好玩、幽默、富于理想和反映能力方面,高于一般人。他们具有艺术和美学兴趣,易于被复杂和神奇的事物所吸引。"①

除了智力因素外,还有一些和创造力相关的能力,具体如下。

敏觉力(Sensitivity):就是指极其敏锐的觉察能力。

流畅力(Fluency):面对问题时能够想出更多的答案。

变通力(Flexibility):以一种不同的新方法去看待一个问题的能力。

独创力(Originality):能想出别人所想不出来的一些观念或方法。

精进力(Elaboration):能从更精致、更细密的角度来进行思考的一种能力。

2.1.2 沃勒斯关于创新的"四阶段说"

不少杰出的创新都留下了动人的传说:瓦特看到壶盖被蒸汽顶起而发明了蒸汽机,牛顿被下落的苹果砸到头而发现了万有引力,门捷列夫玩纸牌时想出了元素周期表……创新或者说创造显然不会是传说的这般简单和"意外",它应该被视为一个过程。关于创造思考如何进行有很多说法,创新的"四阶段说"是一种影响最大、传播最广,而且具有较大实用性的过程理论,由英国心理学家沃勒斯提出,他把创造过程分为以下四个阶段。

其一,准备阶段。

准备阶段是准备和提出问题阶段。一切创新是从发现问题、提出问题开始的。问题的本质是现有状况与理想状况的差距。爱因斯坦认为:"形成问题通常比解决问题还要重要,因为解决问题不过牵涉到数学上的或实验上的技能而已,然而明确问题并非易事,需要有创新性的想象力。"

其二,酝酿阶段。

酝酿阶段也称沉思和多方思维发散阶段。在酝酿期要对收集的资料、信息进行加工处理,探索解决问题的关键,因此常常需要耗费很长时间,花费巨大精力,是大脑高强度活动时期。这一时期,要从各个方面,如前面讲到的纵横、正反等去进行思维发散,让各种设想在头脑中反复组合、交叉、撞击、渗透,按照新的方式进行加工。加工时应主动地使用创造方法,不断选择,力求形成新的创意。

其三,明朗阶段。

明朗阶段即顿悟或突破期,寻找到了解决办法。久盼的创造性突破在瞬间实现,人们通常所说的"醍醐灌顶""豁然开朗"等词语都是用来描述这种状态的。这一阶段的心理状态是高度兴奋甚至感到惊愕,像阿基米德那样,因在入浴时获得灵感而裸身狂奔,欣喜呼喊:"我发现了!我发现了!"虽不多见,但完全可以理解。

其四,验证阶段。

验证阶段是评价阶段,是完善和充分论证阶段。突然获得突破,飞跃出现在瞬间,结果难免稚嫩、粗糙甚至存在若干缺陷。创新思维所取得的突破,假如不经过这个阶段,创新成果就不可能真正取得。验证一是理论上验证,二是放到实践中检验。

---

① [美] G.A.戴维斯,S.B.里姆.英才教育[M].北京:新华出版社,1992.

2.1.3 詹姆斯·韦伯·杨的五阶段论[①]

著名广告大师詹姆斯·韦伯·杨对产生创意的方法和程序的生动描述,在广告行业中影响最大,也最适合文案人员在实际工作中参考。

1. 收集原始资料

一方面是你眼前问题所需的特定知识的资料;另一方面是你在平时连续不断累积储存的一般知识的资料。

特定资料是指那些与产品有关的资料,以及那些计划销售对象的资料。我们都在不停地诉说要拥有对产品以及消费者深入地了解的重要性,而事实上,大家却很少为此努力。然而,假如我们研究得够深够远,我们几乎都能发现,在每种产品和某些消费者之间,都有着相关联的特性,这种相关联的特性就可能产生创意。

与收集这些特定资料同等重要的事,就是继续不断地收集一般资料。每位真正的具有广告创作力的人士,几乎都具有两种重要的性格。

其一,普天之下,没有什么题目是他不感兴趣的。

其二,浏览各门学科的知识。

广告中的创意,常常是有着生活与事件"一般知识"的人士,将来自产品的"特定知识"加以重新组合的结果。此过程与万花筒理论中所发生的组合相似。广告这个"万花筒"中放置的玻璃片的数目越多,构成令人印象深刻的新组合的机会就越多。

如果说收集特定的资料是你眼前要做的工作,那么收集一般资料就是伴随你一生的工作了。

2. 用你的心智去仔细检查这些资料

这是一个内心消化的过程。对这些资料你要细细加以咀嚼,正如你要对食物加以消化一样。你现在要寻求的是事物间的相互关系,以使每件事物都能像拼图玩具那样,汇聚综合后成为适合的组合。创作人员在这一阶段给人的印象是"心不在焉,神不守舍"。此时,你可能会经历两个阶段。

其一,会得到少量不确定的或不完整的创意。不管它如何的荒诞不经或支离破碎,你都应该把这些写在纸上。这些都是真正的创意即将到来的前兆。

其二,渐渐地你会对这些拼图感到非常厌倦。不久之后,你可能会经历一个绝望的阶段,这时候一切都令你心烦意乱。

3. 进入深思熟虑阶段

你让许多重要的事物在有意识的心智之外去做综合的工作。这一阶段,你要完全顺其自然。把你的题目全部放开,尽量不要去想这个问题。有一件事你可以去做,那就是去

[①] [美]詹姆斯·韦伯·杨.怎样创作广告[M].北京:中国友谊出版公司,1991.

干点别的,诸如听音乐、看电影、阅读诗歌或侦探小说等。在第一阶段,你收集食粮。在第二阶段,你要把它嚼烂。现在是到了消化阶段,你要顺其自然——让胃液刺激其流动。

4. 实际产生创意

如果在前三个阶段当中,你的确尽到了责任。那么你将会进入第四阶段:突然间会出现创意!或由于某种偶然因素的启发,或根本没有任何缘由。也许它来得不是时候,这时你正在刮胡子,或是正在洗澡,或者最常出现于清晨的半醒半睡之间,或在夜半时分把你从梦中唤醒。这便是创意到来的情形,在你竭尽心力之后,休息与放松之时,它突然跃入了你的脑海。

5. 最后形成、发展并应用此创意

这是创意的最后阶段,正可谓黑暗过后的曙光。在此阶段,你一定要把你可爱的"新生儿"拿到现实世界中,让它能够适合实际情况,让它去发挥作用。

你还可以惊异地发现,好的创意似乎具有自我扩大的能力。它会刺激那些看过它的人们对其加以增补,大有把你以前所忽视而又有价值的部分发掘出来并加以放大的可能性。

在这五个阶段中,灵感激发创意,只是其中的一个阶段,在灵感来临之前,人们已经为创意的产生运用逻辑的、直觉的思维方式做了许多工作。詹姆斯·韦伯·杨的创意哲学不同于伯恩巴克,他相信产生创意如同生产福特汽车那么肯定,人的心智也遵照一个作业方面的技术。这个作业技术应该是能够学得到并受控制的,他相信规律、法则,相信经过训练的心智能够敏锐、迅速地产生相关性的能力。詹姆斯·韦伯·杨的创意观也不同于传统科学派的观点,他重视调查、统计、分析掌握可测度等因素,但更重视对品质因素的把握。因此我们有理由认为,詹姆斯·韦伯·杨的创意过程论,综合了科学派和艺术品派的广告智慧,是更客观、更辩证的思想成果。詹姆斯·韦伯·杨所描绘的广告创意过程和科学史上许许多多发明创造的产生过程非常相似。事实上,作为一种创造性的思维活动,广告创意与科学发明创造之间有许多共通之处。

詹姆斯·韦伯·杨的"创意五步曲"将产生创意的奥秘展示无遗,它看起来平淡无奇,可真理往往就是那么简单、质朴,但有多少人相信且踏踏实实地去实践呢?难怪詹姆斯·韦伯·杨在书中这样写道:"假如你问我,为什么我愿意把我所发现的这一有价值的定则白白送给大家,我要告诉你,经验教我两点:第一,定则说来简单,很少人听到后会真心信服;第二,因为说来简单,而实际上,它需要继之以最艰苦的高智力工作,因而并不是接受它的人就会使用它。因此我广传此定则,而不怕我赖以为生的市场会发生人才供应过剩的问题"。

知识链接

詹姆斯·韦伯·杨(James Webb Young)(1886—1973):通才杂学的广告大师,广告创意魔岛理论的集大成者。生前任智威汤逊广告公司资深顾问及总监,是美国当代影响

力最深远的广告创意大师之一,并于1974年荣登"广告名人堂"。他的广告生涯长达60余年,其本身几乎就是美国广告史的缩影。晚年致力于广告教育工作及著述,被认为是美国广告界的教务长。

2.2 创造性思维方式训练

之前的研究和实践都告诉我们,创造力是可以通过经验和培养习得的。培养创造性思维首先要突破思维定式的障碍,关于这点,心理学家和广告专业人员总结出了许多创造性的思考方式。

2.2.1 会议式头脑风暴法

头脑风暴法出自"头脑风暴"一词。所谓头脑风暴(Brain-Storming)最早是精神病理学上的用语,是针对精神病患者的精神错乱状态而言的,如今指无限制的自由联想和讨论,其目的在于产生新观念或激发创新设想。头脑风暴法又称智力激励法、BS法、自由思考法,是由美国创造学家A.F.奥斯本于1939年首次提出、1953年正式发表的一种激发性思维的方法。此法经各国创造学研究者的实践和发展,至今已经形成了一个发明技法群,如奥斯本智力激励法、默写式智力激励法、卡片式智力激励法等。

在广告公司中,头脑风暴法常以"会议式"的形式进行,而且主要用于创意概念的联想而不常用于文案写作。动脑会议召开前,由创意总监或创意指导进行前期准备,收集资料、确定主题;会议召开前一两天,主持人发出召集书,写明开会的地点、时间和问题要点。参会人员包括业务人员、创意人员、设计和制作人员等,尽可能男女老少搭配。最有效率的人数是5~10人,人数过多会减少发言机会,人数过少气氛容易沉闷,影响激发联想的效果。

会议时间一般不超过一小时,主持人应该让参会者最大限度地开动脑筋。为使与会者畅所欲言,互相启发和激励,达到较高效率,必须严格遵守下列原则:其一,禁止批评和评论,也不要自谦,对别人提出的任何想法都不能批判、不得阻拦。其二,目标集中,追求设想数量,越多越好。在智力激励法实施会上,只强制大家提设想,越多越好。会议以谋取设想的数量为目标。其三,鼓励巧妙地利用和改善他人的设想。这是激励的关键所在。每个与会者都要从他人的设想中激励自己,从中得到启示,或补充他人的设想,或将他人的若干设想综合起来提出新的设想等。其四,与会人员一律平等,各种设想全部记录下来。与会人员,不论是该方面的专家、员工,还是其他领域的学者,以及该领域的外行,一律平等;各种设想,不论大小,甚至是最荒诞的设想,记录人员也要认真地将其完整地记录下来。其五,主张独立思考,不允许私下交谈,以免干扰别人的思维。其六,提倡自由发言,畅所欲言,任意思考。会议提倡自由奔放、随便思考、任意想象、尽量发挥,主意越新、越怪越好,因为它能启发人推导出好的观念。其七,不强调个人的成绩,应以小组的整体利益为重,注意和理解别人的贡献,提倡人人都发挥出创造力。

2.2.2　个人头脑风暴法

文案人员掌握了头脑风暴法的原则后,一个人也可以尝试以多种方法进行自我头脑风暴。具体方法是:可以设定一个小时左右的时间,放松心态,不给自己压力,同时不要想着文案创作的事情,轻松地展开个人式头脑风暴。

随意阅览:找一些感兴趣的书籍、杂志、报纸,预备一些草稿纸,一边浏览一边记下有意思的东西,并随时把头脑中闪现的想法简单记下来,不要深入思考,不要想是否真的可行,只是先记录,等到结束所有浏览,再对记录进行思考与总结。

转换角色:即传播学中的"移情",跳出自己的实际工作角色,把自己想象成另外一种人,比如把自己想象成一位记者,想想如何用新闻报道你要传播的信息,或者把自己想象成演讲者,想想怎样讲才能调动听者的兴趣和好奇心。甚至可以把自己想象成一个孩子,想想如何以孩子的口吻来表达信息。

绘制联想图:让自己的头脑随意地自由联想,把相关与不相关的形象和语句都简单记录下来。联想时可以在手边放一张白纸,把信息源(可以是一个词语或产品本身)放在最中间的位置,然后在它周围发散出其他的词语(七八个为宜),再沿着这七八个词语继续发散其他词语,至少发散到第四层,然后找找信息源与发散的词语之间的联系,有些创意就是这样产生的。

句子写作:把你要传达的信息用你能想到的各种句子表达出来,先求数量,在获得一定量的表达句子之后,再仔细阅读你写下的句子,尝试对句子进行选择或修改。做造句游戏要有耐心,尽量告诫自己不断思考,先求量,再求质。

当然,甚至聊天游戏也可以归入个人头脑风暴法里面,在你和别人随意聊天的过程中,有意识地记下别人有意思的想法和语言,这也许就是日后你思考创意的源泉。

感到有点累的时候,就停下来,这样,你可能已经积累了一定数量的新想法了。

2.2.3　逆向思维法

逆向思维法强调颠倒过来考虑问题,比如原来问"我在广告中该怎么说?",用逆向思维就变成"我不能怎么说?",逆向思维强调把思维努力向目标的反方向运动,在不可行、不相关或习惯上认为不可能的事物中找到答案。比如一则汽车车行的平面广告上显示有一张拍摄得非常精致的汽车照片,但其文案却采用逆向思维展开,告诉受众"艳照往往骗人,请试实物",这一文案的传达,反而让受众觉得该汽车车行非常真诚,能够引起受众好感。逆向思维不是一味地强调要"反着来",在使用时一定要找到合理的解释,给受众一种看完广告后恍然大悟的感觉。

【小案例】　获戛纳广告节金狮奖的一则耐克企业形象广告

开始是一首悠扬深沉的歌曲《你太美了》,画面展示给受众的全是因运动而受伤的镜头:其中有男有女,有老有少,有的眼部右侧呈现出一道明显的疤痕;有的在大腿至小腿部有很长的疤痕;有的耳朵受到过重创;有的右臂打着石膏;有的左右两臂都缠着绷带;有的左臂肌肉已经畸形;有的颈部固定不能动弹;有的左眼戴着眼罩,当摘下眼罩时我们看到了清晰的伤疤;有一个喜爱足球的小男孩也破了相;田径场上一位运动员倒下了,他的脚因受伤变得十分难看;更衣室里一位运动员痛苦地扶着墙,他的小腿后部一道很长的疤痕,可能是筋断了,怕是不能再运动了,他很痛苦;最后我们见到的像是一个跳伞运动员,他的两颗门牙没了。然后是广告语和品牌符号:让我们行动吧!

【小案例】 尼桑汽车系列平面广告(见图2-1)

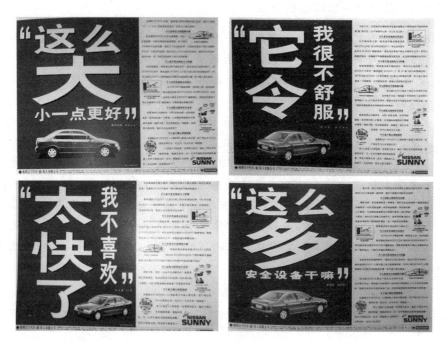

图 2-1

案例分析:这两则广告都是展示了看似不能说、不能表现的东西,从反面出发给受众深刻印象,让受众在刚看到广告时感觉惊讶,进一步了解广告信息后,则产生了意料之外、情理之中的认识,进而更了解品牌的特性。

2.2.4 水平思考法

水平思考法(Lateral Thinking)又称为德博诺理论、发散式思维法、水平思维法。垂直和水平思考法是英国心理学家爱德华·德博诺博士(Dr. Edward de Bono)所倡导的广告创意思考法,因此,此方法通常又被称作德博诺理论。水平思维法是针对垂直思维(逻辑思维)而言的。

德勃诺将人类的思维方法分为垂直思考法和水平思考法两种。垂直思考法好比T字的垂直一画。这种思考方法偏重于凭借旧经验、旧知识来产生创意,产生的创意离不开旧的框框,只是旧意识的重版、改良,不是真正的创意。现在许多广告千篇一律,除了商品、品牌、商标不同外，广告内容常常出现雷同，因此缺乏新意。

水平思考法是指在思考问题时能摆脱旧知识、旧经验的约束，打破常规，创造出新的观念。德博诺认为：垂直思考法是传统的逻辑思考方式，直接从一个资料到另外一个资料做连接式思考，就像用一块一块石头从低到高垒高塔，或者由浅到深往下挖洞一样。而水平思考法"与传统的逻辑思维方法不同，它所关心的不是在旧观点上修修补补，而是怎样提出新的观点""不是过多考虑事物的确定性，而是怎样考虑其多种可能性。不一味追求正确性，而是追求丰富性。不拒绝各种机会，而是尽可能利用各种机会"。

【小案例】 关于水平思考法的故事

德博诺讲了一个有趣的故事来形容水平思考法。他说：古代有个商人破了产，欠了高利贷者很多钱。高利贷者看中了商人美丽的女儿，明知商人还不了钱，却硬逼他马上还，否则便要拉他去坐牢，或以女儿抵债。于是高利贷者想出了一个花招：说自己口袋里放进一黑一白的两颗石子，让女孩子去碰运气，如果从口袋里摸出黑石子，便要卖身抵债；摸出白石子可免债务。随后，他偷偷地从地上捡了两颗黑石子放进口袋里。这时女孩子看得清清楚楚，她想：如果当场揭穿其阴谋或拒绝取石子，高利贷者必然会恼羞成怒，拉父亲去坐牢，如果顺从地取出黑石子，便毁了自己。这些都是常人解决问题的方法，也就是用垂直思考法来处理问题。但女孩子运用水平思考法，另出新招：她毅然从高利贷者口袋里取出一颗黑石子，并故意失手将石子跌落在布满黑白两色石子的地上。然后说，真对不起，石子丢在地上找不着了，不如你看看你口袋里剩下的是什么颜色的，如果是黑的，就证明我取出的是白的了。高利贷者口袋里剩下的石子当然是黑色的，只好哑巴吃黄连，女孩子得救了，她父亲也避免了债务。

2.2.5　属性罗列法

属性罗列法的设计者罗伯特·克劳福特认为，"每当我们采取某个步骤时，我们都是通过改变某事物的属性或性质，或是将相同的性质或属性用到某种其他事物上来着手的。"属性罗列的方法有两种：一是属性改进；二是属性转移。

在进行改进或转移前，先找到一个产品或目标事物，对其现有属性进行罗列，如对一支 2B 铅笔进行罗列。

铅笔是一个圆柱形状的木头包裹着石墨芯构成的书写工具；
铅笔是六边形的；
其中一个头上装有橡皮擦；
橡皮擦用金属环固定起来了；
铅笔有 18cm 长；
铅笔的直径是 0.5cm；
铅笔的笔芯是 2B 型号；
铅笔有深绿色外观；
铅笔可以成打销售；

铅笔也能买整箱；

铅笔是本国制造的；

……

列出来后，对上述的属性进行改进或转移。

属性改进：文案人员可以先罗列目标事物的主要属性，然后再考虑改善某种属性的方式。比如发明新型的糖果或点心，就可以把不同的尺寸、形状、成分、颜色、纹理、包装、营养、名称等写在纸上，然后尽可能多地尝试改变每种属性，最后在一系列变化中找出好的组合。

属性转移：从别的事物中借用属性，赋予目标事物新的属性。比如，一个常见的创造力测试问题"砖头的作用"，就可以采用这种属性转移的方法来思考。砖头最主要的属性是建筑材料，但利用属性转移法后，它可以做砖雕、做大型的多米诺骨牌、垫脚石等。

2.2.6 重新组合法

詹姆斯·韦伯·杨提到创意产生是有两条普遍原理的，其一，创意其实就是以前要素的一个新的组合；其二，只有具备认清事实之间关系的才能，方可提高创造新的组合的能力。

在这里，詹姆斯·韦伯·杨所说的"旧的要素"，其实就是我们生活中最为常见的事物和现象，这些对人们来说非常熟悉的事物更容易让大众接受，能够消除距离感，让大众更容易理解和接受其中传递的信息。而"新的组合"则会使人有耳目一新的感觉，这样受众在接收信息时会更容易些，因为如果旧要素还是原来的组合，人们会容易忽视其中的信息，而且这也不符合广告创意的本质。让习以为常的旧要素通过新的组合焕发新意，"旧要素—新组合"，这才是广告创意的本质所在。

就像人们常说的，"天下没有新鲜事，一切都已经发生过了。"很多想法只是现有元素的重新组合，你可以在既有想法中搭配出新的组合，进而创造出全新的呈现方式。很多新发明都是这样产生的，比如闹钟就是把时钟和警铃组合在一起产生的。尼尔斯·波尔也是结合了两种不同的观念——卢瑟福的电子环绕原子核模式以及普朗克的量子力学理论——创造出现代的原子概念。

就像詹姆斯·韦伯·杨所说，创意过程就像万花筒，你积聚的要素（其中的碎片）越多，产生新组合的机会就越多，也就意味着优秀创意产生的概率就越大。

2.2.7 日常记录法

创造性工作也可以发展出检核表这样的工具，而且这个工具可以自己设计，自己记录。比如将见到、听到的各种各样的创造性想法和做法记录下来，就可以成为帮助创意工作的检核表。显然制作自己的检核表需要的是长时间的耐心和积累，并且一定要把所见所闻用笔或用计算机记录下来。

2.3 广告创意及经典创意主张

2.3.1 关于"广告创意"的不同观点

"创意"一词被广泛应用于经济、文化、生活等各个领域,用以描述信息社会和商业环境中具有独创精神的思维模式、思想意识和行为方式。在英文中很多词都可以被翻译为"创意",具体如下:

(1) Creation 与 Creativity。这两个都是名词。Creation 指创造、创作以及艺术作品等;Creativity 意为创造性、创造力。二者皆能体现创意所具有的思想、精神创造层面的含义,是创意行业中普遍使用的英文描述。

(2) Concept 与 Idea。这两个词都可以解释为概念、理念、观念、想法、构思等。都强调创造性思维的归纳和结果,是创意理论研究中常用的词语,但前者更强调"概念",后者更偏向"主意"。

(3) Originality。该词可以解释为创造性、独创性,重在强调创意的原创性和独特性的特征。

(4) Production。该词在体现名词性的基础上,重点强调创意所具有的物质属性以及具体的执行过程。

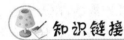

关于创意概念的不同观点[①]

1. 强调"过程、活动"的观点

美国权威广告专业杂志《广告时代》在总结多方面意见的基础上说:"广告创意是一种控制工作。广告创意是为别人陪嫁,而非自己出嫁,优秀的创意人员深谙此道,他们在熟知商品、市场销售计划等多种信息的基础上,发展并赢得广告运动,这就是广告创意的真正内涵。"

创意人员的责任就是收集所有能帮助解决问题的材料,如产品事实、商品的定位、媒介状况、各种市场调查数据、广告费用等,把这些材料分类、整理、归纳出需要传达的信息,最后,转化为一种极富戏剧性的形式。

2. 强调"主意"的观点

这类观点大多从"主意"的角度对广告创意进行定义。如认为"广告创意就是广告活动中富有创造性的主意""创意就是指你发现了人们习以为常的事物中的新含意""真正的创意是上帝赐予的、一种奇妙无比的无中生有"等,这些都是其中比较有代表性的观点。

---

① 高志宏,徐智明.广告文案写作[M].北京:中国物价出版社,2002.

3. 强调"才能、思维方式"的观点

创意，在很大程度上会突破常规，因此有观点认为，"创意体现了一种超越性的思维方式。它超越了在处理周围环境与自身问题时所采取的通常方式""在广告领域的超越性思维就是创意""创意就是用一种新颖而与众不同的方式传达单个意念的技巧和才能，就是所谓客观地思索和天才地表达"。显然这类观点从表面上看也非常合理。

2.3.2　界定广告创意

广告公司资深总裁 S. Kirley Polykoff 深有感触地说："创意就是用一种新颖而与众不同的方式来传达单个意念的技巧和才能，所谓客观地思索，然后天才地表达。"另外，创意是这种创造性思维方式所产生的新点子。杰出的创意指导 Albert Szent Gyorgri 说："创意就是指你发现了人们习以为常的事物中的新含义，它应当以一种让人既惊异又心动的单纯形式表达出来。"可见，广告创意对一则广告作品的成败起着非常重要的作用，从广告创作的最初思考到最后成功地传达，整个过程都离不开创意。

徐智明认为我们要理清广告创意的概念，首先应该分别界定"创意活动"和"广告创意"。创意活动是现代广告运作的一个核心环节，是创意人员根据广告策略对广告信息怎样进行有效传达的创造性思考过程。

广告创意是现代广告运作中创意活动的产物，是有效而且具有创造性的广告信息传达方式。

认为创意是"广告信息传达方式"，是因为创意环节所要解决的核心问题，就是怎样将广告信息传达给诉求对象并达到理想的说服效果，通俗地说就是"广告应该怎么说"。

创意存在于广告作品中，又存在于作品之外。说它存在于作品中，是因为优秀的广告作品无不深刻体现出创意的精髓；说它存在于广告作品之外，是因为创意不是广告中的文案，不是字体和版面的设计，不是漂亮的图片，不是电视广告精美的拍摄和制作。它不是呈现在广告作品中的任何一种具体要素，而是关于广告信息如何传达给受众，蕴含在广告中的"想法"与"概念"。

也有人认为创意是"有创造性的广告表现方式"。我们认为，"表现方式"更注重将创意转化为具体作品，或者作品中具体呈现出来的各种要素，容易使人误以为创意是广告"形式"的考虑，而非对"信息传达"的思考。

奥美广告公司高层人士理查·范乐尔说，"大部分的广告创意都必须有两个基本的点子：一个是像广告心脏般的核心创意点；另一个就是执行的想法，用来赋予核心创意在荧光屏上或者平面图页上的生命。"即创意的核心由"概念"（Concept）和"点子"（Idea）两部分构成，可以认为关于广告信息传达方式的基本想法，是"创意概念"，在具体作品中应用创意概念的基本方法，是"执行点子"。

【小案例】　绝对伏特加广告创意之路

1978 年美国 Carillon 公司为进口代理 1879 年产于瑞典的绝对牌伏特加（Absolut Vodka）投资 6.5 万美元，进行一项专门的市场调查时，得出的结论是：绝对失败。人们甚至指出,品牌名称太过噱头,瓶的形状也太丑陋,酒吧伙计认为它难以倒取,瓶颈太短,还批评这酒没有贴上类似其他品牌的色彩丰富、花哨的贴纸。绝对牌透明的清玻璃酒瓶,像个隐形瓶一样,摆在酒柜上,人们一眼就能看穿它,感觉不出它的存在等。

最后市场分析家的结论是:放弃这种产品。然而,Carillon 公司总裁 Michel Roux 却无法拒绝自己的直觉,他认为这种产品与消费者印象中的伏特加形象是如此的不同,也正是如此,以致市场调研无法完整地了解它。他果断地决定,放弃调查结果。他认为现在需要做的是用强劲的广告赋予品牌个性!于是,一场持久的关于"绝对"的创意诞生了。

1. 创意策略:从"酒文化"到"绝对的完美"

Carillon 把广告委任给 TBWA 广告公司。最初为该品牌创建知晓度和流行度的方法是建立在产品的瑞典 400 年传统文化上。这种广告与美国其他酒的广告十分相像,尤其对于女人来说,这是她们喜欢的生活方式意向。

然而,TBWA 的创意总监 Geoff Hayes 觉得少了些什么。广告的创意太传统、太可预见了,而且没有什么可证明该产品是一个强势品牌。品牌要成功,广告不能随波逐流,必须冲破一般酒广告的传统模式;只渲染产品本身的质量远远不够,必须创造它的附加价值,把绝对牌塑造成时兴的——人人都想喝的形象。

为什么不考虑用产品名字和酒瓶独特的形状来表现质量和时尚呢?TBWA 的广告制作小组决定避开"瑞典"(Sweden),而力攻 ABSOLUT(绝对)这个具有双重意思的字眼。瑞典文"绝对"是品牌名称,英文 ABSOLUT 是绝对的、十足的、全然的意思。在呈交给 Carillon 的前 3 天,Geoff Hayes 提出了解决办法。

"我一边坐着看电视,一边画瓶子,我记得画了一个光环在瓶顶之上,并添了一行字'这是绝对的完美'。第二天早晨,我把画好的东西给我的文案搭档 Graham 看,他说,你不用解释,只需说'绝对的完美'。突然间我们意识到,我们获得了一些东西。它使我们在五分钟之内想出了一个创意,形成了广告运动的一个系列。"

TBWA 提出的广告概念是揭示绝对牌与市场上其他品牌的差异点。这个概念也旨在把绝对牌捧为人们热衷的品牌,并使之成为成功和高级的象征。平面广告的创意要领都以怪状瓶子的特写为中心,下方加一行两个词的英文,是以 ABSOLUT 为首词,并以一个表示品质的词居次,如"完美"或"澄清"。没有必要讲述任何产品的故事,因为它都被蚀刻在瓶子上了。该产品的独特性由广告产生的独特性准确地反映出来。把瓶子置于中心充当主角当然很可能吸引顾客,但更重要的是,与视觉关联的标题措辞与引发的奇想赋予了广告无穷的魅力和奥妙。

(1) 绝对的产品——以酒瓶为特写。例如 TBWA 制作的第一则广告是在酒瓶上加个光环,下面的标题为"绝对的完美"。第二则广告则在瓶身加上一对翅膀,标题为"绝对的天堂",没想到竟被《纽约时报》登在讣文的对面,令大家啼笑皆非。

(2) 绝对的物品——将各种物品扭曲或修改成酒瓶状。例如某滑雪场的山坡,从山顶至山脚被滑出一个巨大的酒瓶状,标题为"绝对的山顶",意味着酒的品质是绝顶的。

(3) 绝对的城市——1987 年,绝对牌伏特加在加州热销,TBWA 小组制作了一座酒瓶状的泳池,标题为"绝对的洛杉矶",以感谢加州消费者对此酒的厚爱。没料到全美不少城市纷纷要求也来一张该城市的特写广告。于是就有"绝对的西雅图""绝对的迈阿密"等佳作。

(4) 绝对的艺术——波普艺术大师 Andy Warhol 率先为绝对酒瓶作画,并制成广告,一夜之间为绝对牌塑造了一个全新的形象。往后与 Carillon 进口商签约作画的大小艺术家多达 300 余位。

(5) 绝对的节日,绝对的惊人之举——为营造圣诞气氛,绝对牌的平面广告暗藏玄机,或塞一双手套、一条丝裤,或一块不断以四国语言祝贺节日的晶片等。

(6) 绝对的口味——除了以蓝色为标准色的纯伏特加外,绝对牌还有柑橘、辣椒等多种口味。BTWA 使出浑身解数,例如将一只橘皮扭成酒瓶状,标题为"绝对吸引人"。

2. 创意策略:总是相同,却又总是不同

15 年来,Carillon 公司和 TBWA 坚持在平面广告中采用这种"标准格式"(瓶子加两个词的标题),制作了 500 多张平面广告,虽然"格式"不变,但表现总是千变万化,"大胆借势,巧妙传名",广告运作的主题多达 12 类之多——绝对的产品、物品、城市、艺术、节日、口味、服装设计、主题艺术、欧洲城市、影片与文学、时事新闻等。同时,广告将所要传达的产品意念,与受众心目中具有重要地位的"名物"融为一体,不断散发出历史和文化的永恒魅力。TBWA 巴黎分公司曾推出一组结合各地著名景观及文化风俗的"欧洲城市"系列广告,使绝对牌成为与城市环境和谐一体的美妙景观。

绝对牌广告所做的就是为产品创造一种外观上持久的时尚。"总是相同,却又总是不同"的广告创意哲学,产生了杰出又持久的效果。1980 年,绝对牌在美国还是一个微不足道的品牌,每年销售不过 1.2 万箱,而现在已暴增至 300 万箱。目前它在美国市场上的占有率为 65%,名列第一,成为进口伏特加酒市场的领导品牌。

消费者购买绝对牌而非别的,不是因为口味,是因为绝对牌"所说的话"!

TBWA 杰出的广告意念,完美地变成了现实!

(资料来源:根据网络资料整理而成)

2.4 经典的创意主张

发展至今,广告行业产生了非常多的优秀的大师,特别是在 20 世纪中期,这些大师要么著书、要么通过创办学校等途径传播自己对于广告的认识和看法,这些大师各自从自己的经验中汲取养分,提炼观点,虽然角度有所不同,甚至有部分还相互矛盾,但并不妨碍其观点的影响力和启发性。也进一步表明广告创意有方法可循,但没有固定的规则可立,具体如何进行还要考虑不同的产品、不同的背景、不同的环境等因素。

2.4.1 独特的销售说辞(USP)

罗瑟·瑞夫斯(Rosser Reeves,1910—1984)提出了 Unique Selling Proposition,简称 USP,即"独特的销售说辞"或"独特的销售主张"。

罗瑟·瑞夫斯曾经是弗吉尼亚银行的一个文员。在移居纽约后,他开始在广告公司工作。1940 年,他加入了贝茨公司。在长期的实践中,他非常看中家庭消费,重点研究产品的卖点,不断发展自己的创意哲学,取得了较大的成就。1952年,罗瑟·瑞夫斯为德怀特·艾森豪威尔所做的竞选总统的电视广告宣传计划被采纳,从而对美国政治广告活动产生了巨大的影响。

1961年,在达彼思广告公司任职的罗瑟·瑞夫斯写了一本名为《实效的广告》(Reality in Advertising)的书,此书极为畅销,对于广告界影响巨大。在这本书中,罗瑟·瑞夫斯提出了"独特销售说辞"的广告创意理念。他指出:"消费者只会记住广告中的一件事情——或是一个强烈的主张,或是一个突出的概念。""成功的广告像凸透镜一样把所有部分聚合为一个广告焦点——不仅发光,而且发热。"

罗瑟·瑞夫斯的"独特销售说辞"包含以下三部分的内容。

(1)每则广告都必须向消费者提出一个说辞。说辞不是光依赖文字,不只是对产品的吹嘘,也不只是巨幅的画面。每则广告一定要对一个广告信息接受者说:"买这个产品,你将从中获得这种明确的利益……"

(2)提出的这个销售说辞必须是竞争对手没有提出或无法提出的,并且无论在品牌方面还是在承诺方面都要独具一格。

(3)提出的销售说辞必须要有足够的能力吸引众多的消费者,也就是说,销售说辞应该有足够的力量为你的品牌招来新的消费者。

罗瑟·瑞夫斯认为,一旦找到"独特销售说辞",就必须把这个独特的说辞贯穿于整个广告活动,必须在广告活动中的各个广告中都加以体现。

【小案例】 罗瑟·瑞夫斯为 M&M 巧克力所做的广告

1954年的一天,M&M糖果公司的总经理约翰·麦克那马拉(John MacNamara)来到罗瑟·瑞夫斯的办公室找他。约翰·麦克那马拉认为原来的广告并不成功,他想让罗瑟·瑞夫斯为自己的巧克力做一个广告,广告创意必须能为他招徕更多的消费者。于是,双方进行了一番谈话,在谈话进行了10分钟之后(注意,广告客户的定向说明会多以非正式的方式出现,这种谈话的性质正是一种关于产品独特的定向说明会),罗瑟·瑞夫斯认为在这个产品之中,他已经找到了客户想要的创意。当时,M&M巧克力是美国唯一一种用糖衣包裹的巧克力。罗瑟·瑞夫斯认为独特的销售说辞正在于此。下一步,怎样把这一独特的销售说辞体现在广告中呢?最后,在M&M巧克力的广告中,他把两只手摆在画面中,然后说:"哪只手里有M&M巧克力呢?不是这只脏手,而是这只手。因为,M&M巧克力——只溶在口,不溶在手。"

【小案例】 罗瑟·瑞夫斯做的"总督牌"香烟广告(见图2-2)

总督牌给你而别的滤嘴没能给你的是什么?

只有总督牌香烟在每一支过滤嘴中给你两万颗过滤凝汽瓣。(香烟解剖图中的标注)

当丰盛的香烟味道透过时,它就过滤、过滤、再过滤。(香烟解剖图中的标注)

有那两万颗过滤凝汽瓣,实在比我过去吸没有过滤嘴的香烟时味道要好。(时髦男士插画)

对,有过滤嘴的总督牌香烟吸起来是好很多……而且也不会在我嘴里留下任何烟丝

渣。(时髦女士插画)

只比没过滤嘴贵一两分钱而已。(硬币插画)

世界上最畅销的过滤嘴香烟。

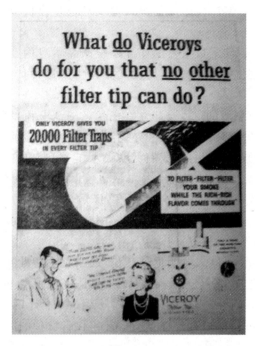

图 2-2

显然,罗瑟·瑞夫斯 USP 理论的落脚点是在产品身上,随着社会的不断发展,产品同质化的现象使寻找独特销售说辞的工作越来越难,但是,毫无疑问,它仍是广告创意重要的思考方法之一。

知识拓展

SSC&B 广告公司前任总裁兼创意总监马尔科姆·麦克道格尔(Malcolm D. MacDougall)指出,为看似没有差异的产品做广告有四种方法:其一,强调大部分人还不知道的产品益处;其二,用戏剧化的方式呈现产品功效;其三,设计别出心裁的产品名称或包装;其四,建立长期品牌个性。

2.4.2 固有刺激法

李奥·贝纳(Leo Burnett,1892—1971)早年在芝加哥的欧文广告公司任职。1935 年,他离开了欧文广告公司,创办了自己的李奥·贝纳广告公司。后来,他又创办了芝加哥广告学校。李奥·贝纳以其特有的广告哲学闻名,他和他的追随者们被称为"芝加哥广告学派"。

李奥·贝纳的创意给人的印象深刻,他通过热情、激情和经验,创造广告文案的"内在

戏剧性效果"。他认为,成功广告的创意秘诀在于发掘产品本身内在的固有刺激,他自己把这种刺激称为:产品与生俱来的戏剧性。并且他主张以温馨、自然、可信的手法和质朴、平凡的人物、情景,将产品本身表现为英雄。他认为产品本身的英雄特性,可以发展成为具有刺激力量的戏剧性,使广告令人信服。他反对通过投机取巧和蒙骗的方式来吸引消费者的行为。

李奥·贝纳认为,广告创意最重要的任务是把产品本身内在的固有刺激发掘出来并加以利用。这种创意方法的关键之处是要发现企业生产这种产品的原因,以及消费者要购买这种产品的动机。

产品本身内在的固有刺激的产生是建立在消费者的欲求和兴趣基础之上的。但是,此种创意方法的出发点是产品,从产品出发去寻找消费者心中对应的兴趣点,即认为产品中必然包含有消费者感兴趣的东西。因此,我们可以认为,这种创意的方法带有产品至上年代的思考特征。但是,从另一方面来讲,这种创意方法也包含了以消费者为思考中心的萌芽。

李奥·贝纳和他的公司利用这一创意理念,汲取内心的激情,创作了许多著名的广告,造就了许多著名的品牌。如"绿色巨人乔利""炸面包人皮尔斯伯里""金枪鱼查理"以及凯洛格食品公司的"老虎托尼"等。

李奥·贝纳为"绿色青豆巨人"(明尼苏达流域罐头公司)做的广告最能代表他提出的固有刺激法。广告的标题是:月光下的收成。文案是:"无论日间或夜晚,青豆巨人的豌豆都在转瞬间选妥,风味绝佳……从产地到装罐不超过三个小时。"李奥·贝纳解释道"月光下的收成"则兼具新鲜的价值和浪漫的气氛,并包含着特种的关切。

【小案例】 李奥·贝纳谈"绿色青豆巨人"广告(见图2-3)

在一次演讲中,李奥·贝纳自己以该广告为例,论述了可能出现的三种背离固有刺激创意法的做法。

(1)用许多不证自明的事实做成一篇无趣味的自吹自擂的文章。这种人可能会这样写广告——"如果你想要最好的豌豆,你就要青豆巨人。青豆巨人经过精心种植与罐装,保证你最后对味道满意。因为他们是同类产品中最好的,所以这些大而嫩的豌豆在美国最畅销。今天就在你买东西的食品杂货店中买一些吧。"

(2)用明显的夸大之词构成了夸张的狂想曲。李奥·贝纳指出,有这样倾向的创意人员可能会醉心于这样的文案——"在蔬菜王国中的大颗绿宝石。你从来不会知道一颗豌豆能够像这样的——似露的甜蜜,像六月清晨那么新鲜并洋溢着丰富的豌豆的芬芳。把它端到烛光照射的餐桌上,如果你丈夫把你的手握得更紧一点也不足为奇。"

(3)炫耀才华,舞文弄墨。这类创意人可能会

图 2-3

这样写下去——"这种豌豆计划永远终止蔬菜战争。青豆巨人,它不过有玉米粒那么大,剥豌豆的人能够剥下。青豆巨人有一个保证豌豆永存于世的计划——豌豆在大地,善意满人间。"

今天,在很多广告中,产品确实被塑造成英雄,但那种"英雄"的个性,并非来自产品固有的戏剧性,而是被人为赋予了和产品完全不相关的东西。

2.4.3 品牌形象论

大卫·奥格威(David Ogilvy),这位富有传奇色彩的广告大师以创作简洁、富有冲击力的广告而闻名于世。他是奥美广告公司的创办人。他的广告作品的特点是文辞华丽却又切合实际,尊重消费者而不失幽默机敏。他为世人留下了许多杰出的广告创意:哈撒韦衬衫、壳牌石油、西尔斯连锁零售点、IBM、罗斯—罗依斯汽车、运通卡、国际纸业公司等。大卫·奥格威同时也擅长写以事实为依据的长文案,他发展了艾尔伯特·拉斯克尔的"纸上推销术"的理论。他的品牌形象论是随着他所写的《一个广告人的自白》一书而于20世纪60年代开始在广告界风行的。

大卫·奥格威力主广告应该帮助广告主"建立清晰明确的品牌个性",并指出:产品同质化程度越高,消费者购买时的理性程度越低,所以这类产品宜用感性诉求来塑造差异化的品牌形象。一旦建立起鲜明的品牌形象,消费者购买到的往往不仅仅是产品本身的物质利益,还有心理利益或品牌的附加值。因此,广告活动应该以树立和维系品牌形象作为长期投资。

"劳斯莱斯"至今仍被认为是"世界上最好的车子",这除了得益于它真正良好的品质外,也得益于奥格威对这一品牌个性的塑造。在著名的劳斯莱斯长文案广告中(见图2-4),奥格威说:

图 2-4

"这辆新型的'劳斯莱斯'以时速60英里行驶时,最大的噪声是来自车内的电子钟。"

"什么原因使得'劳斯莱斯'成为世界上最好的车子?"

一位知名的"劳斯莱斯"工程师说:"说穿了,根本没有什么真正的戏法——这不过是耐心地注意到细节。"

【小案例】 大卫·奥格威为哈撒威衬衫做的广告(见图2-5)

图 2-5

广告文案:

穿Hathaway衬衫的男人

美国人最后终于开始体会到买了一套好的西装,却被一件大量生产的廉价衬衫毁坏了整个效果,实在是一件愚蠢的事。因此在这个阶层的人群中,Hathaway衬衫就开始流行了。

首先,Hathaway衬衫耐穿性极长——这是多年的事了。其次,因为Hathaway剪裁——低斜度及"为顾客定制的"——衣领,使得您看起来更年轻、更高贵。整件衬衣不惜工本的剪裁,因而使您更为"舒适"。

下摆很长,可深入您的裤腰。纽扣是用珍珠母做成——非常大,也非常有男子气。甚至缝纫上也存在着一种南北战争前的高雅。

最重要的是Hathaway使用从世界各角落进口的最有名的布匹来缝制他们的衬衫——从英国来的棉毛混纺的斜纹布,从苏格兰奥斯特拉德地区来的毛织波纹绸,从英属西印度群岛来的海岛棉,从印度来的手织绸,从英格兰曼彻斯特来的宽幅细毛布,从巴黎来的亚麻细布。穿了这么完美风格的衬衫,会使您得到众多的内心满足。

Hathaway 衬衫是缅因州的小城渥特威的一个小公司的虔诚的手艺人所缝制的。他们老老小小在那里已工作了整整 114 年。

您如果想在离您最近的店家买到 Hathaway 衬衫,请寄张明信片到 G. F. Hathaway(缅因州·渥特威城),即复。

2.4.4 关联性、原创性、冲击力(ROI)

威廉·伯恩巴克(William Bernbach,1911—1982)可能是时至今日在广告创意领域最有影响的人物。在《广告时代》世纪末的评选中,他被推选为广告业最有影响力的人物的第一位。

1939 年以前,伯恩巴克在多个广告公司任过职。1945 年,他加入葛瑞广告公司并迅速成为创意副总监。1949 年,他和多伊尔以及马克斯韦尔·戴恩成立了多伊尔·戴恩·伯恩巴克(DDB)广告公司。

伯恩巴克赞同这样的创意过程:将客户的产品与消费者联系起来,明确人类的品质与感情分别扮演怎样的角色,然后广告决定如何利用电视或平面形式向消费者传递信息并赢得消费者的青睐。

伯恩巴克认为:广告创意如果得不到消费者的共鸣,消费者就不会去关心广告和产品,更不会买这种商品。取悦消费者并令他们参与的最佳方法,就是采取感性与新奇的诉求方式,所以伯恩巴克将客观诉求的广告表现方式,转变为消费者的主观参与。也因此,他不愿意用一大堆数据、事实对诉求对象狂轰滥炸,他的广告常常充满幽默、人性,并力图将广告提升到艺术层次。

他认为周密的创意实施过程离不开以下四点。

(1) 要尊重消费者。广告不能以居高临下的口吻与交流对象说话。

(2) 广告手法必须明确、简洁。广告必须要把告诉消费者的内容浓缩成单一的目的、单一的主题,否则广告就不具有创新的特点。

(3) 广告必须与众不同,必须有自己的个性和风格。广告最重要的东西是要有原创性和新奇性。

(4) 不要忽视幽默的力量。幽默可以有效地吸引人的注意力,使人得到一种收听、收看和阅读中趣味性的补偿。

伯恩巴克认为优秀的广告创意应该具备关联性、原创性、冲击力三个特征(ROI)。关联性即广告创意所传递的信息,必须与广告的目标一致,与所宣传的商品特性相符,要合情、合理、合适。原创性是指创意必须具备独一无二的个性和创新精神。冲击力则是广告创意激发受众情感,打动观众的重要因素。另外,伯恩巴克还明确了在实现 ROI 论时所要解决的几个具体问题:①广告的目的是什么?②广告的观众是谁?③广告的利益点以及承诺的支持点是什么?④品牌的独特个性是什么?⑤选择哪类媒体?

伯恩巴克最为人称道的作品是 20 世纪 60 年代为大众夹克虫汽车所做的系列广告。

金龟车被初次介绍到美国市场时,被认为有四个特征:外观不漂亮、小、后引擎驱动、外国制造。这四个特征皆不被看好。在此之前,美国所有的汽车广告都是展现富丽堂皇或赏心悦目的图景。然而,伯恩巴克却在产品特点的基础上,抛弃传统的诉求方式,以幽默和别致的创意制造了广告史上的奇迹。

　　金龟车的系列广告画面都很简洁,只是单纯的金龟车,通常是黑白两色,主标题是"想一想小"(Think Small)。标题简单却富有深意。

【小案例】 大众汽车的两则广告文案(见图2-6)

图 2-6

1. 柠檬篇

　　这则广告以"柠檬"(Lemon俚语,意为不合格被剔除的产品)为标题,画面是一辆看不出任何瑕疵的金龟车,那么,为什么说它是"柠檬"呢?广告文案写道:"这部车子没有赶上装船,因为某个零件需要更换。你可能不会发现那个零件的问题,但是我们的品质管理人员却能检查出来。在工厂里有3389人只负责一件事,就是在甲壳虫车生产的每一道过程严格检验。每天生产线上有3000个员工,而我们的品质管理人员却超过了生产人员。任何避震器都要测试,任何雨刷都要检查⋯⋯最后的检验更是慎重严格。每部车经过189个检查点,在刹车检查中就有一辆不合格。因此,我们剔除'柠檬',而你得到好车。"

2. 蛋壳篇

　　这则广告标题是"某种外形很难再改良"。广告文案是这样的:"问任何一只母鸡都知道,你实在无法再设计出比鸡蛋更具功能的外形,对甲壳虫车来说也如此。别以为我们没有试过(事实上金龟车改变将近三千次),但是我们不能改变基本的外观设计,就像蛋形是它内容物最合适的包装,因此,内部才是我们改变的地方。如马力加强而不耗油,一挡增加齿轮同步器,改善暖气,诸如此类的事。结果我们的车体可容纳四个大人和他们的行李。一加仑可跑大约 32 英里,一组轮胎可跑 4 万英里。当然,我们也在外形上做了一些改变,如按钮门把,这一点就强过鸡蛋。"

本章小结

本章主要讲述了创造力及创造性思维方法的培养与训练,要求学生明了创造力在一定程度上是可以通过大量的后天努力习得的,在此基础上掌握训练创造力的具体方法。另外本章还专门就定位和品牌形象这两种广告策略做了基本知识的梳理,要求学生对其有比较透彻的掌握。

思考与练习

一、名词解释

1. 创造力　2. 会议式头脑风暴法　3. 定位　4. 品牌形象

二、选择题

1. 沃勒斯的创造过程理论包括(　　)。[多选]
   A. 准备阶段　　　B. 酝酿阶段　　　C. 明朗阶段　　　D. 验证阶段
2. 确认"戒指模样的糖果"的发明制造运用了以下哪种创造性思维方法?(　　)[单选]
   A. 属性改进　　　B. 属性专业　　　C. 综设法　　　　D. 水平思考法
3. 确认"品牌形象论"是以下哪位广告人的观点?(　　)[单选]
   A. 詹姆斯·韦伯·杨　　　　　　B. 大卫·奥格威
   C. 伯恩巴克　　　　　　　　　　D. 拉斯克尔
4. 确认 360 度品牌管家是哪个公司提出的?(　　)[单选]
   A. 奥美广告　　　　　　　　　　B. 智威汤逊
   C. DDB 广告　　　　　　　　　　D. 广东省广告公司

三、简答题

1. 你觉得可以从哪些方面培养自己的创造力?
2. 什么是水平思考法?
3. 你认为定位理论是否过时?请说明原因。
4. 简述品牌形象策略。

应用分析

统一左岸咖啡广告文案。

（1）默剧篇

下午5点钟/是咖啡馆生意最好的时候/也是最吵的时候/窗外一位默剧表演者/正在表演上楼梯和下楼梯/整个环境里/只有他和我不必开口说话/他不说话是为了讨生活/我不说话是享受不必和人沟通的兴奋/我在左岸咖啡馆/假装自己是个哑巴

（2）打烊篇

等到角落里的那个客人回家之后/咖啡馆里就只剩我一个人了/咖啡馆里最后的一位客人/拥有一项特权/可以挑选自己喜欢的音乐/同时,侍者会再端上一杯咖啡/表示他并不急着打烊/我在左岸咖啡馆/一个人慢慢等待打烊

（3）明天见篇

明天见/明天见（法语）/离开咖啡馆的时候/大家都会说明天见明天见（法语）/这个地方没有人说再见的/而是说明天见/因为天天都会来/明天大家又会见到面/可是,明天我就要回国了/我在左岸咖啡馆/明天见（法语）

（4）喝完这杯咖啡,我就要变成别人了

他突然转头跟我说话/胡子茬上还沾着鲜牛奶的泡沫/可能因为我是东方人/和他扯不上任何相干/才会主动向我吐出秘密吧!/"我将加入佣兵部队。"他继续说/"听说一旦加入佣兵部队就可以洗掉所有的前科,重新再活一次。"/有关佣兵的话题/我还是第一次和人谈论/"这是法国政府特许的"/他掏出车票扬了一下/我注意到时间是4点/"就在巴黎南方不远的小镇上,有个常设的佣兵招募站。一下车就找得到,方便得很"/"可是……"/实在很难相信,这么轻松就能再来一次/"可是真的能变成别人吗?"/挂钟已经指到3点和4点的中间/而我又找不出更有礼貌的字眼/"当然你得先死过去/我的意思是:经历比死亡更甚的痛苦。做满十年,如果仍然活着,就能退伍。"/"新名字新身份只是小事,政府会替你办好。"/"那里也有你们日本人噢!"/他起身的时候这样说/我不是日本人/但我不想解释。

运用本章所学知识,分析以下问题。

1. 谈谈该系列文案是否风格统一,他们呈现出了怎样的广告风格?
2. 你觉得该系列文案的优缺点分别是什么?

第 3 章

广告文案与广告诉求

 学习要点

- 了解基本广告诉求策略；
- 掌握理性诉求和感性诉求两大诉求方法；
- 会从诉求角度对广告文案进行分析及解读；
- 掌握并运用不同诉求策略进行广告文案写作。

 开篇案例

百年润发电视广告

"青丝秀发,缘系百年。"相信如今很多人仍然记得 20 世纪 90 年代周润发首次在广告片里现身的百年润发洗发水的广告,当时这个广告红遍大江南北,风靡一时。然而,广告中的那瓶洗发水却没能"缘系百年",并随同"奥妮"这个品牌一起淡出了人们的视线。然而沉寂了几年的洗发水品牌"百年润发"的广告在 2010 年 7 月份突然重新出现在人们的视野,新广告采用刘德华代言并嫁接了电影《烽火佳人》的经典影像。百年润发的品牌故事值得我们去思考和总结,特别是其两则不同时期的名人代言广告,更值得我们从广告诉求等角度进行分析。

思考与写作：
1. 观看百年润发的两则电视广告,分析其广告诉求策略有何异同。
2. 尝试联想写一则以"怀旧"为主题的文案。

3.1 广告诉求策略

现代的市场营销是目标市场营销,市场被细分为若干个小的目标市场。广告不再也不需要面向所有消费者进行传播,只需找到合适自己的目标市场,对自己的目标消费者进行有效的诉求即可。广告诉求是商品广告宣传中所要强调的内容,俗称"卖点",它体现了整个广告的宣传策略,往往是广告成败的关键所在。倘若广告诉求选定得当,会对消费者产生强烈的吸引力,激发起消费欲望,从而促使其实施购买商品的行为。

3.1.1 人的需求与广告诉求

消费者既有对产品使用价值的需要,也有深层的心理需求。人们往往根据对使用价值的需求选择品类,根据心理需要选择品牌。

1935 年,H. E. 沃伦(H. E. Warren)写了一篇标题为《购物原因分析》(*How to Understand Why People Buy*)的文章,其中有一段内容如下:

> 要理解人们为什么购物,我们首先应该了解人,敏锐地认识到人类的本性。我们应该弄清人们是怎么想的……他们怎样生活,并熟悉那些影响其日常生活的道德准则和习俗……我们应该全面了解他们需要和缺乏什么,并能够区分。要理解人们购物的原因,就要熟悉那些已经得到证实和检验的广告销售心理学原则。

消费心理学者对人的需求与欲望做了非常多且深入的研究,有八种基本欲望被认为是人的基本欲望,据统计这八种强烈欲望带来的销售额比从其他所有人类需求带来的销售额加起来还多。他们甚至被有的学者称为"八大生命原力",具体为:生存、享受生活、延长寿命;享受食物和饮料;免于恐惧、痛苦和危险;寻求伴侣;追求舒适的生活条件;与人攀比;照顾和保护自己所爱的人;获得社会认同。消费心理学者认为,每个人都无法逃避自己对八大生命原力的欲望,人生来就有这些欲望,并且这些欲望会一直伴随人们左右。

除此之外,还有九种需求被认为是次要需求或后天习得的需求,具体为:获得信息的需求;满足好奇心的需求;保持身体和周围环境清洁的需求;追求效率的需求;对便捷的需求;对可靠性(质量)的需求;表达美与风格的需求;追求经济(利润)的需求;对物美价廉的商品的需求。

最具吸引力的广告基本都是建立在八种基本需求之上的,在人的需求的基础上创造出具有吸引力的广告,有效地方式是写作具体形象的广告文案,它能让潜在客户在大脑中生动地演示你的产品或服务,生动性足以激发出强烈的欲望,最终促使消费者选择你的产品来满足需求。

3.1.2 广告配合诉求策略的主要方向

创意和文案写作都必须把握广告的诉求对象、诉求重点和诉求方式。

1. 诉求对象

广告的诉求对象即某一广告的信息传播所针对的那部分消费者。

(1) 诉求对象由产品的目标消费群体和产品定位决定。诉求对象决策应该在目标市场策略和产品定位策略已经确定之后进行的,根据目标消费群体和产品定位而做出。因为目标市场策略已经直接指明了广告要针对哪些细分市场的消费者进行,而产品定位策略中也再次申明了产品指向哪些消费者。

(2)产品的实际购买决策者决定广告诉求对象。根据消费角色理论可以知道,不同消费者在不同产品的购买中起不同作用,如在购买家电等大件商品时,丈夫的作用要大于妻子,而在购买厨房用品、服装时,妻子的作用则大于丈夫。因此,家电类产品的广告应该主要针对男性进行诉求,而厨房用品的广告则应该主要针对女性进行诉求。儿童是一个特殊的消费群体,他们是很多产品的实际使用者,但是这些产品的购买决策一般由他们的父母做出,因此儿童用品的广告活动应该主要针对他们的父母进行。

【小案例】 南山奶粉的"夕阳红"创意

亚华乳业在其南山奶粉有了较高知名度的情况下,做了以下几方面的调查细分:一是对中老年人群的性格特征做出了调查分析。他们认为:虽然处于满巢期或空巢期,但随着年龄的增长,单身的概率增加,满巢期的老人也往往与子女分居,心态上比较孤寂,性格返童,需要被关怀和关注。二是这些人的普遍消费特征是谨慎且注重健康概念,人实在,一旦形成消费习惯后,品牌忠诚度很高。三是他们在与消费者访谈中发现,很多老年人把营养品和保健品混为一谈,尤其是将奶粉类混同为保健品。实际上,成人奶粉添加物已经极大丰富,什么"高钙高锌奶粉""高铁高锌奶粉""中老年高钙奶粉""儿童AD钙奶粉""女士维E奶粉""女士珍珠芦荟奶粉"……奶粉行业几乎无一遗漏地将最流行或曾经流行的保健品概念加了进去。四是他们找遍了所有资料,几乎没有中老年奶粉的广告,连老年人的食品广告也很少见。只有一大批老年保健品广告在媒体上轰炸。五是对现有的保健品广告做了分析并认为,一种是以直接突出产品功效,多请名人反复诉求产品功能;另一种是以礼品消费作为主要诉求方向,其目标人群是年轻人,为的是表现对老年人的孝敬。正是建立在这种科学全面的分析之后,他们采取了以情感为主线的广告策略。广告的旁白说:"子女还会像以前那样爱我吗?"主题口号是"南山中老年奶粉——健康关怀,真情相伴"。南山奶粉的"夕阳红"创意的成功,其中一个很重要的因素就是它的目标市场策略。

2. 诉求重点

诉求对象有特定需求,广告应该以他们最为关心、最能引起他们兴趣的信息为诉求重点。诉求重点策略可分成产品情报诉求和生活情报诉求两种,前者以产品特性为诉求重点,试图通过产品的优势说服消费者购买。这种广告往往一味地直接地推销,而不考虑诉求对象的实际需求和心理需求;后者以产品带给消费者的利益为诉求重点,针对消费者的需求做出承诺,注重消费者的经验、感受、认知和评价,能够将产品信息与诉求对象需求甚至心理相联系。基于生活情报诉求策略,于是许多广告公司将诉求重点分解为"利益点"和"支持点"两个内容。诉求的核心不是产品特性,而是产品对消费者的承诺,是消费者的购买利益,而产品特性则作为这种承诺的支持点存在。

3. 诉求方式

广告是一种说服活动。心理学认为,说服是通过给予接受者一定的诉求,引导其态度和行为趋向于说服者预定的方向,它作用于接受者的情感、认知、行为倾向性三个层面,而行为变化则因认知和情感的变化而产生。

广告诉求主要有三种方式:一是主要作用于情感的感性诉求;二是主要作用于认知的理性诉求;三是同时作用于诉求对象的认知和情感的情理结合诉求。

采用什么样的诉求方式,主要由产品品类和目标消费者消费行为的典型特征决定。消费者在消费时投入较多思考的产品,适合使用理性诉求,进行实际的购买利益的说服;而投入较多情感的,则更适合感性诉求,唤起消费者情感上的好感和向往。

广告采用什么样的诉求方式并不绝对。在消费者的心理需求和消费感受日益得到高度重视的今天,纯粹的感性诉求因为不便于传达具体、确切的信息,也只存在于少量广告中。大部分广告采用情理结合的诉求策略,将直接的信息传达与能够引起消费者认同的形象、情感、情景结合起来。如牙膏广告既展现欢乐家庭的生活片段,也对保护牙齿的功效做明确的演示和说明;食品广告既展示美味带来的满足感,也强调补充维生素或者增加钙质、让身体更健康的功能性利益。

3.1.3 诉求方式选择工具介绍

为了给诉求方式选择提供可靠依据,广告学者和实务界一直试图区分出消费者对不同类型产品的认知和情感投入,并建立起思考模型。其中最著名的模型是FCB广告公司提出的FCB Grid(FCB方格或FCB坐标)。

FCB方格是1980年Foote Cone & Belding(博达大桥广告公司)公司的Richard Vaughn开发的一个广泛用来描述消费者购买决策行为特征的工具。

FCB方格根据购买者"高介入度—低介入度"和"思考(认知)—感觉(情感)"两个维度形成了四个方格,每一方格内分布的产品,其购买者有着不同的购买决策行为特征。如图3-1所示。

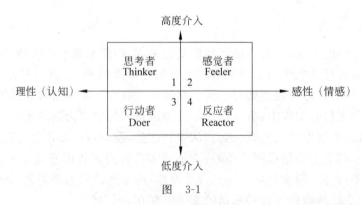

图 3-1

方格1:消费者类型是思考者(Thinker)。特征是高介入、理性;购买产品如汽车、住房、家具等。购买决策遵循模式为：学习(Learn)—感觉(Feel)—行动(Do)。广告应重视足够理性的诉求支持,鼓励试用比较。

方格2：消费者类型是感觉者(Feeler)。特征是高介入、感性；购买产品如香水、时尚服饰。决策模式为：感觉(Feel)—行动(Do)—学习(Learn)。广告应重视感性化地打动人心。

方格3：消费者类型是行动者(Doer)。特征是低介入、理性；购买产品是一些介入程度低的日用产品,多为求便利的习惯性购买。决策模式为：行动(Do)—学习(Learn)—感觉(Feel)。广告应重视购买后的认同。

方格4：消费者类型是反应者(Reactor)。特征是低介入、感性。购买产品主要是满足个人的特殊嗜好,如雪茄、电影等。决策模式为：行动(Do)—感觉(Feel)—学习(Learn)。广告应重视消费者的体验和自我感觉。

该模型通过引入"介入度"这个因素,把传统一个维度的消费者决策过程解释往前推进了一步,在现实中有着较好的应用性。但是,该理论的缺陷是人为地把消费者分为了四种类型,有割裂之嫌。

除此之外,大家也可以关注金(Kim)、罗德(Lord)两人开发出的"金罗坐标",对诉求方式的划分方法。但笔者强调,在此引入此种工具只是为了介绍分类方法,其实每个人都可以根据这些工具去划分适合于本国、本地的众多商品,把这些商品放在合适的方格中,进而更好地针对这些商品的特点进行广告文案写作。

3.1.4　广告及广告文案公式介绍

很多知名广告人发展出众多的"公式"来指导广告及广告文案创作,具体介绍以下几种。

1. AIDA 公式

AIDA 即注意力(Attention)、兴趣(Interest)、渴望(Desire)和行动(Action)四个阶段。根据 AIDA 公式,文案首先要争取读者的注意力,然后让他们对产品感兴趣,接着将这份兴趣升华为拥有产品的强烈渴望,然后才能直接要求读者购买产品,或是请他们采取其他能促成购买的行动。

2. ACCA 公式

ACCA 即认知(Awareness)、理解(Comprehension)、确定(Conviction)和行动(Action)四个阶段。首先,消费者必须先认知到产品的存在,接着他们必须能够理解产品的内容及功能,在理解之后,他们还必须确定有意愿购买产品,最后,他们必须采取行动,真正掏钱购买。

3. 4P 公式

4P 即描绘(Picture)、承诺(Promise)、证明(Prove)、敦促(Push)四个阶段。文案撰稿人描绘出一幅景象,让受众看见产品可以为他们做些什么,然后承诺假如读者购买产品,这幅景象就能够变成现实,并且证明产品也曾经让其他使用者满意,最后敦促受众立即采取行动购买产品。

3.2 定位策略

3.2.1 定位的概念

1972年,艾·里斯与杰克·特劳特提出了定位(Positioning)理论,开创了一种新的营销思维和理念,被评为"有史以来对美国营销影响最大的观念"。1991年,中文版《定位》出版,定位理论传入中国。艾·里斯和杰·特劳特在《定位》一书中明确指出,定位是针对现有产品的创造性思维活动。定位始于产品,可以是一件商品、一项服务、一家公司、一个机构,甚至于一个人,也许可能就是你自己。但定位并不是要你对产品做什么事,定位是你对未来的潜在顾客的心智所下的功夫,也就是把产品定位在你未来顾客的心中。所以,你如果把这个观念叫"产品定位"是不对的,你对产品本身,实际上并没有做什么重要的事情。定位的基本方法,不是去创作某种新奇或与众不同的事项,而是去操纵已经存在于心中的东西,去重新结合已存在的关系。

美国著名营销学者菲利普·科特勒[①]认为:公司需要在每个细分市场内制定产品定位策略。它需要向顾客说明本公司与现有的竞争者和潜在的竞争者有什么区别。公司定位是勾画公司形象和所提供价值的行为,以此使该细分市场的顾客理解和正确认识本公司有别于其竞争者的象征。

大卫·奥格威在他的《奥格威谈广告》中认为:"定位是行销专家的热门话题,但是对于这个名词的定义却没有一个定论,我自己的定义则是'这个产品要做什么,是给谁用的'。相对来说,奥格威更强调的是使用者的定位,即厘清该产品的诉求对象。"

3.2.2 定位策略分析

关于定位方式的分类非常多样,比如根据产品的差异、使用者、技术、历史等都可以对企业或品牌进行定位。我们可以根据企业或品牌在市场竞争中的地位不同来采取不同的定位方式。具体可以分成市场领导者定位和市场跟进者定位,因为两者所处的地位不同,在定位时必然采用不同的策略。

1. 市场领导者定位策略

(1)保持现有定位,不断加强最初的产品概念。坚持自己的产品,放弃已经具有优势的产品就是放弃自己具有优势的定位。如可口可乐长期保持"真正的可乐"的概念。

【小案例】 可口可乐 NEW COKE 事件

自从1886年亚特兰大药剂师约翰·潘伯顿发明了神奇的可口可乐配方以来,该品牌

---

① 菲利普·科特勒. 市场营销管理——分析、规划、执行和控制[M]. 北京:科学技术文献出版社,1991.

饮料在全球的开疆辟土可谓无往而不利,直到 1975 年百事可乐从达拉斯开始发起"口味挑战"。百事在最初攻击可口可乐时,曾经通过在大街上随机抽取人员作双盲测试,并发现大多数人认为百事可乐更好喝,以此为证据说明百事的优点。可口可乐也作了同样的测试,惊恐地发现事实确实如此。于是他们断定可口可乐必须在产品上改进,经过大量的投入,一种新的 New Coke 被生产出来。1985 年 4 月 23 日,行销了 99 年的可口可乐在纽约市林肯中心举行了盛大的新闻发布会,主题为"公司百年历史中最有意义的饮料营销新动向"。首席执行官郭思达当众宣布,"最好的饮料——可口可乐,将要变得更好"。可是,事实是,New Coke 迅速被消费者抵制,最后可口可乐不得不重新推出原来的可口可乐并完全摒弃 New Coke,该事件称为可口可乐营销史上最大的一次失败。

(2) 多品牌压制。生产多个品牌压制竞争品牌,各个品牌采取单一的定位。如宝洁公司针对不同的洗发需求生产不同的品牌产品。

以下是宝洁旗下洗发水品牌总表(见表 3-1)。

表 3-1

名 称	说 明
海飞丝	凭借产品的首创优势在中国树立了独一无二的去头屑专家形象
飘柔	以头发飘逸柔顺为卖点抢占不必为头屑发愁的消费者市场
潘婷	宣称能从头皮开始,营养由发根滋润到发梢,以含"维他命B5"为支撑
伊卡露	(2001年5月被宝洁收购)改变了生活,花香、自然
沙宣	宣称国际美发先锋,强调沙宣的创新精神(灵感来自四面八方)

【小案例】 宝洁及联合利华:两大品牌王国

美国宝洁公司(Procter & Gamble,P&G)是世界最大的日用消费品公司之一,全球雇员近 10 万,在全球 80 多个国家设有工厂及分公司,所经营的 300 多个品牌的产品畅销 160 多个国家和地区,其中包括洗发、护发、护肤用品、化妆品、婴儿护理产品、妇女卫生用品、医药、食品、饮料、织物、家居护理及个人清洁用品。在中国,宝洁的飘柔、海飞丝、潘婷、舒肤佳、玉兰油、护舒宝、碧浪、汰渍和佳洁士等已经成为家喻户晓的品牌。

联合利华(Unilever)是全球最知名的日用消费品公司,1930 年由荷兰人造黄油公司与英国利华兄弟制皂公司合并成立。联合利华在 150 个国家推广其品牌,在 90 个国家拥有生产基地。旗下品牌包括:个人护理类,如中华、凡士林、力士、夏士莲、多芬、旁氏、洁诺、清扬等;家庭护理类,如奥妙、金纺等;食品类,如和路雪、立顿、老蔡、家乐、四季宝等。

2. 市场跟进者定位策略

(1) 在消费者心目中加强和提高现在的地位。"比附定位策略"是提高定位的一种有效的手段,如 AVIS 出租汽车"第二"和七喜的"非可乐"的定位。

【小案例】 七喜的"非可乐"定位

20 世纪 60 年代美国的饮料市场被两大可乐所统治,即可口可乐和百事可乐,当时的美国人在口味上已经习惯于可乐饮料,而且在思维方式上也拘泥于可乐才是饮料。如何打破可乐在消费者心目中的统治地位呢?他们扬弃了传统的逻辑习惯和思维方式,到饮用者的头脑中去找本产品的位置。他们大胆地提出了"非可乐"的产品位置,这一句石破天惊的口号被美国的广告界称为"辉煌的口号",也正是"非可乐"这一简单有力的口号才将七喜脱离开硝烟弥漫的可乐竞争圈,以清新的口味和逻辑习惯赢得了消费者。这个策略口号打出的第一年,七喜的销量上升了15%,虽然没有击败可口可乐和百事可乐,但它却夺走了非可乐饮料的生意。

(2) 寻找市场空隙。寻找领先者所忽视的市场空隙,毫不犹豫地占领它们。广告人需要做耐心细致地市场调查,对潜在的消费需求进行巧妙地开发。要通过走访、问卷调查、客户座谈和投诉受理等各种形式,了解消费者的消费心理、消费动向,开发出相应的产品,或者在原有产品的基础上增加相应功能,满足消费者的需求,填补市场空隙。

【小案例】 海尔推出小小神童洗衣机

海尔集团通过市场调查,发现很多消费者夏天需要用洗衣机,但又不愿意因为用大容量洗衣机而造成水、电浪费。于是,及时推出容量为1.5千克的"小小神童"洗衣机,这种洗衣机小到一双袜子,大到两三件衬衫都可以洗。在本属洗衣机销售淡季的夏天上市,反而成为热销产品。

【小案例】 康师傅大麦香茶的推出与退市

在《时代》杂志评出的十大健康食品中,大麦名列第五,大麦中含有人体所需的多种微量元素、氨基酸、不饱和脂肪酸和膳食纤维,对人体有天然的养护作用,温和不刺激,特别符合现代人追求健康、享受自然的需求。而用大麦炒制后再经过沸煮而成的大麦茶也是一种非常好的保健饮品。"康师傅"发现这一茶饮品的市场空隙,迅速做出反应,于2006年倾力推出大麦香茶,并邀请金城武担任品牌代言人,进行了大规模的广告运作,在产品导入期取得了不错的销量,但是由于口味等多方面原因,最终的销售并不理想,该产品被迫退市。这也进一步说明找到市场空隙进行定位只是品牌成功的第一步,不论时代如何变迁,产品永远是品牌发展和立足的基础。

(3) 退出竞争性定位。如果发现同领先者正面竞争的定位难以奏效,就应该寻找更有利的定位。退出原有竞争市场需要巨大的勇气和审慎的思考与调研,同时要有新的合理的定位跟进。

【小案例】 万宝路的重新定位

万宝路是世界上最畅销的香烟品牌之一,其成功关键源自1954年的战略转折。在此之前,滤嘴烟在美国是男女皆宜的香烟,万宝路也一样,甚至针对女性的诉求要更为多一些,其经典广告语是"像五月的风一样柔和",其品牌名称 Marlboro 是 Man Always Remember Love Because Of Romance Only(男人只因浪漫铭记爱情)的缩写,但经过几十年的营销努力,该品牌一直未获成功。20世纪50年代,《读者文摘》刊登多篇文章,指肺癌与吸烟有关,多间香烟厂开始推出有滤嘴的香烟,有滤嘴的万宝路在 1955 年推出。1954 年,李奥·贝纳将万宝路重新定位为"第一个专门针对男性的滤嘴香烟",立即使万宝路成为专家品牌而卓然不群。此后万宝路在此基础上找到了最能代表男人气质的牛仔形象,使其男性定位更为形象化也更为丰满,充满张力,从而创建了全球第一香烟品牌(见图 3-2)。

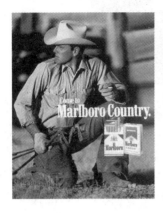

图 3-2

（4）进入高级俱乐部策略,通过某种集合将自己与领先者联系在一起,如"称自己是××家最大的公司之一"等。与领先者站在一起会使自己的定位得到明显提升。这种方法是下下策,进入高级俱乐部通常意味着企业被收购,但品牌依然存在,只是品牌被重新整合。

【小案例】 中华牙膏品牌的发展

中华牙膏创立于 1954 年,已经拥有了 61 年的历史。但在 1994 年被欧洲联合利华集团租用,之后很多年该品牌并没有受到联合利华集团的重视,直到 2011 年 6 月,中华全线产品新装上市,推出了全新的品牌形象,给消费者以年轻、自信的品牌理念,让品牌由相对陈旧的形象转化为年轻、现代的新品牌形象。

3.2.3 在文案中贯彻定位策略

1. 把产品定位作为广告诉求重点

品牌定位策略要依靠广告的传播才能成功。采取鲜明的定位策略的品牌,要把"定位"作为广告长期坚持的诉求重点。写作广告文案时要准确了解品牌定位,然后明确传达关于定位的信息。

【小案例】 沃尔沃 740 汽车平面广告(见图 3-3)

如果车身焊接得不够牢固,车就会砸到作者身上。

我非常紧张地躺在新型沃尔沃 740 下。这些年我总在为沃尔沃固若金汤的车身写广告。有人要我躺在悬吊的车身下面。沃尔沃没有辜负它的美名,我也能幸存下来述说我

图 3-3

的经历。而这次经历真正的重点是:沃尔沃 740 有了新车型,更快更省油的引擎,更新的内部设计及缓冲系统,而另一方面它还是您以前认识的沃尔沃。

案例分析:这是知名广告人大卫·阿尔伯特(后文所列举的芝华士 To Dad 篇作者)为沃尔沃做的广告,广告的画面和文案都指向该产品的定位——安全、固若金汤,这一定位一直贯穿于沃尔沃的每一则广告中。

知识链接

大卫·阿尔伯特写作广告文案的 5 条原则

其一,把自己融入作品中,用你的生命去让你的广告语充满活力,如果有什么事让你感动,有时也会让别人感动。

其二,有时最好的广告文案是无声胜有声。

其三,如果你相信事实说明一切,你最好学会怎样写目录,并让它读起来不像是目录。

其四,自白对灵魂有意,同样对广告文案有益。

其五,别让人觉得无聊。

2. 在广告语中展现定位

定位与广告语都具有一旦确定长期不变的特征,因此广告语也是传达定位的有效工具之一。采取鲜明定位策略的品牌,可以用广告语展现定位的精髓。如 M&M 巧克力豆广告语"只溶在口,不溶在手",展现的是基于产品特性的品牌定位;冰峰汽水广告语的"从小就喝它",展现的是该产品有悠久历史的品牌定位。

3. 广告文案配合定位的风格

定位的本质是以自己的某种有别于他人的特质针对特定的目标市场,常常与特定的风格相联系。广告文案应该在一定程度上体现定位所代表的个性和风格因素。

【小案例】 铂金的定位与广告文案

国际铂金协会 PGI 成立于 1975 年,致力在全球范围内推广铂金首饰,同时也为各个阶层的人群包括制造商、设计师、零售商和消费者等提供制作技术、销售及咨询服务。在中国，国际铂金协会PGI致力培养和引导中国消费者对铂金首饰的喜爱，为推广中国市场的铂金首饰提供了全方位的支持，并已取得巨大的成绩。其广告文案常常展现出高贵的氛围和风格，如广为人们熟知的章子怡篇的铂金广告文案就非常好地配合了铂金"稀有珍贵"的定位。具体文案为：有些时刻只有经历过才会懂得，寻找自己独一无二的光芒，感悟每一次，让自己更完整地改变，每一刻都永恒珍贵，珍贵如你，铂金。

3.3 理性诉求广告文案写作

理性广告是指以理性诉求为主的广告，也称之为理由广告、理论广告或说明广告。

理性诉求方式，就是通过对受众意识理性层面的劝服从而达到特定的广告传播目标。这一诉求方式，一般都以真实、准确和必需的产品和企业信息为主要内容，让受众在经过认知、推理和判断之后，做出购买的决定，而不是单纯地刺激受众的情感，以期唤起受众对产品或企业的认同。

广告文案的理性诉求策略，是广告创作人员通过作用目标受众的理智活动（包括对所宣传的产品或服务的认知、分辨、推理、排疑等理性活动过程），使目标受众对广告宣传的产品或服务的信息内容报以理智的接纳与行动。

3.3.1 理性诉求广告文案的特征

理性诉求策略较为注重广告信息材料的真实性，强化各种数据、论据和证据，强调运用逻辑思维的理性思考，关照目标受众的讲求事实、探索真理的思辨性心理，以理服人，从而取得最大的广告效应。

以理性诉求为策略的广告文案，一般较多地运用在需消费者经过较为周密而慎重思考才可能购买的高档、耐耗性消费品上。它往往用较多的文案内容对消费者诉诸理性的实证或辨析，从而使受众对广告中的有关企业、产品、服务等信息产生理性的思维和判断。理性广告文案的写作特点主要是事实罗列清晰、证据充分而确凿、论证详尽，具有逻辑的必然性和可分辨性。

在文体上，理性诉求的广告文案一般都为说明式、论证式或叙述式文案。这些文体，适合于传达复杂的广告信息，在人们需要做出理性的购买选择时，提供实际帮助和资料支持。在用语上朴实准确，对事实信息的强调，多是具体数据和优惠信息。另外，理性诉求文案的语言逻辑性强，主要用在对新产品、新服务等消费者掌握信息比较少的对象上。

3.3.2 理性诉求手法在文案中的运用

理性诉求以逻辑性的方式，对目标消费者进行诉求。明确传递信息，引导诉求对象进行理性的分析与判断。理性诉求的力量，不会来自氛围的渲染、情感的抒发等充满感性的内容，而来自非常具体的信息、明晰的条理、严密的说理。

理性诉求的具体内容多种多样,但手法主要有以下几种。

1. 对重要事实进行证明

主要是侧重于对广告所宣传的产品或服务的具体事实加以强调,用具有说服力的事例作为广告诉求的依据,并通过巧妙的剪裁与创意,以达到令广告目标受众信服的目的。当广告集中传达产品特性、性能、购买利益时,阐述最重要的事实并做利益承诺是最常用的手法。指出产品或服务的实际好处,利用使用者见证,让满意顾客用他们自己的话来称赞你的产品,也可在广告文案中用数据、图表等方式证实产品的优越性,从而使消费者更加信服。

【小案例】 CASIO 飘韵钢琴"重生篇"电子乐神系列产品广告

CASIO 飘韵钢琴"重生篇"电子乐神系列产品在其创意阐述中说:"数码钢琴认知度低,更多的人认为是电子琴。为了表现数码钢琴的琴键数和触感都与传统钢琴无异。画面中一架传统钢琴被锯掉了琴键部分,取而代之的是一台卡西欧数码钢琴,真正体现卡西欧飘韵的'源自传统钢琴,超越传统钢琴'。"从画面上我们可以清楚地看到文案中写道:"源自钢琴的构造理念,超越钢琴的数码功能""原音演绎钢琴华美之音,88 键标准键盘,完全再现钢琴的触键感觉;更具一般钢琴无法媲美的强大数码功能,让你也可以成为音乐大师"。这里强调的是电子卡西欧数码钢琴的性能构造特征。这就是用事实说话。有了这种事实的说明,也就具备了说服力。

通过提供成因、解答疑问等方法进行文案写作,洗涤卫生用品的广告文案中广泛运用此类方法。比如洗衣粉广告文案中经常出现的改变配方、添加某种特别成分,更有助于洗净特别污渍或者特别部位的污渍;洗发水广告文案中的添加某种特别成分,能够令秀发更顺滑、更黑亮;护肤品广告文案中的添加特别成分,有助于保持肌肤年轻活力。

2. 用理性比较传达信息

比较广告主要采取理性诉求的方式进行,可以分成两种情况:其一,与同类产品比较,既可以含蓄地比较,不指明竞争品牌,如"一般产品如何,本产品如何""如本产品不含某某成分,则如何",也可以明示竞争品牌,做针锋相对的比较;其二,通过产品使用前、使用后的不同效果进行比较,通过比较强调产品对消费者、某种状况等的改变,突出产品效果。

直接和竞争对手进行比较的广告在很多国家是被允许的,据调查,比较广告占美国播放广告的 20%~30%。为防止恶性竞争,我国法律明确禁止在广告中出现竞争对手的形象,但这并不意味着广告文案不能比较,在遵守相关法律、法规的前提下,广告文案写作仍然可以采取比较这种方式来传达信息。

【小案例】 HERTZ 和 AVIS 的比较广告

美国两大出租汽车公司 HERTZ 公司和 AVIS 公司著名的比较广告活动,显示了比较性广告的多种可能性。AVIS 公司不是美国最大的出租车公司,为了争取客户,他们首先发布了一个平面广告,宣称自己的"第二定位",并说自己因为是第二,所以更努力。广告只有一个小画面,画面为一只手伸出两只手指(见图3-4)。

广告文案(1):

"在出租车业 AVIS 只是第二,为什么你要租我们的车呢?

因为我们更努力。

(如果你不是最大的,你必须这么做。)

我们不会把脏乎乎的、烟灰缸里堆满烟头的、油箱半空的车租给顾客。也不会出租雨刷坏了、轮胎气压不足的车。甚至小到座椅调节器、加热和除霜装置,我们也一定让它保持正常。

显然,我们的一切努力,都是为了追求完美,为了让你笑着开走一辆崭新的车,比如驾驶轻便、动力强劲的福特,并且知道当你开车旅行时,知道在德卢斯的哪家店铺可以买到烟熏牛肉三明治。

为什么要这么做?

因为我们从不把你选择我们视为理所当然。

下一次租车时就来找我们。

我们这儿的手续非常简单。"

这个广告确实很有效,改变了许多人对 AVIS 公司的看法,也对当时名列第一的出租车公司 HERTZ 公司造成了很大冲击,HERTZ 很快推出了一套系列广告进行反击,强化自己的地位,其中一个广告在文案和画面表现上都与 AVIS 的广告针锋相对,一只手伸出一个指头,表示自己才是市场上的领先者(见图3-5)。

图 3-4

图 3-5

广告文案(2)(节选):

"第二名说他们更努力,比谁?

我们一刻也不想和老二争论。假如他说他更加勤奋努力,我们将根据他的话来对待他。

唯一值得说的是,许多人想当然地认为,他们比我们更有实力。这不是事实。我们还确信老二会第一个表示赞同,尤其是鉴于以下各点。

一部汽车在需要它的任何地方

(这个小标题下阐述租车的方便性)

不能来我们这儿?我们就去你那里。

(这个小标题下介绍上门服务)

你喜欢什么款式的车……"

另外,近年我国比较广告的经典案例当属方便面行业,特别是以统一与康师傅的老(陈)坛方便面比较康师傅红烧牛肉面的广告等最具代表性。但这些广告也只能"含沙射影"式地交代竞争对手的信息,让观众感受其中的奥妙,从广告创意及文案写作来说,只有统一老坛酸菜面的回击作品"汪涵模仿篇"做得相对成功一些。

因此,在国内广告及文案写作更多的用"使用前、使用后"(Before-After)来做比较,突出产品效果。很多的产品效果示范性广告均可归入此类,但如何把 Before-After 的方法创造性地运用是文案撰稿人需要长期考虑的问题。

【小案例】 KFAC 古典音乐电台平面广告(见图 3-6)

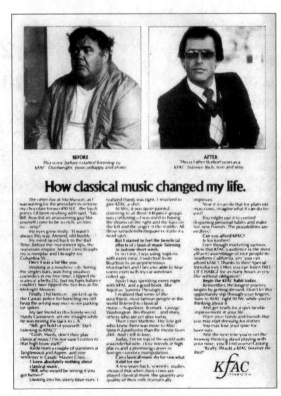

图 3-6

广告文案(节选)：
古典音乐是如何改变我的生活的。
之前：这是我听 KFAC 之前的照片，肥胖、贫困、不幸、孤独。
之后：这是我成为 KFAC 听众后的照片，富有、整洁、性感。
……

案例分析：这也是一则 Before-After 比较的广告，它的标题和画面配合得非常到位，标题用了 HOW 这个词，这正是诉求对象想知道的。消费者想在广告中得到的信息并不是"古典音乐改变了我的生活"，而应该是"古典音乐是如何改变我的生活的"，这其中的"如何"是消费者更想知道的，而且是对消费者更有说服力的表达方式。

当然，比较也可以用感性诉求的方式进行。感性比较虽然不能帮助传达具体信息，但可以通过增加广告的趣味性，促使消费者形成比较性的印象。百事可乐针对可口可乐发起的比较广告同样著名，百事可乐采取的就是感性的、戏剧性的比较手法。

3.4 感性诉求广告文案写作

广告文案的感性诉求策略，是广告创作人员通过一系列行为作用于目标受众的情感活动(包括各种情感体验、情感联想、情感回忆及变化过程)，使目标受众对广告所宣传的产品或服务的信息内容产生感受性体验和共鸣，并由此触动目标受众的感情世界，从而响应其价值判断和行为方式。

感性诉求广告文案的诉求策略导向与手法，是以目标受众的心理活动过程中的情感阶段为依据，运用受众的恒长情感价值体系或特殊的情绪体验等心理因素进行广告诉求。感性诉求策略注重人的接受心理中的情感历程，强化广告材料中具有人的情感因素的成分，注意开发广告创意里的具有人性方面的构想，以达到与目标受众的心灵和生命的沟通，从而使消费者愉悦地被传导甚至被说服。

3.4.1 感性诉求广告文案的特征

感性诉求广告文案的表现特征主要体现在以下方面。

以情感表露与阐释为基础，以情感的价值意义或情感的内在需求为诱导。广告文案中所抒发的情感或情调必须是有生活基础的、真切的、感人的甚至是入木三分的，它往往需带有一定的普遍性和典型性，其风格类型及审美意味应与相应的受众阶层及时代特点相一致。

有许多似乎永恒不变的情感主题(诸如生离死别、爱恨忧喜)，以及人生日常生活中常常挂怀的情感(诸如亲情、友情、乡情、世情以及自然之情等)，都可能成为感性诉求广告文案加以捕捉和发挥的题材内容。

感性诉求的广告文案较多地运用于日常生活消费品(诸如化妆品、日用品、食品、服装、家具及装饰陈列品等)或时尚性中小商品的广告中。因为此类产品常与消费者的日常生活和情感世界有着更为密切的必然联系，也较有可能使目标受众为之动心。

3.4.2　感性手法在文案中的运用

　　以人性化的内涵接近消费者的内心，让他们参与或者分享某种情感经历，从而建立与品牌之间的情感关联，这就是感性诉求手法。

　　Jim Aitchison 在《卓越广告》一书中指出："我们需要知道广告如何起作用，我们可以从人们如何坠入爱河，友谊如何加深或破裂中获取经验。当你观察人们为什么与一些人交往而不与另外一些人交往时，你会发现这不是一个理性过程。"

　　喜、怒、哀、乐、恐惧、担忧、爱与关怀、自豪与满足、好奇心与乐趣、个性、道德感、群体感、美感等都可以成为感性诉求的素材。如果找到产品或者产品的使用情境与这些情感或情绪的关联，或者可以合理地建立起某种关联，它们就会成为广告中有效的情感诉求工具。

1. 人的基本情感

　　爱情、亲情、友情、乡情等都是人类最基本的情感依托，在广告文案中以这些消费者都具有的基本情感进行诉求，获得消费者共鸣。

　　爱情是人类永恒的话题，包含有大量内容可以成为广告文案写作的素材，比如人们对爱情的看法，爱情的纯洁、真挚、坚定、永恒，爱情所赋予人们的情感等。

【小案例】　铁达时表平面广告文案

　　广告语：不在乎天长地久　只在乎曾经拥有

　　正文：一厢情愿/爱在世界的最边缘/梦难圆/咫尺天涯/不再回首/此生隐没在无爱的忧愁

　　亲情也是人类的基本情感之一，特别是对家庭观念浓厚的中国消费者来说，亲情的诉求非常适用，亲情主要包括家庭之爱、亲子之爱及由此而来的各种情绪。

【小案例】　央视公益广告《关爱老人——打包篇》（见图3-7）

　　广告以儿子的口吻讲述了令人动容的故事。老父亲患了"老年痴呆症"，他记不得刚刚做过的事情，走到楼下找不到家门在哪儿，甚至忘记了儿子的模样。这一切让儿子感到烦恼和不堪。一家人到餐厅吃饭，老父亲用颤颤巍巍的手把盘子里剩下的饺子揣到了兜里，家人都觉得很难堪也很不解，老父亲痴痴地说："这是留给我儿子的，我儿子最喜欢吃这个。"这句话瞬间击中了观众心中最柔软的地方，正如广告语所说："他忘记了很多事情，但却从未忘记爱你。"

　　案例分析：该广告出自上海盛世长城国际广告公司，央视自2013年2月播出这则广告后，随即感动受众，引发网络上的转发、下载热潮。CNTV、优酷、土豆、腾讯视频、新浪视频、搜狐视频、爱奇艺等视频网站第一时间转载视频，转载评论量迅速突破50万，这个数据还在不断刷新。也正是这则公益广告所体现出来的"关注老年群体，体现人文的关怀"的情怀，触动了人类的共同情感，最终在2013年戛纳创意节上获得铜狮奖。

图 3-7

思乡与怀旧是大部分成年人偶尔都会泛起的情怀,包括对故乡景物、人物和童年往事的追怀等。有两类产品比较容易发掘与乡情、怀旧的关联:一是与传统的生活、事物相关,或采用传统工艺的产品,如酒类、传统食品;二是代表美好事物、美好情感的产品,如照相底片、电信产品和服务等。

【小案例】 南方黑芝麻糊电视广告人声部分

小时候,一听到芝麻糊的叫卖声,我就再也坐不住了。
一缕浓香,一缕温情,
南方黑芝麻糊。

友情也是人类的美好情感之一,但由于其不如亲情牢固,不如爱情炙热,所以在运用友情进行文案创作时一定要把握好其中的"度"。好丽友的电视广告多年来基本坚持以友情为创意概念,其中《同桌篇》的执行点子甚为精妙,巧妙地将同桌的友情、"三八线"与好丽友完美地结合在一起。通过故事情节的演绎,好丽友化解了同桌的矛盾,成了传递友情的使者,与观者达到心灵沟通。

2. 传达具体的生活情趣

生活情趣虽不是情感,但是可以唤起人们积极的心理感受,如轻松、自得、惬意等。

爱因斯坦说:"我并没有多聪明,也没有过人天赋,我只是非常地好奇。"通过广告文案去激发消费者的好奇心,以此来拉近与消费者的距离,让消费者在不知不觉中接受广告信息。

【小案例】 美国国家地理频道 2010 年形象广告 Live Curious 篇(好奇地活着)

视频中语言部分如下:

If you are, you breath.
If you breath, you talk.
If you talk, you ask.
If you ask, you think.
If you think, you search.
If you search, you experience.
If you experience, you learn.
If you learn, you grow.
If you grow, you wish.
If you wish, you find.
And if you find … you doubt.
If you doubt, you question.
If you question, you understand.
If you understand, you know.
And if you know, you want to know more.
If you want to know more, you are alive Live Curious.

案例分析：国家地理频道 2010 年最新的形象宣传广告，亮点在于它精妙的文案，通过既朴实又环环相扣、层层推进的排比式文案引出人人皆有的好奇心，而国家地理频道恰恰可以满足人们的好奇心。该广告获得了 2010 年国际电视宣传与营销联合会 Promax 最佳文案奖。

【小案例】 支付宝 2015 年形象广告"好奇心篇"

在走向海外市场发力的同时，支付宝开始从情感角度去阐述信赖安全的特性，他们换了一种思路，找到更大的主题，发布了首支阐述安全理念的广告片，切入点是人性中的"好奇心"，带出片子的理念：保障安全，让好奇心走得更远。与以前的风格有所不同，这支 TVC 广告的场景也不再是生活中的细枝末节的消费场景，制作团队选用中外演员，拍摄中外胜景，并联系两名欧美冒险家，获得数个极为难险的镜头。片子讲述了好奇心既可以推动社会进步，又能给人们的生命和财产带来威胁，呈现出人们应懂得保护好奇心，借各种安全技术和手段，一次次化险为夷。最后，带出支付宝掌握领先安全技术的理念。广告由上海 DDB 担纲创作。

广告片中的语言部分如下：

好奇心／从第一次睁眼开始／我们就已拥有／它驱动我们观察、思考／去为这个世界寻找答案／科技得以萌芽／艺术得以诞生／疆土得以开拓／使人类得以成为人类／可好奇心也是危险的／轻则吓出冷汗／重则头破血流／但我们从未停止好奇／我们勇敢／因为懂得借助安全的力量／不断发明创造／改进安全技术和方法／给好奇心强大的保护／一次又一次突破极限／发现奇迹／庆祝成功／安全让好奇心走得更远／字幕：支付宝 掌握领先安全科技

幽默本身不是一种情感，但恰当的幽默能唤起人们积极愉快的情绪。现实生活中蕴含着丰富的幽默素材。幽默不仅是生活的调味剂，也是广告的润滑剂。幽默广告最初产

生于20世纪60年代的欧美,针对当时人们对广告的偏见和抵触,广告人别出心裁地采用幽默手段,在轻松的戏剧气氛中,让人接受广告推销的商品。广告大师波迪斯曾说过:"巧妙地运用幽默,就没有卖不出去的东西。"幽默的无设防性和感染力能让受众忘记幽默背后隐藏的功利性,在轻松的心境中领会其中的含义,从而产生共鸣。最有效的幽默能吸引消费者的注意并且说服消费者,在消费者还未意识到广告之前,已经被有趣的画面和文字吸引。

3. 塑造与传达价值观念

现代市场营销,常常将消费者做基于价值观和生活方式的细分,提炼出切合目标消费者的价值期望或价值观念。对于重视自己的价值观念的消费者,价值观诉求是一种能够真正深入内心的感性诉求方式,用广告文案传达价值观念或对某问题的观点认识等,从而引起诉求对象的情感共鸣。

【小案例】 RECRUIT 集点活动"马拉松篇"(见图 3-8)

图 3-8

今天我们继续跑着,每个人都是奔跑的人,时钟无法暂停,时间往前不停地流逝,这是一场不能回头的马拉松比赛,边跟对手竞争着,边在时间的洪流这条直路上跑着,想比别人跑得更快,相信前方有美好的未来,相信一定有终点,人生就像一场马拉松。

但真是如此吗?人生就是这回事吗?

不对,人生不是一场马拉松。这比赛谁定的?终点谁定的?该跑去哪才好?该往哪边跑才对?有属于自己的路。自己的路?真的有吗?我不知道。我们还有没看过的世界,大到无法想象。没错,偏离正轨吧。烦恼着,苦恼着,一直跑到最后,失败又怎么样,绕点路又怎么样,也不用跟别人比,路不止一条,终点不止一个,有多少人就有多少可能。

人生各自精彩,谁说人生是一场马拉松的?

RECRUIT 集点活动 开跑。

案例分析：这是日本电通广告公司为 RECRUIT 集团做的一则形象广告，RECRUIT 集团是日本的一家经营各种 O2O 服务的平台公司，该集团在此领域非常成功。RECRUIT 集团的广告核心概念是邂逅，即通过该公司提供的各种服务你会发现以前找不到的信息，与最适合你的店家邂逅。RECRUIT 集团的宣传中也经常强调"十人十色，一百人就有一百种不同的生活方式"，他们的目标就是让每个人实现自己想要的生活方式，让人们能够自由地选择自己想要的生活。这则广告恰恰在向人们传递 RECRUIT 集团的价值观，告诉人们旧有的循规蹈矩、追求安稳生活的价值观是行不通的，这个世界在变化，任何人的人生都可以精彩。该广告文案以隐含的第一人称，轻松地把受众带入情境并与角色一起呼吸、感受。文案开头的讲述比较平常但营造了一种压抑疲惫的氛围，而中途突然一个反问笔锋一转，情感便由此开始宣泄，让人感到酣畅淋漓。

4. 激发同情心和道义感

大多数人还具有善良的天性和道义感，会对弱者和不幸者产生怜悯和同情。虽然这种同情心并不一定会产生行动，却是在公益广告中常见的一种情感诉求方式。

【小案例】 世界自然（中国香港）基金会公益广告文案（见图 3-9）

图 3-9

广告标题分别为：
你的小孩，虎庇佑；虎的小孩，谁援手？
你的小孩，虎庇佑；虎的小孩，谁拯救？
你的小孩，虎庇佑；虎的小孩，路难走。

5. 运用恐惧诉求

广告还常常利用人们的害怕和担心心理展开恐怖诉求，来展现购买利益和不购买危害。在广告文案中描述某些使人感到不安、担心、恐惧的事件或这些事件发生的可能，比如针对财产的损失、健康的损失、社会心理的损失等问题，以此引起诉求对象对广告信息的特别关注。

普拉卡尼斯和阿伦森在《宣传时代》(*Age of Peipaganda*, 2001)中认为，具有以下条件时,恐惧心理最有效。其一,把人吓得失魂落魄时;其二,能为战胜那种引起恐惧的威胁提供具体建议时;其三,对方认为推荐的行为能够有效地降低威胁时;其四,信息接受者相信自己能够实施广告推荐的行为时。

R. 巴特拉(Rajeev Batra)等人合著的《广告管理》一书中认为一个成功的恐惧诉求广告需要具备四个要素:其一,描述的威胁是十分可能的;其二,会具有严重的后果;其三,提倡的行为改变或提倡的行动会导致这种威胁的消失;其四,所提倡的行为是目标消费者可以做到的。

当然在进行恐惧诉求时还应该注意把握"恐惧度",过低和过高都达不到想要的效果,要根据具体要传达的信息来确定。

3.4.3 感性与理性结合诉求

感性与理性结合诉求即情理结合诉求手法,其基本思路是:既采用理性诉求传达客观的信息,又使用感性诉求引发诉求对象的情感共鸣。它可以灵活运用理性诉求的各种手法和感性诉求的各种情感性内容。在广告诉求的策略与具体表现方式中,没有绝对的感性诉求与理性诉求的区分。

消费者既需要具体翔实、准确可信的信息依据,也需要富有人情味与趣味的感受与娱乐;既需要理智的分析和逻辑的判断与推论,也需要感性经验的介入和生活情感的伴随。关键是看你怎么切入。广告文案的感性与理性结合诉求策略有以下两种。

(1) 理性为主、感性为辅的诉求策略,是用较多的篇幅叙述理性的部分,同时也具有一定感性诉求的元素。

(2) 感性为主、理性为辅的诉求策略,是用较重的篇幅或色彩描述感性的部分,同时也不放弃对理性的诉求。往往感性的东西容易吸引人,可以使广告更受人注意,理性的东西则更能说服人,可以使广告更令人信服。

【小案例】 西格纳保险公司平面广告文案

标题:200年来,灾害一个接一个

正文:

1798年加勒比海船只失事

1835年纽约船坞大火

1871年芝加哥大火

1889年约翰斯敦水灾

1906年旧金山地震和大火

1938年新英格兰飓风

1947年纳布拉斯卡龙卷风

1955年康涅狄格水灾

1971年洛杉矶地震

1980年华盛顿火山爆发

1987 年在阿华龙卷风

1989 年胡戈飓风

1989 年旧金山地震

　　天灾人祸一直是保险行业兴起的根源。灾害是生活中的严酷现实。在以往 200 年里,西格纳财产和伤亡保险公司处理了几千家公司的保险业务。保险公司的财源和专长使它们有能力支付世界上最严重的一些灾害所造成的损失,履行他们的诺言。但是即使最小的灾害,对于受害的公司来说也是损害巨大的。大火、管道破裂、屋顶倒塌,我们所处理的事务比我们在 1000 个广告中所介绍的还要多。我们对所有参加保险的机构都以诚相待、一视同仁。

　　不幸的是灾害总是伴随着我们,我们不知道下一个灾祸会降临在何处,也不知它是大是小。但是有一点是明确的,哪儿有灾害,我们将会在哪里。我们赔偿它带来的后果。

3.4.4　BFD 文案公式①

　　要同时在理性、感性、个人三个层面都打动销售对象,你需要了解文案作家迈克尔·马斯特所谓的消费者"核心情结",也就是驱使他们购买的情绪、态度,以及渴望。这些核心情结可以用 BFD 公式作为代表,即信念(Beliefs)、感受(Feelings)以及渴望(Desires)。

1. 信念

　　你的观念相信什么?他们对产品的态度是什么?他们如何看待产品解决问题的能力?

　　比如有间公司专门为信息科技人员举办沟通讲座,让他们学习人际交往技巧。同时,聘请某个营销公司进行分组会议,让信息科技人员作 BFD 公式练习。

　　在信念上信息科技人员:

　　　　认为自己比其他人聪明、科技是全世界最重要的事、使用者都很笨、管理阶层不够赏识他们。

2. 感受

　　他们有什么感觉?他们是自信气盛?还是紧张害怕?他们对生活中的商业来往,或业界的重要问题有什么感受?

　　在感受上,信息科技人员:

　　　　通常跟管理阶层或使用者发生对立,虽然两者都是他们的服务对象。他们觉得对方不喜欢他们、瞧不起他们,而且也不了解他们在做什么。

3. 渴望

　　他们想要什么?他们的目标是什么?他们想要在生活中看见哪些改变,正巧是你的

---

① [美]罗伯特·布莱.文案创作完全手册[M].北京:北京联合出版公司,2013:77-78.

产品可以协助达成的?

在渴望上,信息科技人员:

> 想要被赏识、被认同。他们也宁愿跟计算机打交道,尽量避免应付人,而且他们希望可以有更多预算。

根据以上分析,特别是信息科技人员的感受,这家公司撰写了一份直复营销信函,后来成为"信息科技人员人际关系技巧"讲座最成功的一次营销。这份信函有个不同寻常的标题:"想叫终端使用者去死吗?以下是给信息科技人员的重要消息。"

在你下笔写文案之前,不妨先以 BFD 公式描述你的目标市场。你也可以与工作团队分享这些描述,跟他们取得共识。接下来才根据这些共识来撰写文案。"从销售对象出发,而不是产品本身。"文案撰稿人唐·霍普曼如是说。文案人员可以在尝试销售产品之前,通过 BFD 公式很快取得对销售对象进一步的了解,接下来通常能制作出更强而有力的广告。

本章小结

本章从广告诉求出发,展开分析了人的需求等诉求重点,同时介绍了定位策略在广告文案中的应用,在此基础上通过感性诉求策略和理性诉求策略分别展开分析,重点讲述不同诉求策略下广告文案写作的基本要素及技巧,要求学生在学习过程中对基本方法有比较透彻的掌握。

思考与练习

一、名词解释

1. 诉求对象　2. 感性诉求　3. 理性诉求

二、选择题

1. "妈妈,我要喝娃哈哈果奶"诉求于哪个购买角色?(　　)[多选]
   A. 使用者　　　　B. 决策者　　　　C. 购买者　　　　D. 影响者
2. FCB方格是哪个公司提出的?(　　)[单选]
   A. 奥美广告公司　　　　　　　　B. 博达大桥广告公司
   C. 李奥贝纳广告公司　　　　　　D. 中视金桥广告公司
3. 乐百氏纯净水强调"27层净化",属于下面哪种诉求方式?(　　)[单选]
   A. 感性诉求　　　B. 理性诉求　　　C. 情理结合诉求
4. "不在乎天长地久,只在乎曾经拥有"属于下面哪种诉求方式?(　　)[单选]
   A. 感性诉求　　　B. 理性诉求　　　C. 情理结合诉求

三、简答题

1. 什么是诉求对象策略？
2. 感性诉求可从哪些方面展开文案写作？
3. 谈谈你对恐怖诉求的理解。

应用分析

1. 试着按照"FCB 网格"或"金罗坐标"的思维方式自制一个产品检索表格。
2. 写一则理性诉求的广告文案。

第 4 章

广告文案与写作艺术

 学习要点

- 了解写作的修辞艺术；
- 认识基本的修辞方法；
- 掌握写作的叙事框架与层次；
- 学会从广告的视觉体验角度思考文案写作。

 开篇案例

天下文化出版公司 25 周年文案"我害怕阅读的人"

这是中国台湾地区奥美广告公司为天下文化出版公司 25 周年庆活动创作的文案，获业界著名的创意大奖。天下文化是台湾地区的一家综合性出版社，以"读一流书、做一流人"作为期许。

我害怕阅读的人。不知何时开始，我害怕阅读的人。就像我们不知道冬天从哪天开始，只会感觉夜的黑越来越漫长。

我害怕阅读的人。一跟他们谈话，我就像一个透明的人，苍白的脑袋无法隐藏。我所拥有的内涵是什么？不就是人人能脱口而出，游荡在空气中最通俗的认知吗？像心脏在身体的左边。春天之后是夏天。美国总统是世界上最有权力的人。但阅读的人在知识里遨游，能从食谱论及管理学，八卦周刊讲到社会趋势，甚至空中跃下的猫，都能让他们对建筑防震理论侃侃而谈。相较之下，我只是一台在 MP3 时代的录音机；过气、无法调整。我最引以为傲的论述，恐怕只是他多年前书架上某本书里的某段文字，而且，还是不被荧光笔画线注记的那一段。

我害怕阅读的人。当他们阅读时，脸就藏匿在书后面。书一放下，就以贵族王者的形象在我面前闪耀。举手投足都是自在风采。让我明了，阅读不只是知识，更是魔力。他们是懂美学的牛顿、懂人类学的梵谷、懂孙子兵法的甘地。血液里充满答案，越来越少的问题能让他们恐惧。仿佛站在巨人的肩膀上，习惯俯视一切。那自信从容，是这世上最好看的一张脸。

我害怕阅读的人。因为他们很幸运；当众人拥抱孤独或被寂寞拥抱时，他们的生命却毫不封闭，不缺乏朋友的忠实，不缺少安慰者的温柔，甚至连互相较劲的对手，都不至匮乏。他们一翻开书，有时会因心有灵犀，而大声赞叹，有时又会因立场不同而陷入激辩，有时会获得劝导或慰藉。这一切毫无保留，又不带条件，是带亲情的爱情，是热恋中的友谊。一本一本的书，就像一节节的脊椎，稳稳地支持着阅读的人。你看，书一打开，就成为一个拥抱的姿势。这一切，不正是我们毕生苦苦找寻的吗？

我害怕阅读的人，他们总是不知足。有人说，女人学会阅读，世界上才冒出妇女问题，也因为她们开始有了问题，女人更加爱读书。就连爱因斯坦；这个世界上智者中的最聪明者，临终前都曾说："我看我自己，就像一个在海边玩耍的孩子，找到一块光滑的小石头，就觉得开心。后来我才知道自己面对的，还有一片真理的大海，那里没有尽头。"读书人总是低头看书，忙着浇灌自己的饥渴，他们让自己是敞开的桶子，随时准备装入更多、更多、更多。而我呢？手中抓住小石头，只为了无聊地打水漂而已。有个笑话这样说：人每天早上起床，只要强迫自己吞一只蟾蜍，不管发生什么，都不再害怕。我想，我快知道蟾蜍的味道了。

我害怕阅读的人。我祈祷他们永远不知道我的不安，免得他们会更轻易击垮我，甚至连打败我的意愿都没有。我如此害怕阅读的人，因为他们的榜样是伟人，就算做不到，退一步也还是一个我远不及的成功者。我害怕阅读的人，他们知道"无知"在小孩身上才可爱，而我已经是一个成年人。我害怕阅读的人，因为大家都喜欢有智慧的人。我害怕阅读的人，他们能避免我要经历的失败。我害怕阅读的人，他们懂得生命太短，人总是聪明得太迟。我害怕阅读的人，他们的一小时，就是我的一生。我害怕阅读的人，

尤其是，还在阅读的人。

思考与练习：
1. 此广告文案中是否运用了修辞手法？
2. 如果有，请问具体运用了哪些修辞手法？

4.1 修辞艺术

4.1.1 什么是修辞

"修辞"一词最早见于《周易·乾·文言》的"修辞立其诚，所以居业也"一语中。唐代孔颖达注："辞谓文教，诚谓诚实也；外则修理文教，内则立其诚实，内外相成，则有功业可居，故云居业也。"可以理解为一个人应该通过文化教育形成诚实、内外兼修的品质，这些优秀的品格对自己的发展具有重要的意义。

古文中的修辞与今天谈论的修辞是不同的意义。今天的修辞更多是指语言组织和表达的艺术。修辞就是通过运用修辞使语言的表达形象、生动、具体，达到更好的沟通效果。修辞是写作当中一种重要的技巧。作为广告文案的写作，我们必须要掌握基本的修辞艺

术,通过学习和了解修辞艺术,提高自身的文案写作的技巧。

4.1.2 广告写作中常用的修辞手法

1. 比喻

文艺理论家乔纳森·卡勒为比喻下的定义是:比喻是认知的一种基本方式,通过把一种事物看成另一种事物来认识了它。通俗来讲,就是用与甲事物相同或类似的乙事物来表达甲的手法。由于两者之间的相似之处,人们从对一个事物的理解过渡到另外一个事物,从而形象地促进了想要表达的事物的理解。在写作中经常会用到比喻的手法。

比喻一般主要有三种手法:明喻、暗喻、借喻。

根据比喻的三个部分的结合情况,其变化形式有:博喻、倒喻、反喻、缩喻、扩喻、较喻、回喻、互喻、曲喻。

(1) 明喻

明喻中一般会出现明显的比喻词"像、仿佛、犹如"。

"生活就像舞台,随时随地靓出你的C(吸)引力"——统一鲜橙多的广告语就是典型的明喻,将生活比喻为舞台,人生如戏,需要在舞台上表演,那么维生素C让你拥有健康活力的形象就更加容易让人接受和理解。

如日本一童鞋广告:"像妈妈的手一样柔软舒适。"

(2) 暗喻

把本体直接说成喻体,比喻词的使用更加含蓄、隐含,如一般使用"成了、等于"等比喻词,在有些情况下会省略掉比喻词。

"波导,手机中的战斗机"。将手机比喻为战斗机,形象生动地塑造了手机的形象。

雪馥儿童护肤系列纯净、柔和、全心呵护,恰似妈妈的温柔。(雪馥儿童护肤广告)

柯达就是奥林匹克色彩。(柯达彩色胶卷)

这是柯达为1988年奥运会所拍的广告。暗喻辞格的运用增强了广告语言的美感,从而创造出优美的意境。运动场上角逐激烈,瞬息万变,力与美的精彩刹那,不易捕捉,但柯达不仅能捕捉精确,而且色彩传真无比,令人信服。

(3) 借喻

借喻中只出现喻体,本体和比喻词几乎不出现。

戴比尔斯钻石:钻石恒久远,一颗永流传。此广告语经典之处在于用"钻石"借喻爱情,用"一颗""永流传"来传达忠贞不渝的爱情,天长地久。

2. 双关

在一定的语言环境中,利用词的多义和同音的条件,有意使语句具有双重意义,是一种言在此而意在彼的修辞手法。双关的修辞手法往往能加深印象、增加幽默感以及信息含量。

如中国古代的诗歌:"杨柳青青江水平,闻郎江上唱歌声。东边日出西边雨,道是无晴还有晴。"天晴的"晴"与感情的"情"恰到好处地表达出了诗歌的主题。

    人类失去联想，世界将会怎样？（联想电脑广告）

  此广告语很巧妙地将人类世界发展需要的联想与联想品牌名称结合形成一种一语双关。如果作为人类的联想，可以理解为人类的想象力等能力对人类社会发展的重要推荐作用。同时幽默地将自己的品牌放入其中，形成一种含蓄又委婉的玩笑感，轻松欢快的氛围更容易让人接受。

    悠悠岁月久，滴滴沱牌酒。（沱牌酒广告词）

  通过谐音形成双关即"久"亦为"酒"表明该酒类产品历史悠久，能经得起时间的考验，从而突出了产品非凡的品质，激发消费者的购买欲望。

    共创美的前程，共度美的人生。（美的电器广告语）

3. 比拟

  比拟是指把一事物当作另一事物的方式来写的修辞手法。一般而言，包括两种：拟人和拟物。拟人是指将人的习性特点、行为动作拟用在物体上。拟物是指人仿拟物的习性特点行为动作，或彼物拟用此物的习性特点行为动作。

    给电脑一颗奔腾的芯。（英特尔广告语）

  这就是典型的拟人。英特尔的产品就是计算机CPU，就是计算机用来处理信息数据的能力，将其比拟之后立马从机器转变为具有生命力的东西，形象而生动，更容易让人理解其功能。

    与我不同，劳力士从不需要休息。（劳力士手表广告）

  劳力士手表的拟人也更加幽默。通过从不需要休息强调了手表的可靠、准确，犹如人拥有的可信赖的朋友一样，将冷冰冰的手表产品转换成人与人之间的关系表述。

4. 排比

  利用意义、结构等方面具有相近或类似的词组、句子进行并行排列的方式，形成较强的形式感和气势。此种修辞手法在诗歌当中经常出现，在当前网络时代的段子里也被采用较多。

    此时此刻
    25000人在接吻
    50000人在拥抱
    而你
    在玩手机

  这样的写作，第2、3句用数据以及相似的句子结构形成排比，具有较强的形式感，并进而与后边的"你"的状态形成对比。此种修辞手法在广告中经常出现。

📚 **【小案例】** 李欣频所做"诚品书店"广告文案的排比

对书的若干种偏见——诚品书店一九九五年度书籍排行榜。
9998个人打开过咖啡馆的门，
8778个人参与了流行阴谋，
6006个人走进了文化苦旅，
5959个人知道了台湾赏树情报，
1001个人使用过香水，
999个人目击到戴眼镜的女孩……
对书的100种偏见，来诚品的100种理由。
书店一九九五年度书籍排行榜，
请您前来清算文化账目，告解您的偏好！
对无农药的绿色蔬菜一向偏食，
对红裙短发的女孩一向偏心，
对德制的BMW双门跑车一向偏好，
对留山羊胡的牡羊座男人一向偏爱。
每个人心目中都有一本无可取代的书。
正因为每个人都有自己的偏见，
异中求同，诚品书店TOP 100排行榜书展，
便成为台湾精英趋向的年度文化指标。

5. 夸张

夸张是为了实现某种表达效果，而对事物的大小、形象、特征、作用、程度等性质方面的特点进行有意地夸大或缩小的修辞手法。在中国古代的文学作品中经常出现。比如李白的《秋浦歌》："白发三千丈，缘愁似个长。不知明镜里，何处得秋霜！"首句就是很大胆的夸张。"问君能有几多愁，恰似一江春水向东流。"也包含了夸张的成分。

　　只要心相通，相隔千里也握手。（联通广告语）
　　臭名远扬，香飘万里。（臭豆腐）

6. 反复

有意识地重复使用某些词、句子或者段落等来实现突出和强调的作用。从传播和记忆效果来看，人们的记忆效果与反复具有一定联系。因此反复的修辞手法的应用具有十分重要的现实意义。通过反复可以突出某种情感，表达某种含义。

李清照的《声声慢》一词，连用十四个叠字："寻寻觅觅，冷冷清清，凄凄惨惨戚戚"，本质上就是一种反复，通过反复的使用反映出词人郁郁寡欢、孤寂且愁绪的情感。

反复在广告写作中也常出现。如东芝电子的广告语。

拥有东芝,拥有世界。

反复的修辞手法在长文案中也经常运用。

【小案例】 芝华士父亲节海报文案

因为我已经认识了你一生。
因为一辆红色的 Rudge 自行车曾经使我成为街头最幸福的男孩。
因为你允许我在草坪上玩蟋蟀。
因为你总是在厨房里腰上围着茶巾跳舞。
因为你的支票本在我的支持下总是很忙碌。
因为我们的房子里总是充满书和笑声。
因为你付出无数个星期六的早晨来看一个小男孩玩橄榄球。
因为你坐在桌前工作而我躺在床上睡觉的无数个夜晚。
因为你从不谈论鸟类和蜜蜂来使我难堪。
因为我知道你的皮夹中有一张褪了色的关于我获得奖学金的剪报。
因为你总是让我把鞋跟擦得和鞋尖一样亮。
因为你已经38次记住了我的生日,甚至比38次更多。
因为我们见面时你依然拥抱我。
因为你依然为妈妈买花。
因为你有比实际年龄更多的白发,而我知道是谁帮它们长出来的。
因为你是一位了不起的爷爷。
因为你让我的妻子感到她是这个家庭的一员。
因为我上一次请你吃饭时你还想去麦当劳。
因为在我需要时,你总会在我的身边。
因为你允许我犯自己的错误,而从没有一次说"让我告诉你怎么做"。
因为你依然假装只在阅读时才需要眼镜。
因为我没有像我应该的那样经常说谢谢你。
因为今天是父亲节。
因为假如你不值得送 Chivas Regal 这样的礼物,还有谁值得?

知识链接

  大卫·阿尔伯特(David Abbott,1938 年出生)是 Abbott Mead Vickers BBDO 广告公司的创办者之一。以一名文案身份在 Mather & Crowther 开始了他的职业生涯,尔后加入伦敦 DDB。1966 年被派往公司在纽约的办公部,之后返回伦敦担任指导。1971 年建立了 French Gold Abbott。1978 年,他创办了 Abbott Mead Vickers(AMV),客户包括 Volvo、Sainsbury's、Ikea、Chivas Regal、The Economist、Yellow Pages 和 the RSPCA。1991 年,BBDO 收购了 AMV 的股份,并且将公司的名字也附上了 BBDO。2001 年,David Abbott 的名字被载入 The One Club 广告公司的创意名人堂。

7. 设问、反问

设问是一种常见的修辞手法,常用于表示强调作用。为了强调某部分内容,故意先提出问题,明知故问,自问自答。

反问是用疑问的形式表达确定的意思,以加重语气的一种修辞手法。反问只问不答,人们可以从反问句中领会别人想要表达的意思。但从广告文案的写作来看,反问比设问用的频率更高。

【小案例】 伯恩巴克为甲壳虫做的广告文案"为什么有那么多的 VW 活到十万?"

VW 不是那种买来一两年就要卖掉的汽车。

它是为了长期保持而设计、建造的。

VW 的活塞速比许多其他车子的活塞速低。这表示磨损极小。VW 的引擎摩擦、压力极小,因此它最省油的速度就等于最高速度。

年复一年持续不断地制造同样的基本车型,造就了 VW 的粗合品质——这种品质连售价五千元的车子都引以为荣,而一部分只卖一五八五的车子就更甭提了。

只要告诉您一点:VW 几乎密不透风,因此在用力关上车门之前,聪明的做法是先打开窗子,即使这部车您已开了好几年。

因此,如果您有一部六一年或六二年的 VW,而且照顾得当。您怎么会想换一部看起来完全一样的六六年的 VW 呢?您不会的。

您将留下它,等着看 VW 的里程表由 99999 转向 9999900000,趁机享受一下那份快感。

8. 借用

将其他事物或其他人的言论、思想、观点甚至风格等用在其他的人或事物上。借用是一种进行文案创意和写作的重要的修辞方法。通过借用可以增加权威性、提高注意力。一般而言有些借用会用引用的方式明确地标注其引用的来源,有些则直接引用其内容而不标注来源。

【小案例】 一毛不拔!(梁新记牙刷)(见图 4-1)

图 4-1

梁新记牙刷店的平面广告借用了一个成语。画面上是一个儿童站在牙刷的刷毛上，使用最大的力气拔牙刷上的毛，图旁"一毛不拔"四个大字。其取自于《孟子》一书中。书中批评杨朱："拔一毛而利天下，不为也。"一毛不拔本意是指一个人的小气，但用在这里表达的却是牙刷的刷毛被很牢固地固定在牙刷上。借用成语并使其内涵增加了新的内容，幽默生动地表达了牙刷的良好品质。

9. 对比

对比是把两个在性质、形状、动作等方面属性相对或相反的事物，或者一个事物的两个不同性质等进行并列比较的一种修辞方式。通过对比使两者之间形成强烈的反差从而产生强大的内在张力。杜甫的"朱门酒肉臭，路有冻死骨"就是最好的对比。对比在广告文案写作中也经常使用。

> 平时注入一滴水，难时拥有太平洋。（太平洋保险广告）

"平时"和"难时"就是对比，"一滴水"和"太平洋"也是对比。通过两组词的对比，形象生动地传达出购买保险、遇到危难之时的巨大作用，保障生命安全等的理念就隐含其中。同时又可以从企业形象的角度加以理解，使读者感觉到其含蓄、幽默、准确、贴心。老上海"鹤鸣皮鞋"的广告语"皮张之厚无以复加，利润之薄无以复减"。也是通过对比传达出该品牌对商品质量的高要求。皮厚强调产品的质量保障，利薄强调薄利多销的概念，符合传统文化中的商业经营哲学和理念。

10. 反语

反语是指正话反说、好话坏说，在表达上用相反的词语、句子表达，但内在的含义与之具有相反的意义。反说作为一种修辞手法，在中国古代嘲讽社会现实时经常用到。唐朝杜甫的《兵车行》中就运用到了此种手法。

> 车辚辚，马萧萧，行人弓箭各在腰。爷娘妻子走相送，尘埃不见咸阳桥。牵衣顿足拦道哭，哭声直上干云霄。道旁过者问行人，行人但云点行频。或从十五北防河，便至四十西营田。去时里正与裹头，归来头白还戍边。边庭流血成海水，武王开边意未已。君不见汉家山东二百州，千村万落生荆棘。纵有健妇把锄犁，禾生陇亩无东西。况复秦兵耐苦战，被驱不异犬与鸡。长者虽有问，役夫敢伸恨？且如今年冬，未休关西卒。县官急索租，租税从何出？信知生男恶，反是生女好。生女犹得嫁比邻，生男埋没随百草。君不见青海头，古来白骨无人收。新鬼烦冤旧鬼哭，天阴雨湿声啾啾！

其中"信知生男恶，反是生女好"一句完全就是一种愤慨的表达。在一个重男轻女的社会中儿子肯定比女儿重要，作者完全没有按照常规的思维进行思考。可以理解为诗人通过反语的修辞手法来表达当时的征兵之苦及战争的残酷和对人民生活造成的巨大影响。在广告文案写作中使用反语的修辞手法时，往往会采用欲扬先抑的思想。从字面意思看是负面的信息，但从字里行间透露出来的信息却是正面、积极的。

📚 【小案例】 陌陌的影视广告文案

别和陌生人说话。
别做新鲜事。
继续过平常的生活。
胆小一点。
别好奇。
就玩你会的。
离冒险远远的。
有些事想想就好。
没必要改变。
待在熟悉的地方。
最好待在家里。
听一样的音乐。
见一样的人。
重复同样的话题。
心思别太活。
梦想要实际。
不要什么都尝试。
就这样活着吧。

由于一个广告文案当中通常可能会涉及数种修辞手法的综合运用，为了介绍一种修辞手法，在具体文案介绍中并没有去分析其他的修辞手法，但并不代表它们不存在。

修辞手法的种类和数量有很多，鉴于广告文案的写作与文学写作不同，这里只将广告文案写作常用的几种修辞艺术进行介绍并举例说明。有兴趣的读者可以进一步深入地了解修辞艺术，比如顶真、回环、对仗、衬托等。

4.2 叙事与广告文案写作

广告文案的写作经过长期的演变之后，形成了与各种媒介对应的文案形式与要求。然而换一种思路进行思考，写作的目的是什么？人类为什么要用文字来表达和写作？作为文案的接收对象为什么要接受这些东西？

如果从广告文案和广告学的角度来看，媒介的多样化与形式的多元化让人眼花缭乱。但换一种角度，从叙事的角度来思考也许会让我们找到文案写作的历史线索。

人类历史的发展过程中，文字起到了至关重要的作用。文字的繁荣催生了文学作品。只是到了近代由于报纸等印刷媒介的发展，文字成为广告文案时，撰写文案才成为一种职业。

如果从人类的角度看，文字与叙事的关联度更大。文字的主要功能就是用来讲故事的。不管社会环境如何变化，人们喜欢听故事的习惯和爱好从未发生过大的变化。因此，我们可以从叙事学的角度对广告文案进行思考。

4.2.1 叙事理论概述

1. 什么是叙事

叙事在人类早期现实生活中是一种生活经验的积累与传承。通过叙事，人们逐渐学习到了生活常识、经验，然后才慢慢地转变为社会人。可以说故事成为人们生活中获得生活经验的一种重要途径。

在人类发展过程中，故事逐渐成为一种具有较强吸引力的事物并在人类的生活中产生重要的影响。不管在古代还是现代，叙事活动已经成为一种人类生活中的习惯。

叙事学主要应用于文学领域，是探讨叙事文本的理论。但叙事作为一种技巧在很多文学作品及其他领域都存在。1968年，法国文艺理论家托多罗夫在《诗学》一书中强调将叙述形式列为关注的焦点，并对叙事作品的视角、文本结构、叙事语句等问题进行了探讨。此后叙事研究逐渐成为一门学科。"叙事学所研究的，是发生在叙事作品内部的交流，即叙事作品内在的交流。它所对应的，是叙事作品中的叙述者向叙事接受者进行讲述、交流的过程。"[①]在叙事的过程中，叙事者定会根据自身的能力以及在对接受者了解的基础上，进行创意的构思、框架以及组织等。从古代的荷马史诗到今天的任何文学作品本质上都是叙事。

作为一门学科，叙事学是20世纪60年代，在结构主义大背景下，同时受俄国形式主义影响才得以正式确立。它研究所有形式叙事中的共同叙事特征和个体差异特征，旨在描述控制叙事（及叙事过程）中与叙事相关的规则系统。

狭义的叙事学主要的研究对象主要限定在局限于神话、民间故事，尤其是小说这些以书面语言为载体的叙事作品中。从全世界的叙事研究来看，也有不少专家、学者将叙事的领域扩展到其他领域。罗兰·巴特提出的文本理论认为任何材料都适宜于叙事，除了文学作品以外，还包括绘画、电影、连环画、社会杂闻、会话，叙事承载物可以是口头或书面的有声语言、固定或活动的画面、手势，以及所有这些材料的有机混合。这属于广义上的叙事。目前叙事的研究已经从文学作品的叙事衍生到空间叙事、跨媒体叙事等领域。

2. 叙事中的核心问题

（1）叙事的框架

叙事本质上就是一种交流，是交流的过程中，信息传播者向信息接受者传递信息并试图对其产生影响的这样一个过程。作为信息传播者而言，信息的组织、表达等就成为影响信息传播效果的重要关键因素。叙事应该有一个"事件"的存在，不管是过去发生的，现在正在发生的或者未来将要发生的事情，叙事就是将这个事件呈现出来。一般的小说、叙事

---

① 谭君强.叙事学导论——从经典叙事学到后经典叙事学[M].北京：高等教育出版社，2008.

性散文、诗歌等都属于具有明确事件的叙事。阅读的人会通过自己对该事件的认知和理解在自己头脑中构建起一个事件。如李白的《赠汪伦》：

> 李白乘舟将欲行，忽闻岸上踏歌声。
> 桃花潭水深千尺，不及汪伦送我情。

虽然没有明显的时间，但诗句当中暗含着事件发展的过程，尤其是前边两句就是一个典型的叙事：送别。事件的存在或者说情节的发展应该是叙事中最重要的核心，没有这个核心就谈不上叙事的存在。从结构主义的视角来看，叙事文本是由故事和话语两部分构成。故事又是由事件和存在物构成。一个事件的构成包含行动和状态两部分。但故事的形成是事件在人和环境的存在物中发生的。"故事指的是从叙事文本或话语的特定排列中抽取出来、由事件的参与者所引起或经历的一系列合乎逻辑、并按照时间先后顺序重新构造的一系列被描述的事件。"[①]一系列事件之间的关联就形成了一个叙事的结构。叙事文本中事件与事件之间的结合原则主要是因果逻辑或者时间逻辑。换而言之，事件与事件之间具有因果上的前后关系，或者前一事件与后一事件的发生在时间上具有连续性特征。叙事结构的存在有助于我们对所有的写作进行更深层次的理解。

（2）叙事的方式

在叙事的过程中首先面临的是叙事方式问题。即以作者自叙的方式来进行叙事还是他人的视角进行叙事。在有些叙事中也可能会出现两者的交错使用。一般而言叙事的主体运用叙事的不同方式会影响到叙事的表达。比如第一人称叙事更容易运用，第一人称叙事的运用可以营造读者自己亲身经历的氛围，能使读者产生一种真实、亲切的感觉，便于直接表达作者自己的思想感情或者反映人物的内心活动。第三人称使叙事者可能站在一个比较客观的立场，可能会使叙事的视角表现为多元化。由于是第三人称，在错综复杂的叙事中，涉及人物比较多的环境中，采用扫描式的第三人称叙事可以更好地去描述场景以及众多的人物、动作等。

（3）叙事的聚焦

叙事的聚焦指的是将叙事的焦点放在谁的身上，或者说谁成为视觉关注的对象。一般而言都包含着一个看与被看的关系。聚焦的主体是在观看，聚焦的客体成为被看的对象。叙事聚焦在文学类作品中表现的不是很明显，在影视作品中表现得特别容易识别。在影视艺术作品中，镜头的存在就是聚焦。在镜头中出现的就是聚焦的客体。研究叙事聚焦的目的就在于考虑影视艺术作品中创意、写作与如何拍摄等问题。

4.2.2 叙事与广告文案写作

广告叙事与文学叙事比较而言，广告叙事更为简单、单纯。这主要是因为其叙事受制于广告的目标以及媒介特征所造成的影响。但这并不妨碍我们运用叙事的理论对广告文案进行分析。通过广告叙事的分析更有助于理解广告文案写作中的技巧。

---

① 谭君强. 叙事学导论——从经典叙事学到后经典叙事学[M]. 北京：高等教育出版社，2008.

1. 叙事的方式：第一人称与第三人称

格里宾为箭牌衬衫所做的报纸广告极其富有想象力，有很强的娱乐性。通过第一人称的叙事，将一个天方夜谭的传奇故事通过第一人称表达的方式，给人很强的代入感。并通过对话的形式将商品的特点表达出来，加之幽默的语言，增加了乐于接受的程度。

【小案例】 箭牌衬衫广告（见图 4-2）

乔常常说，他死后愿意变成一匹马。有一天，乔果然死了。五月初我看到一匹拉牛奶车的马，看起来像乔。我悄悄地凑上去对他耳语："你是乔吗？"他说："是的，可是现在我很快乐。"我说："为什么呢？"他说："我现在穿着舒服的衣服，这是我有生以来的第一次。以前我衬衫的领子经常收缩，简直在谋杀我。事实上有一件把我窒息死了，那就是致死的原因！""天啊，乔！"我惊讶失声。"那你为什么不把你衬衫的事早点告诉我？我会告诉你关于箭牌衬衫（Arrow Shirt）的事。它们永远合身而不收缩，甚至织得最紧的深灰色棉布做的也不收缩。"乔无力地说："唉！深灰色棉布是最会收缩的了！"我回答："可能是，但我知道戈登标的箭牌衬衫是不收缩的。我正穿着一件。它经过机械防缩处理，收缩率连1%都不到！""戈登标每件只卖两美元！"我说。乔说："真棒，我的老板正需要一件这样的衬衫。我来告诉他戈登标的事。也许他会多给我一夸脱燕麦。天啊，我真爱吃燕麦呀！"

图 4-2

2. 叙事的框架与广告文案写作

叙事的框架在广告文案写作中也是存在的。一篇好的广告文案往往将故事情节的发展用优美而有创意的方式表达出来。过去的文案写作课程中往往忽视对广告文案作品框架的讲解。一个故事（情节发展）其实是无数个事件构成的。一个个事件的发展变化就形成了故事的产生、发展、冲突、高潮。

简而言之，广告文案的写作结构也是跟文学作品的结构具有相似的表现方式。广告文案的写作自从诞生至今仍然在不断地从文学艺术作品当中寻找借鉴和灵感。格里宾是广告文案写作方面的大师，他为保险公司写作的长文案具有叙事表现的典型性。格里宾很注意广告语言的作用，他认为广告的根本是利用文字的力量，并将它置于广告各项工作的首位。但此广告文案的成功首先在于叙事框架的构建。

📚【小案例】 乔治·格里宾的经典广告文案：旅行者保险公司广告（见图4-3）

当我28岁的时候,我认为今生今世我很可能不会结婚了。我的个子太高,双手及双腿的不匀称常常妨碍衣服穿在我身上的效果,而且穿起来也从来没有像穿到别的女郎身上那样好看。似乎绝不可能有一位护花使者会骑着他的白马来把我带走。

可是终于有一个男人来陪伴我了。爱维莱特并不是你在16岁时所梦想的那种练达世故的情人,而是一个羞怯笨拙的人,常常会表现得手足无措。

他看上了我不自知的优点,我才开始感觉到不虚此生。事实上我俩当时都是如此。很快地,我俩互相融洽无间,我们如果不在一起就有怅然若失的感觉。所以我们认为这可能就是小说所写的那类爱情故事,后来我们就结婚了。那是在4月中的一天,苹果树的花盛开着,大地一片芬芳。

图 4-3

这些都是将近三十年前的事了,自从那一天以后,几乎每天都如此不变。我不能相信已经过了许多岁月,岁月载着爱维和我安静地度过,就像驾着独木舟行驶在平静的河中,你感觉不到舟的移动。我们从未去过欧洲,我们甚至还未去过加州。我认为我们并不需要去,因为家对我们来说已经够大的了。

我希望我们能生几个孩子,但是我们未能达成愿望,我很像《圣经》中的撒拉,只是上帝并未赐我以奇迹,也许上帝想我有了爱维莱特已经够了。

唉! 爱维在两年前的4月故去。安静地,含着微笑,就和他生前一样。苹果树的花仍然盛开,大地仍然充满了甜蜜的气息,而我刚惘然若失,欲哭无泪。当我弟弟来帮我处理爱维的后事时,我发觉他是那么体贴我,就和他往常的所作所为一样。他在银行中并没有给我存很多钱,但有一张照顾我余生全部生活费用的保险单。

就一个女人所诚心相爱的男人过世之后而论,我实在是和别的女人一样心满意足了。

（广告随文）：为了您挚爱的家人,请致电旅行者保险公司。

案例分析：格里宾的广告文案写作具有很明显的特点。开头出现悬念,然后段落与段落之间出现情节的变化,基本就是一个事件接着一个事件,通过层层递进的叙述,到最后将广告商品与故事完美结合。阅读此广告文案,其叙事框架大致如下：因身体残疾而导致的爱情失败(没有人喜欢)——爱人的出现(看上自己的优点,改变自卑)——幸福的生活(爱情与婚姻)——遗憾(没有孩子)——丈夫去世。整个叙事框架中,每一个事件都与后边的事件构成了时间联系。随着时间的推移,爱情故事的相遇、相知、相爱情节出现。但由于没有孩子的遗憾为后边购买保险的事件埋下了很好的伏笔。通过研究广告文案的叙事框架之后,初学者应该设计好框架然后再进行写作。

4.2.3 广告叙事的聚焦

随着媒介的发展和数字传播技术的进步,看图时代到来了。长文案的平面广告越来越少,平面广告文案的叙事性越来越弱。与此同时,互动广告、影视广告、微电影广告中的叙事性越来越被强化。这与媒介的特性之间具有强烈的联系。广告叙事的聚焦的问题对于上述的广告文案写作具有十分重要的意义。

当一个文案人员在进行影视广告创意和写作时,如果按照传统的平面媒体的广告思维来写作,可能完全无法拍成影视广告。影视广告的写作必须与后期的拍摄形成匹配。一个影视广告的创意产生只能算一个点子,然后转变成影视广告脚本。在影视广告脚本的撰写中其实是以镜头的视角去考虑问题的。镜头的拍摄所形成的景别大小、拍摄对象的取景等就构成了主要内容。没有镜头感和缺乏对广告叙事聚焦的认知将导致后期的影视广告拍摄出现问题。

作为一名广告文案写作人员,首先要了解广告与文学写作之间的区别。文学写作要了解平面媒体的广告与影视类广告的差别。广告不像小说、散文那样可以不受时间和空间的限制,它要求时间、人物、情节、场景高度集中。广告文案的写作具有较强的商业目的性。其次,了解平面广告与影视广告的区别。最后,在有些平面广告中,也包含着叙事聚焦的问题。让我们看下许舜英的广告文案《绝对在地篇》(1993年)。由于平面广告的版面限制,广告文案写作的聚焦基本上都是浓缩的,如诗歌式的文字,但还是具有很强的聚焦和画面感。

> 【小案例】 许舜英的广告文案《绝对在地篇》
>
> 绝对在地　绝对台北
>
> 就像纽约之于伍迪艾伦,上海之于张爱玲,
> 生活在台北固然有艰险的一面,
> 当清晨三点还可以吃到清粥小菜,
> 偶尔还可以逛逛地下书店……
> 认真地使用台北将让你重新理解台北。
> 穿 Junior Gaultier 背帆布书包的建筑师,
> 一本在中心/边缘摆动的文化刊物,
> 国际影展售票前一晚排队的影迷,
> 装满死党、同志和敌人的城市。
> 金像奖戏院外等待子夜场散场的出租车队,
> 新生南路底没有装修的地下书店,
> 没有招牌没有菜单但一定有朋友在的饮酒场所,
> 台北桥旁的萝卜排骨汤。
> 中兴百货让车辆驾驶减速注视的流行橱窗。
> 滨江市场大批大批的鲜花,

龙山寺对面台南碗粿(年底即将拆迁)。
美术馆后面的林荫停车场。
中华路上混乱的音响价钱(除非带打车)。
可以看到小学生放学的咖啡店落地窗。

从上述文案来看,第二部分的文案全部是聚焦。可以幻想这样的文案,每一句就是一个画面或者场景,从而更容易转换成一个叙事的聚焦。每一句就是一个事件,所有的事件就构成了故事,并从视觉体验和听觉等方面全面调动了人的感知系统。格里宾曾说过,广告文案写作的要点和难点,就在于依赖生活中的经验和你所读到的东西,把所要介绍的商品放进联想的范围,以使消费者产生兴趣。许舜英的此篇广告文案很好地诠释了格里宾的思想。

4.3 视觉传播与文案写作

4.3.1 媒介的变革与视觉体验的转向

广告作为一种依附于媒介的商业推广活动,广告活动以及广告作品的形态发展都与媒介技术的变革有着十分密切的关系。尼克拉斯·米尔佐夫认为:"视觉文化并不取决于图像本身,而取决于对图像或是视觉存在的现代偏好。这种视觉化使现代世界与古代或中世纪世界截然不同。视觉化在整个现代时期已经是司空见惯,而在今天它几乎是必不可少。"

从媒介技术论的角度来看媒介是对人的能力的延伸和扩张,尤其是媒介技术的发展使广告图像发生着不断地变革。同时也促使受众对视觉信息的接受能力在不断地增强。

在摄影术发明之前,以绘画为代表的西方艺术主要是以模仿方式进行的写实主义创作,艺术作品在观众看来就是反映现实的镜子。摄影术的发展在一定程度上增加了视觉接受的内容,提高了视觉的接受能力。

媒介技术变革的核心问题在于各种媒介符号的不同。从图画到语言,从语言符号到文字符号,从文字到图像的视觉阅读过程呈现出一定程度的断裂。从简单的客观事物的形象到抽象的文字再到技术带来的形象,图像所面对的外在客观环境已经发生了变化,而且人们对依赖图像认识客观世界的程度还在不断加强。早期的图画式图像在一定程度上是与现实有着直接联系的。从客观现实中提炼和抽绎出来的图画,往往能概括出客观事物的典型特征。

语言的创造与发明,在一定程度上预示着理性思维的出现。语言对事物的表述必须具有流程性,或者说必须按照线性思维的方式进行表达。而阿恩海姆认为之所以这样"是因为每一个词或一串词都代表一个理性的概念,而这些概念又只能一个一个地按顺序结合在一起。"因此可以说语言文字的阅读要求具有较高的主动参与性,受众必须要经过抽象的思维过程,对传播内容的理解与体验必须在头脑中完成同构,也就是说受众必须在头脑中构建出一个与现实相似的事物或情景来理解世界。因此早期的印刷媒介技术的广告形态是以理性为主的,视觉体验表现为文字对主体产生的心理刺激,广告主要着眼于受众的心理反应而不是视觉快感。随着印刷技术的发展,图画开始在报纸广告中占据了主流。第二次世界大战前后很多的广告作品都采用故事性、展示性的图像广告形式。这种图像的普及在一定程度上提高了吸引注意力的能力。同时消费者对图像的存在逐渐从不适应变得适应。图像的在场导致了观众兴趣的转移,久而久之图像也就成为消费者观看广告时的主要焦点。从视觉特征来分析,影视广告的视听综合性特征,加上拍摄技术的巧妙运用和后期剪辑制作,消费者对广告图像的体验就演化成了一种幻象。通过借助于视觉传播技术,整个世界被媒介视觉化。换而言之,广告图像已经不是简单地对客观现实的再现,而是要求通过图像符号技术完成对现实的"真实性建构"。正如陈卫星所言,"每一种技术发明及其成果转化,都为当时的社会实践和社会发展的象征表现直接提供了一个媒介化的工具。"

4.3.2 视觉体验与广告文案的写作

依赖于媒介生存的广告总是跟随新媒介的出现而不断地演变自身的表现方式。通过对视觉体验与媒介之间关系的梳理,以此思考视觉体验的变化对广告文案写作的影响是一现实命题。每个传播时期的视觉体验都会在不同程度地影响广告文案的写作。

1. 文字传播时代的广告风格与文案写作

早期人类的广告中,文案可以作为单独的形式出现并传播一定的信息。但从严格意义上来讲,此种社会性广告的表现与公告等没有本质区别。此时的广告文案更偏重于事实、客观的描述。如古代希腊的一个叫卖广告,今天看来还是值得研究的好的广告文案。

> 为了两眸晶莹,
> 为了两颊绯红,
> 为了老珠不黄,
> 也为了合理的价钱,
> 每一个在行的女人都会,
> ——购买埃斯克里普托制造的化妆品。

整个文案可以分为三个组成部分,分别是前三句、第四句、最后两句。第一部分强调的是为消费者提供的商品的使用效果,第二部分强调价格实惠,第三部分强调品牌。但是如果将这样的广告文案放在报纸或电视兴盛的时代,作为广告文案写作估计会有所欠妥。早期纯文字的广告文案写作与文字传播时代的体验密切相关,这也塑造了朴实、真实以及客观理性的文案写作基调,商品的功能等特点往往是通过在叙事中慢慢呈现的。

2. 图像传播时代的广告风格与文案写作

随着摄影等技术在广告中普遍使用,图像在广告中的作用越来越强,这导致了广告的表现从以文字为主向以图像为主的风格转换。由于视觉形象在广告中的作用越来越强大,广告的文案位置变成隶属关系。广告图像所能提供的更多的是与现实没有直接关系的视觉体验。广告中出现的图像与广告商品之间的关联何在?这是值得我们思考的一个关键问题。我们可以从保罗·梅萨里的视觉传播研究中得到提示。他认为视觉形象在广告中有三大作用:视觉形象可通过模拟某一真实的人或物来引发人们的情感;视觉形象还可以作为说明某事物确实发生了并被拍摄下来的证据;视觉形象还可以在所推销的商品与其他形象之间建立起一种隐含的联系。① 但不能忽视视觉形象也存在缺陷,即多义性和模糊性。多义性和模糊性会导致人们在理解视觉的图像时可能会按照自己的个人理解去认识,结果所获得的理解可能表现为多元性的意义。比如画面中出现了一棵树,如果没有文字的解释,每个人可能最后得到的都是各不相同的信息。但广告的目的是为了把商品或服务推广出去,需要大家按照广告所预设的方向去理解,因而广告文案的部分作用是引导观众理解的方向,不至于使他们的理解出现大的偏差。广告文案的主要作用在于给广告图像提供确定的理解方向。图像的盛行使看图成为一种基本的生活方式。在文案的写作中,场景化、具象化、情绪化、细节化的文案写作成为一种主要的发展趋势。广告文案的写作更偏重于从现实生活的立场进行写作。

本章小结

本章主要从写作修辞和叙事学角度思考广告文案的写作,要求学生能初步了解文案撰写过程中出现的修辞的基本手法,以及学会运用叙事学理论分析广告的叙事。最后从视觉传播的体验角度探讨了广告文案写作与媒介塑造的视觉体验之间的变迁关系。

思考与练习

一、名词解释

1. 修辞　2. 叙事　3. 视觉体验　4. 视觉传播

二、简答题

1. 什么是视觉文化?视觉文化具有哪些特征?
2. 叙事学的理论对理解广告文案的叙事框架的作用有哪些?
3. 谈谈修辞与写作之间的关系。

应用分析

1. 找一则自己很喜欢的广告文案,分析其具体运用了哪些修辞手法。
2. 请尝试将一则具有故事情节的长文案广告进行叙事学分析并形成分析报告。

---

① 保罗·梅萨里.视觉说服:形象在广告中的作用[M].王波,译.北京:新华出版社,2004.

进阶篇

第 5 章

广 告 语

学习要点

- 了解广告语的表现形式；
- 理解广告语的功能；
- 熟悉广告语撰写的准备工作；
- 掌握广告语撰写的技巧。

开篇案例

百事可乐,新一代的选择

百事可乐自诞生之后,就一直与可口可乐进行着明争暗斗的较量。从市场竞争态势来看,百事可乐是作为市场的挑战者发起进攻的。由于可口可乐占尽先天优势,百事可乐要在市场上获得生存和发展必须要投入各种大量的资源。初期百事可乐在口味测试以及20世纪30年代的赠品促销等活动中都表现不俗,但面对可口可乐的霸主地位,百事可乐还是处于被动的位置。一直到20世纪80年代,百事可乐的一场战役在一定程度上改变了其市场的困境。

1983年,百事可乐进行了一次大规模的市场调查,其内容广泛而全面。结果显示,多数消费者认为百事可乐"是一家年轻的企业,具有新的思想,员工富有朝气和创新精神;是一个发展很快,有望一举成为行业第一的企业,因为年轻和时尚,而不免有些咄咄逼人。"将可口可乐描述为美国文化的象征、传统的形象。百事可乐根据调查结果重新进行了定位,提出了"百事可乐,新一代的选择"的广告语。自1984年开始,百事可乐发动了全新的广告宣传攻势,先后邀请了七位音乐巨星拍了一系列的广告片。其中迈克尔·杰克逊是第一位接受邀请的巨星,报酬高达500万美元。通过1984年的广告宣传,超过90％的美国人至少看过这个广告10遍,"百事新一代"也成了美国年轻人新生活方式的代名词。通过连续的广告活动,"百事可乐,新一代的选择"成为人们耳熟能详的流行语,并成功地塑造了年轻、酷的产品形象。

思考与练习：
1. 谈谈你对"百事可乐，新一代的选择"这一广告语的理解。
2. 为什么此广告语产生了巨大的影响？

5.1 广告语的相关概念

5.1.1 定义

广告语又称广告口号、广告中心句等，是指企业为了强化消费者对自身品牌形象、企业或产品形象的认知，使其留下深刻印象并长期反复使用的句子、短语等。广告语比较简短，并且容易记忆。有些经典广告会逐渐脱离广告的范畴并成为人们乐于传颂的文化。比如戴比尔斯钻石的"钻石恒久远，一颗永流传"，铁达时手表的"不在乎天长地久，只在乎曾经拥有"。这正应了广告大师雷蒙·罗比凯所说的："上乘广告的最好标志是，它不仅能使观众争相购买它的产品，而且能使观众和广告界都把它作为一种可钦可佩的杰作而长久不忘。"[①]

5.1.2 广告语的表现形式

1. 功效型

功效型广告语一般直接展示商品的功能或者使用效果等方面的特点。这是一种基于产品观念的营销思想驱动下的广告创意手法。当产品的品质卓越的时候，广告语可以从品质等方面思考然后进行创作。"鄂尔多斯羊绒衫温暖全世界""促进健康为全家"（舒肤佳）便是从功效出发创作的广告语。

2. 差异型

差异型广告语是在罗瑟·瑞夫斯的 USP 广告创意理论指导下的创作实践。同类产品之间由于存在比较明显的差异，将差异作为诉求重点进行强调，从产品本身出发进行的广告语创作即为差异型广告语。比如"只溶在口，不溶在手"就是其代表性作品。

3. 情感型

情感型广告语创作是将诉求从产品本身向人的情感需求进行转变。人作为一种高级动物，具有物质性需求和精神性需求，精神性需求的满足跟情感反应具有直接的关联。比如"孔府家酒，叫人想家""雅芳比女人更了解女人""人头马一开，好事自然来"等。

---

① http://www.youdaoad.cn/2401.html（有道设计）.

【小案例】 铁达时的广告语：从经典爱情到生活现实

在过去的老观众中，铁达时手表的广告语"不在乎天长地久,只在乎曾经拥有"已然成为经典。这个广告语的流行是与1992年周润发、吴倩莲主演的《天长地久篇》和1994年刘德华主演的《天长地久篇》分不开的。曾经的年轻人已经变老了，对于成长起来的新的一代观众而言，这个广告语显得有些苍老。铁达时的广告也在试着对其产品与感情的关系进行思考，因为塑造爱情一直是铁达时腕表的主题。但时代不同，人们对爱情的价值、内涵以及表现方式都有不同的理解，因此铁达时手表对爱情的思考也从未间断。从2010年起，铁达时开始将Time is Love作为其广告主题，并连续创造了4部系列微电影，表达出了不同人对爱情的看法以及时间与爱情之间的关系。铁达时用时间诠释了爱情中的忧伤、美好、纠葛以及矛盾冲突等，将男女的爱情故事演绎得各具特色，成功地传递出了"时间就是爱"的内涵。与过去周润发、刘德华等明星塑造的乱世英雄佳人的爱情形象不同的是，新的广告中的爱情更加地与现实环境贴近，更能使人产生共鸣与反思。未来，铁达时可能还会继续以Time is Love为广告语塑造出更多版本的爱情故事。

4. 号召型

号召型广告语多希望能促使消费者产生行动，多采用祈使句、感叹号，一般采用动词＋宾语结构的句式，语气强烈热情，而且字数较少，具有较强的力度。号召型广告语主要应用于运动服饰类等。Just do it（耐克）；永不止步（耐克）；勇敢做自己（361°）；不走寻常路（美特斯邦威）等。号召型广告语的使用一定要注意与目标消费群的生活习惯、价值观念相匹配。如荷兰一家旅行社的广告"请飞往北极度蜜月吧！当地夜长24小时"。用一种幽默的口吻、祈求的语气很形象地表达了服务本身所具有的特点。

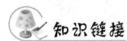

耐克：Just do it 与一个杀人犯的临终遗言的故事

说起Just do it你一定不陌生，这句经典广告语在1988年耐克的跑步宣传片中首次亮相，当时在运动品牌和广告营销领域产生了极大的反响，被称为"20世纪最优秀的广告语之一"。近日在南非开普敦举行的国际著名设计会展Indaba博览会上，这句广告语的作者Dan Wieden透露了他是怎么得到创作这句广告语的灵感的，即来源于一个杀人犯的临终遗言：Let's do it（动手吧）。设计师Dan Wieden对于这位杀人犯临终前的短短三个单词很是喜爱："我很喜欢他临死前说的这句话，尤其是当中的do it两个单词，这很潇洒，并且很符合体育精神。"随后，为了加强这句广告词的感染力和语气，他在前面加上了just，意思是"只管去做"。

（资料来源：根据网络资料整理而成）

5.1.3 广告语撰写的准备工作

广告语是企业广告精华的浓缩，创作一个广告语并不是写一句话那么简单。广告语的创作与广告正文等一样是一个长期的思考过程。换句话说,广告语的创作不是一个简单的灵光一现的成果。在进行广告语写作之前,也应该做好各项准备工作,市场调查、产品定位、创意表现等工作,是产生好的广告语的前提。好的广告语是与消费者情况、市场情况相适应的。

1. 市场调查

市场调查是一切广告创作的开端和基础。调查是获得信息资料的重要方式。只有做好了调查工作,根据资料分析形成正确的市场判断,产品的定位才会准确,在此基础上进行的广告语创作才不会偏离方向。市场调查一般应该了解企业情况、产品情况、竞争对手情况、市场情况等。

2. 产品定位

产品定位就是确定产品在市场上的位置,以及在消费者心中的位置,只有在产品定位上做得精准,广告的策略计划才能奏效。通俗地讲,就是产品将来给谁使用,在什么场合使用等。产品的定位会影响到广告语的创作方向。脑白金在产品定位时明确地定位为"送礼",并将消费者锁定在中青年人。这样的定位基于现实的考虑,将人们的孝敬老人与送礼结合,自然而然地产生了"今年过年不送礼,送礼只送脑白金"的广告语。

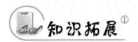[1]

"有效的广告语是用脚写出来的"

"有效的广告语是用脚写出来的",一位资深的国际广告人如是说。这句话奇怪吗?不!它是广告人的经验之谈。当你接到一则广告创作,你不能立刻动手去写,而应该到广告主的公司里去了解产品,到市场上去获取信息,研究消费者的心理、习惯,了解同类产品的广告。"用脚跑完"后你再苦思冥想,甚至每晚在床上辗转反侧。也许某一天,你会突发灵感,你很幸运,一则好的广告语也就创作出来了。

3. 广告创意表现

广告创意表现是整个广告设计制作过程中最后的步骤。广告创意表现是在广告战略和广告策略基础上的具体与深化。具体广告作品的广告语是与广告创意和表现密切相关的。广告语作为广告文案的一部分,在进行创作时一定要从广告创意与表现的整体出发。

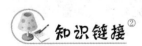[2]

智得创意五因子

(1) 广告创意必须"创益",要在广告中提出产品的基本要求,进而让消费者产生初次

---

[1] 张秀贤,冯章,等.广告语创作与赏析[M].北京:经济管理出版社,2006.
[2] 王汀,张力平.华文广告语点评[M].广州:广东人民出版社,2002.

试购。

（2）广告创意必须"创异"，要在广告中提出独有的选择性要求，让消费者对其他品牌感到不满，进而产生品牌转移。

（3）广告创意必须"创议"，必须在广告中强化品牌形象，并向消费者提出生活提案，让消费者有更多的理由提高购买的次数与数量。

（4）广告创意必须"创艺"，要能引起消费者注意而且感兴趣，必须要有赏心悦目的艺术表现，并乐于阅读和观赏。

（5）广告创意必须"创忆"，要让消费者对产品或服务留下深刻的记忆，也就是能形成独树一帜的品牌形象。

5.1.4 广告语的功能

有调研表明，广告效果的50%～70%是广告语的功劳。随着科技的进步和发展，人们的快节奏生活，多广告信息的接收、理解和记忆往往较难。但一句有创意的广告语往往能让人们关注、记忆甚至自动传播。

1. 传达核心的信息，并帮助企业塑造形象

广告语作为广告作品最核心的信息，一般经常反复出现，这有助于消费者对其加以理解和记忆，并留下深刻印象。对一个产品而言，最核心的信息可能与产品差异有关联，消费者理解和记忆之后就会转化为记忆库中的信息，在购买欲望产生之后可能会受到其影响而购买。对于一个企业而言，企业或品牌形象的塑造是一个长期的过程。此类广告语往往不直接涉及产品功能层面的诉求，更主要倾向于形象的打造。通过广告语长期的反复刺激、影响，消费者对广告语所传达的企业理念、价值观等有了深刻认识之后，会对企业或品牌形成品牌认知。比如"四海一家的解决之道"（IBM）；"动感地带 我的地盘听我的"（中国移动动感地带）等。

2. 感染作用

广告语是一种试图与消费者产生作用，并打动消费者内心，使之产生共鸣的语言。广告语的创作必须要针对消费者的情况进行详细了解和研究，并在此基础上完成。好的广告语具有感染作用，它利用自身独特的语言魅力，在思想和情感上与读者产生共鸣。比如，20世纪80年代的"威力洗衣机，献给母亲的爱"；90年代的丽珠得乐"男人更需要关怀"等。

【小案例】 戒烟公益广告（见图5-1）

案例评析："癌症治愈烟瘾"。这句话不需要解释，消费者自然就能理解其所传达的意思。吸烟使人得了癌症，人死了，当然烟瘾也就戒掉了。该广告语采用逆向思维的方式来进行创作，短小精悍、幽默风趣，营造出了不可思议的广告效果。

图 5-1

3. 审美作用

广告的审美作用主要体现在对文字的运用技巧上。为了更好地感染和打动人,广告语往往采用修辞等手法使广告语言读起来朗朗上口,富有韵律美感,从而形成广告语言文化的审美。经典的广告语往往脱离具体广告而独立地存在,并成为人们生活中的一部分。从这个层面上讲,它既可以给人们带来美好的愿望、想象,也可以在生活中起到慰藉、鼓舞等作用。

5.2 广告语的写作策略

5.2.1 广告语的写作关键

从广告语的构成来看,一条广告语少则几个字,多则十几个字。写广告语貌似是个很简单的工作。其实不然,越是简单的语言才越需要更高超的语言水平和更深厚的语言功底。任何广告语的诞生都是在有准备的背景下开展的一场对未知的探索。一般而言,广告语创作要注意以下三个问题。

1. 说什么

"说什么"是指广告语要传达的信息内容。在进行广告语的创作之前,已经开展了市场调查、产品定位、策略制定等工作。通过上述工作搜集了大量的信息,但并不是所有收集的信息都会出现在广告当中,广告语本身也不可能囊括所有的信息。广告的本质就是一种有选择的信息传播活动。因此,广告文案要结合产品、市场等情况对所获得的资料进行阅读、分析与整理,进而找到能作为广告核心内容的信息。

2. 如何说

确定好"说什么"之后,还要考虑"如何说",即表述的方式。俗话说,话有三说巧说为妙。同样的信息内容也可以通过不同的语言组织和表达方式来进行传播,其收到的传播效果是有明显差异的。好的表达方式就是消费者乐于接受的方式,广告语的表达要能让消费者喜欢并认同。反之不要采用消费者反感的方式来创造广告语。《战国策》中的名篇《触龙说赵太后》便是最典型的例子。

3. 提炼、简化、修改

当确定了广告语的主要信息,决定了语言的表达方式之后,会创作出一个广告语的"初稿",这不是严格意义上的广告语。在此基础上还需要进行广告语的进一步加工,将按照语言学的标准对广告语的每一个字词、词语的位置以及标点符号进行推敲与斟酌。广告文案一定要仔细地阅读,并感觉广告语所表述的语气、情绪以及态度等是否到位。如果将其中的字或者词去掉却不影响广告语意义的表达,那就尽量去掉。或者替换其中的字词,甚至改动字词所在的位置,直至把广告语修改到近乎完美为止。"广告文案撰稿人总是在比较单词的各种不同含义,因为我们希望让我们的句子具有正确的语气,传递出正确的信息。"[1]

【小案例】 BAND.AID 邦迪创可贴的广告语(见图 5-2)[2]

图 5-2

案例分析:该广告抓住韩朝峰会这一历史性事件,借势造势,把邦迪创可贴用来愈合伤口的特点进行提升与延展,赋予它更丰富的人情内涵。在这里,它能愈合的不只是肉体的伤痕,还有内心的、精神上的。产品不是停留在表面的功能上,而是深入到一个很高的思想精神领域,犹如一位饱经沧桑的智者,不但在用慧眼观察这个纷繁的世界,而且对世上所有的一切有着超越平凡的思考。作为一个产品,能将国际性事件和自己联系起来,这在宣传策略上,又前进了一大步,对于品牌的树立和拓展,也是大有裨益的。

5.2.2 如何增强广告语的感染力:巧用修辞等手法

在广告语的创作中,表达准确、明白是最低要求。要想让广告语起到应有的作用,只

---

[1] 罗德·鲍德瑞.广告文案写作教程[M].上海:上海人民出版社,2009.
[2] 王汀,张力平.华文广告语点评[M].广州:广东人民出版社,2002.

将信息准确传达出去是不够的,在传播过程中还应注意修辞等写作手法的灵活运用。作为广告文案人员而言,拥有良好的文字表达和修辞能力也是必需的。比如,德芙巧克力的广告语"牛奶香浓,丝般感受"就将巧克力在嘴里融化的感觉通过同感等修辞手法进行了形象、生动的传播。

【小案例】 德芙巧克力的"牛奶香浓,丝般感受"[①]

德芙巧克力的"牛奶香浓,丝般感受"的广告语可以称得上经典。之所以称得上经典,就在于那个"丝般感受"的心理体验。能够把巧克力细腻润滑的感觉用丝绸来形容,意境高远,想象丰富。充分利用了联觉感受(感觉的相互作用的一种),把语言的力量发挥到了极致。德芙巧克力的"旋涡篇"广告更是配合了"丝般感受"的广告语。

当低沉、性感的旁白,配合优美的吟唱音乐,渐渐引出缓缓旋转的巧克力旋涡,它有丝般润泽的质感,如清泉般流畅的律动,又如巧克力色丝绸形成好看的皱褶,让人想起跳舞时旋转的裙摆。这个地地道道的巧克力旋涡不停地旋转,加上纯美牛奶的加入,巧克力加牛奶的美妙结合,又如跳着一首慢板爵士舞一般的悠扬动人,它渲染出的美妙感受吸引你进入一个纯粹牛奶巧克力的世界。之后成型的巧克力块从香浓诱人的旋涡中飞出,使人想先尝为快的冲动再也按捺不住。这场完美的演出,将视觉与味觉的诱惑带到了最高点,宛如经历了一场美好的巧克力飨宴,这就是德芙想呈献给观众的巧克力体验与全新的感觉。

现代生活的特点是物质富裕、快节奏以及具有旺盛的精神需求。如果能在广告语中添加一些幽默的元素可以起到事半功倍的作用。既消除了消费者的戒心,又能使之会心一笑。狄德罗曾经说过:"广博的才智,丰富的想象,活跃的心灵,这就是幽默。"北京老字号"王致和"是生产臭豆腐的,老板的广告语也是别出心裁:"王致和遗臭万年"。

5.2.3 广告语的写作路径思考

1. 从产品层面思考

从产品层面思考广告语的创作是指将产品作为思考的切入点,围绕着产品的成分、原材料、生产工艺、地域以及与竞争对手的比较等来寻找和创作广告语。如果产品在上述某个方面具有明显的特色或者与竞争对手相比较具有明显的差异,广告语的创作就由此开始进行思考。比如产品本身有哪些优点、特点等。SPEED UP 品牌的内衣广告语的创作就是依据产品的差异来完成的。该产品 2004 年在中国上市,其产品最主要的特点是含有一种特殊的植物纤维,多项舒适性指标接近羊绒,具有柔软舒适、干爽透气、亲肤贴身等特点。与中国第一代保暖内衣的不透气和中国第二代易褶皱、起毛球的特点相比较,具有明显的产品差异。透气性好是该产品的显著优势,但这个概念是一个抽象的概念,将透气性转换成"会呼吸的内衣",用一种拟人的手法将透气性生动地表述了出来。

[①] 王咏,管益杰.现代广告心理学[M].北京:首都经济贸易大学出版社,2005.

2. 从消费者层面思考

从消费者层面思考是指了解消费者的内心,要研究消费者的需求满足情况,还有哪些潜在需求,是物质层面的需求还是心理层面的需求?这就要求广告语撰稿人员从消费者行为学和心理层面思考广告语的创作。广告作为一种社会科学,最本质的就是研究人性。有时候产品本身可能质量很好,但消费者并不一定买账。20 世纪 40 年代雀巢公司率先研制出了速溶咖啡并试图积极地推向市场。这种速溶咖啡免去磨咖啡豆、煮咖啡等烦琐的制作工序,只要用开水一冲即可享受一杯香浓美味的咖啡,而且保持了普通咖啡的优点。但市场给出的结果是人们仍然是购买普通咖啡而不购买速溶咖啡。后来雀巢公司借助社会学家和心理学家等开展了定性研究才发现了最根本的原因:购买速溶咖啡的人会被看作懒惰、邋遢,并且被描绘成一个不称职的家庭主妇,成为一个很负面的形象。最终雀巢公司淡化了速溶的概念,转而强调与传统咖啡一样的口味才打开了市场。"100% 的真正咖啡"的广告语让消费者喜欢上了速溶咖啡。

3. 从市场营销环境层面思考

从市场营销环境出发,研究影响产品营销的宏观环境和微观环境,如市场中有没有被开发的领域、竞争对手的广告以及营销活动等。根据市场营销环境的变化及时调整自身的广告策略,进而创作出符合广告策略的广告语。伯恩巴克为艾维斯出租车做的广告语"我们排在第二时你只能更努力,除此之外别无他法"就是基于与市场环境中的竞争态势创作出来的。"农夫山泉,有点甜"也是结合了中国当时饮用水市场的情况进行的创作。当时中国的饮用水市场大多是纯净水,天然水并不是市场的主流。农夫山泉基于市场营销环境和产品特点实施了有针对性的广告策略,并提炼出了该广告语。通过一系列的广告活动迅速地塑造了自己的品牌形象并成功占领了市场。

【小案例】 劲酒广告语的变迁

"劲酒虽好,可不要贪杯哟!"这一经典广告语自 1993 年亮相央视荧屏后,迄今已满 23 年。从业内来看,这则小小的广告语,不仅传达了劲酒品牌,而且塑造出了劲牌企业的理念与文化。以消费者为中心,对消费者负责,不断提高消费者身体素质和生活品质的价值观,成为劲牌公司一直发出的有力声音。

1987 年,劲牌公司还是一家名不见经传的小企业,那时的名字为"大冶县御品酒厂",也在中央电视台做了广告并产生了一定的效果。1989 年,劲牌公司研制出了"中国劲酒",在央视也做了广告,但出现了高知名度、低购买率的情况。调查的结果是因为劲酒是保健酒(包含中药成分),很容易入口,不知不觉产生喝多了的状况。劲牌公司决定"反弹琵琶",将控制消费者饮用量当作解决问题的关键。这一举措在当时堪称大胆,因为劝告消费者少饮酒可能会影响到酒的销量,但此策略得到了公司高层的认可。

1993 年 4 月 9 日,公司在《黄石日报》发布了整版广告——"请朋友少饮,让'敌人'多喝",目的就是为了倡导健康饮酒。劲酒诞生之后先后拍摄了几部广告片,其中"常饮劲酒、精神抖擞"是其比较有名的广告语。这句广告语是劲牌有限公司董事长兼总裁吴少勋在桂林出差期间,与朋友一起闲聊时碰撞出来的。最初,提出的是"常饮劲酒、精神抖抖",经过反复推敲,吴少勋将其改为了"常饮劲酒、精神抖擞"。这句广告语一直到2006年才逐渐淡出。

劲牌通过倡导消费者健康饮酒,获得了消费者对其形象和产品的认可。这些广告片播出后,收到了一定的效果,但还仍无法恰当表达出劲牌公司倡导健康饮酒的理念,公司于是决定再拍摄一部广告片。

拍摄新广告期间,劲牌公司花费了很多精力与时间去思考、商讨广告创意,但一直不满意。怎样才能找到既贴切又合适的广告语呢?当时有几条广告语一直在斟酌选择。一天晚上,吴少勋与工作人员在导演家商讨广告创意。现场拿出了珍藏的葡萄酒边喝边沟通,希望通过这种感性的方式,能商讨出最适合的广告语。有人提出"再好的酒,也不能贪杯",立刻得到了大家的认同。而后几经斟酌,吴少勋想到更贴切、更直观的"劲酒虽好,不要贪杯"。导演夫人灵机一动,加上了两个字,变成了"劲酒虽好,可不要贪杯哟",使广告语更加富有亲近感和口语化。1993年,这条广告语与姜昆版的广告一出现在央视的荧屏上,便获得了消费者认可,从此,"劲酒"快步走进了千家万户并开始在市场上崭露头角。

(资料来源:根据劲酒官方新浪博客资料修改而成)

5.2.4 广告语写作的常见问题

1. 模仿无创意

模仿是指人在自觉或者不自觉的情况下重复别人已经做过的事情。塔尔德的《模仿律》指出,在没有干扰的情况下,模仿一旦开始,便以几何级数的速度增长,迅速蔓延。广告文案写作本身就是一种创新工作。盲目地模仿跟风只会导致创意的缺乏。一旦这样的广告语出现,业内人士和观众都会将其当作一种玩笑、聊天的话题来看待。单纯的模仿并不会给品牌或者企业的形象塑造增加正面效果,反而会削弱其良好形象。如宜家推出的"There's nothing IKEA can't fix(没有什么是宜家不能治愈的)",大有模仿当年声名大噪的邦迪创可贴的嫌疑。当年簇新的角度现在已经不再具有优势,反而惹人厌恶。消费者总是喜新厌旧,不会喜欢一成不变和重复的事物。

2. 低俗的广告语

在广告语的创作过程中,还要尽量避免单纯地以吸引眼球为目的的恶俗的广告语。此类广告语一旦面世就会成为公众和消费者舆论批评的对象。从表面上看增加了其广告以及产品或服务的知名度,但往往会产生一种负面的效果。从广告产生负面作用的心理过程来看,认知层面的了解与态度层面的偏好之间一旦形成矛盾冲突,就会影响消费者最后的购买行为。好的广告和恶俗的广告宣传效果有着天壤之别,而在广告宣传和制作上投入的资金却是相同的。用相同的投入,换来不同的影响力,这是极为不划算的。

宜春城市形象宣传的广告语成为2010年最雷人的广告语,但策划的背后竟是宜春市旅游局联合国内知名旅游营销策划专家共同策划的营销策略(见图5-3)。

图 5-3

3. 诉求点过于散乱

面面俱到的诉求在现代的广告中很难产生有效的影响力。快节奏的生活已经让人进入一个要面临不断变动的环境和处于一种追赶时间的循环之中。

广告语作为广告的精华,将产品或服务所有涉及的方方面面的信息表达出来是不现实的事情。因为,将很多的信息提炼成一句好的广告语就是痴人说梦。一般而言,广告语必须具有单一且明确的诉求点。过于复杂的广告语会增加消费者理解的难度。诉求点太多会导致产品的特色不明显,也很难给消费者留下深刻印象。

 知识链接

广告语好坏的评判标准

作为广告文案而言,有时候很难提供一个标准来衡量所有的广告好坏。广告文案本身就是一种主观性较强的文字创造性工作。一条广告语的好坏标准是因人而异,就好像人生的考试没有标准答案一样。但这并不影响我们用一些概括的标准来进行初步的判断。只能提供一些专家、学者的观点来帮助初学者形成广告语好坏的评判思路。

5.2.5 广告语的检验

1. "广告口号检验标准"[①]

(1) 是否做出了具体的利益承诺?体现了企业的理念?
(2) 是否体现了明确的定位?
(3) 是否是其品牌意象的特有词汇?
(4) 是否上口易记?是否存在过于难懂的词汇?
(5) 是否太长影响阅读?

2. 广告语好坏的五大标准——如何创作优秀的广告语[②]

(1) 策略定位

一条好的广告语首先是建立在策略定位的基础上,没有策略方向的广告语就像是品牌森林中迷途的羔羊,根本不可能找到自己的出路。有了策略定位这个指南针,你就可以

---

① 张立梅.广告文案创作[M].北京:经济管理出版社,2010.
② http://www.cmmo.cn/b/534804/800213.html(第一营销网).

在品牌森林中找到自己的出路。否则你根本不可能知道该往哪里走、怎么走才是符合品牌特点和发展需要的。

（2）品牌调性

品牌调性是基于品牌的外在表现而形成的市场印象，从品牌人格化的模式来说，等同于人的性格。京剧有京剧的调性，越剧有越剧的调性。一个品牌根据它的核心价值，可以赋予独特的调性，以丰富品牌的性格，增加品牌的独特魅力，强化品牌的识别和传播。

（3）具有画面感

好的广告语一定是具有画面感的，而且概念单一，这是衡量画面的最佳方式。往往有些广告语说了太多，概念太多，画面感太复杂不够单纯，这样的广告语也不是好的广告语。

（4）避免雷同

广告语的设置应该和企业文化、产品相契合，才能最大限度地推动企业品牌的发展。雷同的广告语是完全不考虑自己产品及企业的相关情况，一味地复制众所周知的品牌广告语只会让自己的产品更加低端化，因此广告语切忌雷同。

（5）符合广告法

好的广告语必须遵守法律法规，要符合相关国家的法律法规和民族文化禁忌。在中国则必须符合《广告法》。

除了以上规则需要遵循外，广告语还应语言简练、易读记、易传播，还要讲究语言文采等，不过广告语不是玩文字游戏，也不需要华丽的辞藻，需要综合考虑广告语的各方面因素来创作一个好的广告语。

本章小结

本章主要介绍了广告语的定义、形式、功能和广告语写作的思路、误区等内容。通过学习，要求学生在广告文案的写作中能了解广告语的基本形式与功能，加强对广告语重要性的认识，并能厘清广告语写作的思路以及知道如何才能避免写作易出现的误区。

思考与练习

一、名词解释

1. 品牌调性　2. 市场营销环境　3. 广告语

二、简答题

1. 广告语的功能有哪些？
2. 广告语写作的常见问题有哪些？如何避免这些问题？
3. 请结合自身知识评析邦迪创可贴的广告语。

三、思考与写作

1. 有针对性地收集某一品类的广告语,并比较其优劣和写作思路。
2. 选择某一品牌的著名广告语,分析其在品牌形象塑造中所起的功能。
3. 从大学生广告艺术大赛或学院奖的选题中选择一个进行广告语创作,并提供 100 字以内的文案写作说明。

第6章

广告标题

学习要点

- 了解标题的功能；
- 认识标题的形态及构成；
- 掌握广告标题的写作规则、技巧。

开篇案例

奥尔巴克百货公司文案

奥尔巴克百货公司广告如图6-1所示。

标题：

慷慨的以旧换新

副标题：

带着你的太太，只要几块钱……

我们将给你一位全新的女人

正文：

为什么你硬是要欺骗自己，认为你买不起最新的与最好的东西？在奥尔巴克百货公司，你不必为美丽的东西而付高价。有无数种衣物供你选择——一切全新，一切使你兴奋。

现在就把你的太太带给我们，我们会把她换成可爱的新女人——仅仅花几块钱而已。这将是你有生以来最轻松愉快的付款。

随文：

奥尔巴克 纽约·纽瓦克·洛杉矶

图 6-1

口号：

百万的生意　毫厘的利润

思考与练习：

1. 请分析这篇文案的标题与正文之间的关系。
2. 你觉得判断一个广告标题好坏的标准是什么？

6.1 广告标题概述

6.1.1 广告标题的概念及作用

在广告产生作用的原理中，分别出现了 AIDMA、AIDCA 和 AISAS 三种模式。

1898 年，美国路易斯提出了 AIDA 的广告公式，即"注意（Attention），趣味（Interest），欲望（Desire），购买行动（Action）"。后发展为 AIDCA 公式，增加了"确信（Conviction）。"

AIDMA 模式与 AIDCA 不同的是在第四阶段强调了记忆的作用。（Attention 注意，Interest 兴趣，Desire 欲望，Memory 记忆，Action 行动）

2004 年电通秋山隆平结合网络媒体的发展以及消费者的购买行为等，运用现代的调研等方法获得数据、信息，进而提出了与互联网时代相适应的新的广告模式 AISAS（见图 6-2）。

图　6-2

可以发现，无论是何种模式，其第一阶段和第二阶段所起到的作用是完全相同的。即广告要能引起注意、产生兴趣。时代的变化并不能改变广告对注意力吸引这一基本话题。

随着人类社会的发展，吸引人注意力的事物越来越多。太多的信息量与太少的信息量一样，都导致效用打折。为了应付这种过量信息的状态，受众只能有针对性地去接触、了解自己关注或感兴趣的信息，这样的结果就是将大量的信息屏蔽掉。媒体的发展程度越高，注意力也就越稀缺。

近年来互联网和移动通信设备发展迅猛，甚至超越报纸、杂志等成为信息传播的主要媒介，庞大的信息量充斥在人们身边，如何能够让广告在众多信息中脱颖而出，抓住消费者的眼球，标题的作用就显得十分突出。

在这五个要素中，标题是每一个广告作品传达最重要或最能引起诉求对象兴趣的信息，而在最显著位置以特别字体或特殊语气突出表现的语句往往成为人们第一眼看到的焦点。在文案中使用标题，主要是以新闻报道的形式来进行广告文案写作。在广告是纸上推销书这样的观点之前，人们是将广告和新闻混为一体的。约翰·卡普莱斯曾说过：

"在大多数的广告中,无论插图多么精彩,标题都是最为重要的。大多数的读者在读过标题后,便会因对其感兴趣或不感兴趣来决定是否继续读下去。"在早期,报纸广告具有十分重要的意义。据相关研究资料显示,阅读标题的人数平均是看广告正文人数的五倍,广告效果的 50%~70%是注目文字的作用,注目文字也就是注意了广告标题和标语。

广告标题在整个广告中起到提纲挈领的作用。通过将广告信息中最核心的内容与创意结合形成的广告标题是与受众产生联系的接触点。标题决定成败,通常情况下,读者看不看广告,往往取决于他们接触到标题的一瞬间。好的标题能够引起读者注意,激起读者的欲望,并将受众引入广告正文;同时好的标题也能言简意赅地传达广告重点,迅速在受众的心目中确立品牌或产品、服务的地位。但值得注意的是随着广告写作和设计水平以及媒介发展等的提高,标题并不是广告中必然出现的要素。

6.1.2 标题的构成形态

广告文案的标题并没有什么标准和规范,不同的文案写作人员会根据自身的情况进行写作并形成不同的风格,因而对于广告标题的划分具有不同的类型与标准。如果从标题的结构层面来划分,大致可以划分为单一标题、复合标题和大小标题。

1. 单一标题

一篇文案只有一个标题,可以是一个词组或多个词组,也可以是一个独立的句子,或者几句话。

海尔冰箱,凭什么全球排名第二?答案:很新鲜。

人的一生有三分之二的时间是在床上度过的,为什么不选个好床垫呢?

2. 复合标题

如果希望在标题中传达较多的信息,但一则标题又不能完全容纳想要表达的内容,就可以考虑使用复合标题。复合标题是指的是由两个标题或三个标题构成,标题与标题之间具有层层递进的关系。复合标题与单一标题相比,传达的信息量更大。但如果处理不好,各个标题之间的关系容易导致缺乏话题中心,人为地提高受众阅读的难度。

(1) 引题

引题也称肩题、眉题,位置一般放在主标题的上面,文字宜简短,以一行为宜。它对广告的主题起导入或吸引受众注意的作用。

(2) 正题

正题也称主标题、主标,是广告标题中最重要的部分。在广告文案的写作中,往往会将最重要的信息放入主标题中。正题可以由几个字组成,也可以是一个完整的句子。在广告标题中,正题字号最大,地位最突出。一般来说,字数不宜太多。

(3) 副题

副题也称子题、下副题。它排在主题之后,用以补充主题传递信息的不足,吸引受众进一步关注接下来要传达的内容。副标题文字一般要长于引题和主题,内容较具体、详尽。

复合标题有三种常用的形式：引题＋正题＋副题、引题＋正题、正题＋副题。

"饿了么"APP的平面广告就采用了复合式标题的构成。通过引题来吸引学生的关注，获得他们的认同，主标题将刻苦复习的形象塑造出来，子标题进一步加以强化，并将手中的注意力向其产品信息引导。

【小案例】 "饿了么"APP 平面广告（见图6-3）

（引题）无良老师画重点，整本书都是重点

（主题）啃一口书本，咬一口鸡腿

（副题）高效补脑，吃完再考

这则"饿了么"的平面广告标题，引题说明了环境及背景，正题以富有趣味的手法展现画面，副题顺承正题，同样延续趣味性，暗示着受众去"吃"。作为一款外卖软件，所面向的消费者大多是大学生或都市年轻人，因此标题采用了适合年轻人口味的语言风格，选取消费者生活中经常存在的事件为切入点，更能贴近消费者，达到广告的目的。

图 6-3

【小案例】 连城旅游广告平面广告（见图6-4）

（引题）没有车流人流，只在湖中随波逐流

（正题）不如去连城

（引题）每天随电梯上上下下，何不在峡谷险道刺激一下？

（正题）不如去连城

图 6-4

案例分析：作为一则旅游广告，引题针对都市生活的描述，引导受众阅读正题，正题表明了旅游地名称。引题正题相结合，使得人们对该旅游地的设施、地理环境都有了明确的了解。

正题平铺直叙，以俗语的形式表达了一种鲜活的生活态度。副题揭示企业和产品名称、产品价格，与正题共同表达了产品的目标消费者群体，以及价格优势。

（正题）不是天王天后，也可大摆架子

（副题）——宜家唱片架，最低75元起

3. 大小标题

在广告文案写作中，标题不一定只在正文前出现。也有部分广告作品将标题融入了正文当中。这种广告文案主要采取理性诉求的方式，将广告文案的信息分为几个版块，每个版块写作一个小标题。加上有一个大标题作为整个文案的中心，因而被称为大小标题。

赫兹出租汽车公司广告的文案就是采用了大小标题的形式。在小标题中将消费者关注的重要信息一一进行了解释。

【小案例】 赫兹出租汽车公司广告文案

标题：说他们更卖力，比谁更卖力呢？（大标题）

我们一点也不会与第二名争辩。假如他说更为卖力，我们也就相信他所说的。

唯一要说的是，很多人都以为他正在比我们更为卖力。

才不是这么一回事呢！我们相信第二首先会同意这一点。

租车的第一步是找到车子。赫兹比任何一家都使您倍感方便。

在美国任何大机场我们都有车。在某些小机场也有。去过蒙州的白鱼镇没有？有的人去过，总有一部赫兹的车在候驾。

不论你去的机场多小，只要有商用航空公司在，百分之九十七有赫兹的车，再不然二里之内有赫兹的办事处。

赫兹在全球有二千九百个以上的地方供您挑选或留下车子。我们的车子超过第二名的车子两倍有余。

您不能亲自驾临，我们便移樽就教。

在美国大多数大旅馆及汽车旅馆，我们都有直接拨号的电话。电话就在走廊上，而且表明是赫兹专用。拿起话筒便叫车，我们会把车子送到门口。您日常叫计程车都没有这样方便。

您想要哪种轿车（小标题1）

当您向赫兹租车，您要红色敞篷车时，绝不会得到一辆棕灰色的轿车。我们的车子比第二名的车子多出两倍有余。

我们的车队不仅庞大，而且种类繁多。我们尽力供应你想要的车。从福特车到野马车、雷鸟车、林肯车，以及这两级之间的任何车都有。并且还有相当新巧的 SHELBY GT350-H 型车。

谁最完善？（小标题2）

当您向我们或任何一家租车时,您想要车子在哪里候驾,马上便可以开,而且车子也像是新的。

在这方面,我们敢说比竞争者强上许多。他们有一阵子马虎。我们也有一阵子马虎。不过,我们马虎时,我们心上不安。因为人们不想看到大公司如此马虎。为了补过起见,如果我们的服务达不到赫兹标准,我们的租费可以少算五十美元。而且还要道歉。第二名只退给您一个两角五分的银币,外加道歉,而且广告上还说,他无可奈何,无法再进一步。

我们想法不同,我们无可奈何,无法后退一步。

除此之外,五十元免费租金是出自当地车站经理业务费。这种做法可使他们提高警觉,使我们保持良好的服务。

热线联系(小标题3)

当您在一个城市要飞到另一个城市去,您想在抵达之际有车候驾,在您出发之前获得证实时,我们可以为您办妥这些事,而且马上办好。在全国一千零三十八个城市中都是如此。没有其他任何一家汽车出租公司敢出此大言。我们能够如此,主要的原因是我们最近刚刚安装上世上最新的预订系统。

总之,在超音速飞机由东岸到西岸的一小时时间内,您一定会马上得到回音。

我们今天便能为您效劳。

信用卡(小标题4)

如果您有任何大厂家全国性的信用卡,您也可用它与我们打交道。

费率(小标题5)

您向赫兹租车,可以按日按里计费,也可以按周末,按周,按月计费,凭礼券,凭信用卡或其他方法计费。

我们提供所有这些费率,理由有二:要抢在竞争者的前面,要招来更多租车的人。当您去租赫兹车的时候,只要告诉赫兹服务小姐,您要租多久,以及大概说您要开多远。她可以为您把最低的租费算出来。

谈到第三名……

第二名更为卖力要超过的是你吗?

6.1.3 标题的本质

1. 吸引注意的引爆点

标题的使用并不是从广告文案结构完整性方面考虑,有的广告文案没有标题也是可以的。从早期报纸广告的文案的写作延伸出来的标题,更多的是吸引注意的手段。一个广告文案就相当于一篇新闻报道,一个吸引眼球的标题更容易引起人们的注意。通过这样的手段可在有效的时间内达成广告接触目的。因而标题就是吸引注意的引爆点。

从宏观层面来看,广告语的作用和意义要比广告标题大得多。因为广告语使用的时间更长,其表达的内容更加抽象概括。但具体到某一件广告作品,标题的功能不言而喻。

但要注意广告语与广告标题的区别(见表6-1)①。

表 6-1

差异	标题	广告语
内容	与广告具体内容紧密相关	长期观念,与广告具体内容不紧密相关
传播目的	吸引和引导诉求对象继续接触广告内容,注重即时的作用	传达长期不变的观念,注重对消费者观念和品牌形象的长期效果
使用范围	只在一则具体作品中使用,与广告具体内容密不可分	较长时期内持续使用,适用于任何媒介、任何形式的广告
出现的位置	一般在平面广告最醒目的位置和广播电视广告开头	一般在广告结束位置
形态	视创意具体内容	力求简短

前辈广告大师对标题都非常重视,大卫·奥格威认为:"标题是大多数平面广告最重要的部分。它是决定读者读不读正文的关键所在。读标题的人平均为读正文的人的5倍。换句话说,标题代表着为一则广告所花费用的80%。如果你没有在标题里写点什么有推销力的东西,你就浪费了你的客户所花费用的80%。"

克劳德·霍普金斯曾经也说过,"改变一句标题使原来5倍的效果增加为10倍,是很平常的事。"

乔治·路易斯说,"一个强有力的标题能收纳所有的力量,然后漂亮地出击。这些标题由文字组成,是沟通的最基本工具。"由此可见广告标题的重要性。

 知识链接

广告标题的作用

1995年撰稿人西尾忠久所著的《如何写好广告文案》中讲到广告标题有三大作用。

1. 吸引人们的注意力

将读者目光停住的方法有三点。

(1)使读者认为这里写的东西是为他写的。

(2)用冲击力强的视觉表现,使读者认为若把视线移开是一种损失。

(3)标题与构图产生相协同的作用。

2. 从读者中选出可能的消费者

新闻报道和广告虽能"使读者在一瞬间能区分要看的、要读的和不要看的、不要读的",在此"一瞬间",标题必须具有使读者认为"这是讲给我听"的特质,即明确性和特定性。

3. 使读者对内文产生兴趣

在标题中提示主题概念,和诱导读者阅读内文之间似有矛盾,这也是一个技巧上的问题。

---

① 高志宏,徐智明.广告文案写作[M].北京:中国物价出版社,2002.

为了使标题充分发挥诱导读者阅读内文的机能,须使读者想"这里可能有为我写的东西吧",而且要以消费者从本商品可得到的利益为基础,来提示主题概念。

技巧:不可以把广告主题完全说尽。

在标题中,把广告主题叙述殆尽,读者看了标题就能了然于胸,对内文不再有兴趣,而略过不看。

原理:把广告主题层次井然有序地表现在标题、主构图和内文的第一段到最末段,如果不这样做,就无法将主题明确地传达给读者。

(资料来源:梅花网)

2. 链接画面与创意的纽带

广告文案大多并不是直接产生广告效力的,往往需要与画面的配合。一个完整的广告本身就是由文字符号和图像符号构成。广告文案只是其中的一种。广告文案的撰写必须从广告创意的角度出发。一般而言,广告的创意有两种:文字创意延伸式和画面延伸式。当广告的创意定性之后就需要与之配合的文字或画面。考虑广告标题创意具体表现的同时也需要思考文字与画面的配合。

【小案例】 MINI 汽车平面广告(见图 6-5)

图 6-5

"我不喂蚊子谁喂?"(MINI CABRIO)

这是 MINI 汽车一则平面广告的标题,标题突出了产品的功能:MINI 的敞篷结构。同时以一种拟人化的口吻与消费者对话,具有较强原创性和独特的切入点。

6.1.4 标题的创作要点

吸引受众注意只是广告标题的一个重要功能但不是全部。标题如果能产生足够的吸引力,广告就成功了一半。但好的广告标题一定是在对受众消费者的深刻理解和把握之上所形成的文字创意与组合。忽视了目标消费群体的广告标题往往徒有其表,读完之后会给消费者留下虎头蛇尾、表里不一的坏印象。

1. 内容要求

(1) 围绕广告目标消费群体思考标题写作

既然标题是广告目标指导下的创意,那么站在消费者的立场上,深入了解消费者的所想所爱,进行广告标题的写作就显得格外重要。

万科兰乔圣菲别墅的平面广告的标题具有极强的诗意和哲理性。简短的一句话使两个视觉符号形成了强烈的对比,营造出一种喧闹的繁华与宁静的生活。

【小案例】 万科兰乔圣菲别墅的平面广告

标题:踩惯了红地毯,会梦见石板路

正文:还没进门,就是石板路,黄昏时刻,落日的余晖在林荫路上泛着金黄的光,再狂野的心也会随之安静下来。车子走在上面会有沙沙的声响,提醒你到家了。后庭的南面以手工打磨过的花岗石、板岩等天然石材拼就,供你闲暇之余赤脚与之厮磨。屋檐下搁着石臼与粗瓷坛,仿佛在静静地等待着雨水滴落,追忆似水的年华。

(2) 提供新鲜的信息、话题,增强注意力

现代社会是一个快节奏的社会,快节奏的生活中,人们对流行的东西往往有比较大的兴趣。广告标题的写作要围绕着这些流行的符号进行创意。每一代所形成的审美是不同,不同的广告写作风格形成的审美不可能迎合所有人。要学会灵活地运用流行元素,制造新的话题。

【小案例】 定江洋平面广告(见图 6-6)

标题:现在具备公开透明的条件了

正文:

当视野里包括了马路、别的大楼,可能还有一点江景的时候,窗子开小一点也好,眼不见心不烦,也省了窗帘的开销。

当视野里只有江景的时候,才算具备了公开透明的条件,这时候,豪宅,就适合采用全玻璃幕墙了。

图 6-6

（3）利益承诺

广告作为一种说服的艺术，必须考虑将利益的承诺加入信息之中。利益的承诺可以强化消费者的购买意识和信息。奥格威说过，在标题中写进你的销售承诺。奥美广告公司制作人认为，凡标题中许给消费者以好处的比没有这项承诺的更能推动销售。消费者总想通过一些便利的手段来满足自己的各种欲望。好的广告标题应该直接或间接地包含着利益的承诺。利益的承诺一定要从产品的功能出发，不能过分夸张。比如以下广告标题。

  5 天时间，赚足 3800 元（理财产品）；

  买上海桑塔纳新车，一年内不限里程免费担保；

  超值短信，多少条都吃得消（M-Zone 动感地带）。

（4）以情动人

人是群体性的生存，除却生理层面的需求还需要精神的慰藉。尤其是现代的物质高度发展以及人际关系的复杂化之后，对于感情的需求越来越高。广告是一种商业性的传播艺术，过于商业化的存在很容易让人产生一种戒心和抵触。因而在广告标题的写作中，以爱情、友情、亲情等创作的广告标题及文案具有更大的"杀伤力"。在广告标题中倾注情感，以情动人，促使消费者在情感上与品牌实现共鸣，从而提高品牌认知度和认同感。耐克的女鞋广告系列文案中的利益承诺显得比较含蓄，强调了女性的平等、自主意识。

【小案例】 耐克系列广告文案

（之一）

标题：女人为了男人穿鞋，男人教女人走路

正文：

为了用婀娜多姿讨好他，你穿上了高跟鞋

你含蓄地用欢迎鉴赏的态度在他目光可及之处来回游走

慢慢慢慢慢慢地走

走成了习惯、走成了行为、走成了思想……

走不出他的目光围栏

因为在你穿上高跟鞋的时候，就收起了双脚

走路成了一件陌生的事

所以，走不出路来的女人

只好安分守己地等着

男人教女人走路

（之二）

标题：男人决定女人的曲线

正文：

你有没有发现

当男人对你的身体说话时，你也不经意地开始用身体回答

甚至你要求自己以最奇怪的礼貌回答——用男人喜欢的数字

所以，你开始忙着装潢你的身体

直到你可以用标准过度的曲线，优雅地招摇着

而男人也很合作地用视线封你为王

为了独享臣民的眼光，你执着于那三个数字

于是，你有了一个合成的身体

瞧！女人就是这样失去了自己的身体

因为女人让

男人决定女人的身体

（5）聚焦一点，简捷有效

标题不一定要传达具体信息，也不能成为广告内容的简单概括，标题中写入过多信息，往往会成为缺乏个性和活力的平铺直叙。标题必须集中将力量直接指向诉求重点。

比如 S&W 罐头平面广告的标题：我们添加的唯一的东西就是盐。简洁而有效地将产品的特点表达出来。正文内容就是对标题的进一步阐释。

2. 标题的写作技法

（1）避免平铺直叙

正面、直接的陈述比较容易客观地描述事物但无法吸引受众的注意力。好奇是人的天性，标题应该尽量采用悬念、反问、幽默等方式来调动人们的好奇心，诱使受众去主动地了解广告的相关信息内容。如立顿黄牌袋泡茶平面广告标题"世界杯热潮中，有一张时刻受人欢迎的黄牌"，巧妙地借用了足球比赛中不受人欢迎的黄牌，对比中饱含着幽默。

（2）避免陈词滥调

广告文案本身就是文字的创意与创新，将使用很多次的广告或其他领域的词语反复地使用只会让人产生厌倦感。喜新厌旧是人的本性，审美疲劳的出现就是反复面对同一事物时产生的正常反应。"如果对于客户的产品你找不到新的字句来描述，那么至少你要用一些新的元素让它听上去有趣。"[①]

【小案例】 雅居乐十里花巷的"动情"营销（见图6-7）

图 6-7

---

① 罗伯·鲍德瑞.广告文案写作教程[M].北京：上海人民美术出版社，2009.

2014年成都房地产还处在竞争激烈的白热化,在大多数房产广告还在进行同质化的诉求之时,一股清新的风气吹入,让人们的眼前一亮。雅居乐·十里花巷在真正了解客群需求之后,寻求情感共鸣的做法,将40岁左右的中年人的"人生困境"在广告中体现出来。其广告营销大致有三个特点:①整个风格与传统房地产广告全是地产信息不同,偏重于从理解方面去打动消费者;②将中年男性的各种"人生困境"表现出来,其背后还隐含着人生意义的思考;③语言具有很强的现实感、冲击力,让人在看后不禁去思考人生活着的意义与价值。

(3) 善用比喻、拟人、联想、双关等修辞手法

运用形象贴切的比喻来进行表达,标题将变得活泼生动,富有趣味性,令人印象深刻。联想是一种有着丰富内涵的心理活动,在广告标题中运用联想手法可以诱发消费者现实的或潜在的心理需求。如长城葡萄酒的广告文案,用一个拟人的修辞手法将人们带入一场关于葡萄酒酿造的过程。

【小案例】 葡萄酒平面广告(见图6-8)

标题:三毫米的旅程,一颗好葡萄要走十年

正文:

三毫米,瓶壁外面到里面的距离,一颗葡萄到一瓶好酒之间的距离。

不是每颗葡萄,都有资格踏上这三毫米的旅程。它必是葡萄园中的贵族;占据区区几平方公里的沙砾土地;坡地的方位像为它精心计量过,刚好能迎上远道而来的季风。它小时候,没遇到一场霜冻和冷雨;旺盛的青春期,碰上了十几年最好的太阳;临近成熟,没有雨水冲淡它酝酿已久的糖分;甚至山雀也从未打它的主意。摘了三十五年葡萄的老工人,耐心地等到糖分和酸度完全平衡的一刻,才把它摘下;酒庄里最德高望重的酿酒师,每个环节都要亲手控制,小心翼翼。

而现在,一切光环都被隔绝在外。黑暗潮湿的地窖里,葡萄要完成最后三毫米的推进。

天堂并非遥不可及,再走——十年而已。

图 6-8

(4) 个性化语言

同样的含义,以不同语言表达,会有完全不同的效果。好的标题,在语言上具有自己的个性和活力。如红金龙品牌形象系列广告标题,从不同角度表达了"思想有多远,我们就能走多远"的品牌理念。

📚【小案例】 红金龙品牌形象广告《爱因斯坦篇》

标题：一个伟大的"笨蛋"
正文：
三岁时他被误认为智障，
七岁还不会说话，
十四岁被同学骂作"大笨蛋"，
十八岁被教授认为是"最没前途"的学生。
1921年他获诺贝尔奖却还不知道诺贝尔奖是什么，
1952年他又放弃竞选以色列总统的机会。
就是这个伟大的"笨蛋"，
——阿尔伯特·爱因斯坦，
用百分之九十九的汗水加百分之一的灵感，
成为20世纪以来人类最伟大的物理科学家。
思想越远，梦想越近，
他用远视的思想引领人类离梦想更近。
红金龙——思想有多远，我们就能走多远。

6.2 广告标题的创造性手法

6.2.1 类比式标题

文字本身是一种相对抽象的传播符号，要使文字产生较大的作用并让人便于接受，最好的办法是类比。类比式标题通过将两种事物进行性质、形状、特点等方面的比较、比喻等，生动具体的形象更有助于接收者理解其信息。

万科的平面广告文案的标题也是一个很不错的案例。一个标题即可将气势和定位显示出来，强调了万科对古代建筑文化艺术的尊重，塑造了良好的形象。

📚【小案例】 万科品牌形象广告（见图6-9）

标题：世界上没有一座摩天大楼，比天坛更高（万科）
正文：摩天大楼的高度纪录可以不断刷新，但在我们内心的位置，永远无法和先辈的建筑文化遗产比高。故宫博物院、颐和园、天坛、雍和宫……还有纵横交错的老北京胡同，都是这座古城留给我们

图 6-9

的永远财富,也是我们心中恒久景仰的不老风景。以虔诚的心态,珍视建筑文化遗产。

6.2.2 新闻式标题

新闻式标题就是把广告主诉信息模仿新闻的形式来进行广告文案写作,以一种比较客观的态度加以陈述。新闻式的标题比较容易引起人们的兴趣,人们对新近发生的事情具有很大的好奇心。常用词汇有:新、最新、发现、推出、首次、目前、现在、消息等。值得关注的是过去广告文案写作时有不少新闻式标题,但由于现在对广告管理越来越严格,新闻式的文案主要以广告软文的形式出现。

双门冰箱,单门的耗电(冰箱);
七分之一的人每天必须刮胡子(剃须刀);
隔断新贡献,抗火立大功——燃烧两小时,抗热温度986℃(环球牌石膏板);
治疗关节炎的突破性产品终于问世——阿斯巴膏。

6.2.3 疑问式标题

疑问式标题就是以故意提出问题的方式来吸引受众的注意力。让受众在看到标题的一瞬间搞不清楚到底要传达什么信息。以一种询问或者疑问的语气让人去思考。疑问式标题一般有两类,设问式和反问式。设问一般有问有答,反问一般没有回答。疑问式标题的使用一定要能让人产生思考,而不用问一些很简单的问题,或者是否这样的问题,否则难以起到应有的效果。

最高的那座山在哪里?——在你的心里(凯雷德汽车)
鞋上有342个洞,为什么还能防水?(Timberland野外休闲鞋)
35岁以上的妇女如何才能显得年轻?(荷尔蒙霜)
这辆新型"劳斯莱斯"在时速60公里时,最大的闹声是来自电钟——什么原因使得"劳斯莱斯"成为世界上最好的车子?(奥格威的经典之作)
怎么样杀死一个宝宝?(妇女日公益广告)

雅虎的广告就很好地利用了疑问式的标题,并将平面广告的创意与时事密切相关,给人形成一种类似新闻真实性的假象,然后运用正文来解释,传递出运用雅虎搜索新闻的重要性(见图6-10)。

6.2.4 故事/叙事式标题

格里宾、奥格威等广告文案大师都曾经写过叙事性的标题。

如果焊接不牢固,这辆车就砸在作者头上了(沃尔沃740);
利用康柏RA4100SANF5后,他成了财务总监的红人(电子商务的解决方案)。

台湾要回归了？

图 6-10

图 6-11 就是一个很典型的叙事式标题。

图 6-11

（资料来源：朱立安·西沃卡.肥皂剧、性和香烟：美国广告200年经典范例）

6.2.5 命令/祈使/建议式标题

运用情感因素，拉近广告和消费者之间的距离，达到情感上的共鸣。可以站在企业或产品的立场针对诉求对象说话，也可以以诉求对象的口吻说出。可以使用命令、祈使和建议三种不同轻重程度的语气。运用这种方式的关键是要以诚感人，以贴近消费者的方式说服消费者。"拯救黑熊，弃用熊胆"就是最典型的祈求式标题（见图6-12）。

图 6-12

6.2.6 对比式标题

对比式标题就是在一个标题中提供两个完全相反、甚至相对立的观点或事实,通过与其他品牌、产品、服务的对比,提供参照物,对应受众心态,以二者的对比增强标题的吸引力,从而生动地传递广告信息。

对比法使用的是比较广告策略,在写作对比式标题时要注意,将产品或品牌从功能、利益等切入点在正当竞争的范围内进行比较,要考虑到对比的准确性、科学性、合法性,不能以对比的方式来贬低竞争对手。

【小案例】 斗战神网游的系列平面广告(见图 6-13)

图 6-13

图 6-13（续）

他们看到你的木讷，我们看到你的才华
他们看到你的迟到，我们看到你的奔跑
他们看到你的肚腩，我们看到你的内涵
他们看到你的惊惶，我们看到你的顽强
他们看到你的孤单，我们看到你的浪漫

该系列广告标题以不同视角的切换，表明游戏内外的两种品质或形象对比，给予受众以肯定,激发受众对自我价值的探索和追求。

6.2.7　悬念式标题

悬念作为一种创造的手法具有神奇的效果。悬念式标题是通过文字层面的创意营造悬念引发受众对象的好奇心理,促使受众为了满足自身的好奇心主动地去阅读广告文案。悬念式的标题必须要依靠完美的正文来给与予撑。比如伯恩巴克为奥尔巴克百货公司制作的广告文案堪称经典之作。以一只猫的口吻喊出"我发现了琼的秘密"本身就给人无穷的想象与好奇。受众的好奇心被调动起来之后,阅读就成为意料之中的事情。

【小案例】　奥尔巴克百货公司广告

标题:我发现了琼的秘密

正文:

以她的言谈举止,你会以为她是名人大字典中的人物呢。现在我可寻出她的底细来了。她的丈夫有一个银行吗?我的宝贝,他连个银行户头都没有。嗯,这也就是为什么他们的住所家徒四壁、典当一空的原因了。还有,他们的那辆汽车呢?宝贝,那只是"马力"而不是赚钱的力量。他们是用半个美元在奥尔巴克百货公司抽奖得来的!你能想象得到吗?

再看看她的那些服装。当然,她对服装是非常讲究的了。她那貂皮的长围巾、她那巴黎的时装、她那所有的服饰……但是说句真心话,是靠他们的收入吗?哦,我的宝贝,现在我终于查出来了。我刚刚在路上碰见了琼,她正从奥尔巴克百货公司走出来。

6.2.8　假设式标题

假设式标题所表述的情景应该是广告受众通过自己的行为和思考可以达到的,否则就没有意义。比如获得中国第三届"IAI年鉴奖"铜奖的蓝带啤酒广告,采用的就是假设式标题。

如果你认为啤酒是不讲究年份的,那么你一定也是个不讲究喝啤酒的人。

6.2.9　拟人式标题

拟人化的标题往往是将其他事物赋予人的语言、行为、动作等。拟人化手法的运用可以让人产生陌生化的效果,给人耳目一新的体验。俄国文艺理论家什克洛夫斯基认为,所谓"陌生化",实质在于不断更新我们对人生、事物和世界的陈旧感觉,把人们从狭隘的日常关系的束缚中解放出来,摆脱习以为常的惯常化的制约。拟人化的手法就是一种陌生化理论的应用。比如DIPLOMA奶粉的广告文案就采用了拟人的写作手法,幽默含蓄地表达出了DIPLOMA脱脂奶粉的效果。

【小案例】 DIPLOMA 奶粉的广告文案

标题：试图使他们相会？

正文：

亲爱的扣眼：

你好，我是纽扣，

你记得我们已经有多久没在一起了吗？

尽管每天都能见到你的倩影，

但肥嘟嘟的肚皮横亘在你我之间，

让我们有如牛郎与织女般的不幸。

不过在此告诉你一个好消息，

主人决定极力促成我们的相聚，

相信主人在食用 DIPLOMA 脱脂奶粉后，

我们不久就可以天长地久，永不分离。

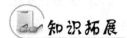

大卫·奥格威的广告标题十大写作原则

（1）标题好比商品的价码标签，用它来向你的潜在买主打招呼。若你卖的是彩色电视机，那么在标题里就要用上彩色电视机的字样。这就可以抓住希望买彩色电视机的人的目光。若是你想要做母亲的人读你的广告，那在你的标题里要用母亲这个字眼。不要在你的标题里说那种会排斥你的潜在顾客的话。

（2）每个标题都应带出产品给潜在买主自身利益的承诺。

（3）始终注意在标题中加进新的信息，因为消费者总是在寻找新产品、老产品的新用法或者老产品的新改进。在标题中可以使用的最有分量的字眼是"新"和"免费"，使用"免费"的机会可能不多，但是"新"总是用得上的。

（4）其他会产生良好效果的字眼是：如何、突然、当今、就在此地、最新到货、重大发展、改进、惊人、轰动一时、了不起、划时代、令人叹为观止、奇迹、魔力、奉献、快捷、简易、需求、挑战、奉劝、实情、比较、廉价、从速、最后机会等。在标题中加进一些充满感情的字就可以起到加强的作用。

（5）读广告标题的人是读广告正文的人的 5 倍。因此至少应该告诉这些浏览者，广告宣传的是什么品牌。标题中总是应该写进品牌名称的原因就在这里。

（6）在标题中写进你的销售承诺。

（7）标题若能引起读者的好奇心，他们很可能会继续读你的广告正文。因此在标题结尾前你应该写点诱人继续往下读的东西进去。

（8）有些撰稿人常写一些故意卖弄的标题：双关语、引经据典或者别的晦涩的词句，这是罪过。你的标题必须以电报式文体讲清你要讲的东西，文字要简洁、直截了当。不要和读者捉迷藏。

(9) 调查表明在标题中写否定词是很危险的。读者可能会忽略否定词,而对广告信息产生错误的印象。

(10) 避免使用有字无实的瞎标题。那样的标题使消费者不读正文就不明白它的意思。所以一般情况下,广告标题要尽量做到让消费者一看就明白。

平面标题的禁区[①]

不要把标题写得太短,以至于不能圆满地表达观点,让人读后满头雾水;

不要写"死标题",辞藻华丽,犹如广告口号般工整,却言之无物;

不要为了宣扬机制,而放弃清晰的信息点;

不要只罗列事实,毫无魅力可言;

不要尝试没有标题的广告。

本章小结

本章主要从广告标题的功能和写作技法方面进行了介绍,要求学生能了解广告文案中标题的重要意义,进而理解和掌握广告标题写作的技法。

思考与练习

一、名词解释

1. 广告标题　2. AISAS　3. 许舜英　4. 意识形态广告公司

二、简答题

1. 什么是广告标题?广告标题的作用是什么?
2. 不同时期的广告媒介与广告标题的表现关系是什么?

应用分析

1. 自主选择一个品牌,请尝试用三种不同方式的标题写作。
2. 一个乞丐在大街上乞讨,他前边放着一张纸,你的任务是帮助乞丐,请问你应该在纸上写上什么?

---

① 乐剑锋.广告文案[M].上海:上海人民美术出版社,2009

第 7 章

广告正文和随文

 学习要点

- 了解广告正文及附文的功能；
- 认识广告正文及附文的表现形式；
- 掌握广告正文的写作要求；
- 掌握广告附文的写作要求。

 开篇案例

美好的生活就是最温柔的报复
——中国台湾中兴百货春装上市平面稿文案

你应该穿上最漂亮的衣服去散步遛狗，让街道上迫害视觉神经的建筑物丢脸。
你应该用最奢华的骨瓷餐盘吃荷包蛋，让保丽龙餐厅有经济危机。
你应该以鹦鹉螺音响听小奏鸣曲，让制造装潢噪声的坏邻居觉得魔音穿脑。
你应该学会做普罗旺斯香草料理，让背叛的情人只能以泡面当夜宵。
你应该在晚餐之后朗诵现代诗帮助消化，让八点档 Call In 节目收视率大幅滑落。
你应该隔周换戴不同设计师的墨镜，让对立的意识形态显得盲目。
你应该花三个钟头泡东方药草浴，让城市的二氧化碳指数下降。
你应该阅读楚辞歌中的巫仪，让以为看哈利·波特就不会变成麻瓜的人变成麻瓜。
你应该到五星级饭店叫江浙外卖，让不懂餐桌礼仪的服务生没有小费可拿。
你应该用法文录电话答录机，让假日找你加班的主管当场哑口无言。
你应该把写满报复拥核人士和前男友的日记本资源回收，让亚马孙雨林继续茂盛繁郁。
尽管用美学将生活经营成全面性的温柔报复工具，打击那些曾经逼迫你内在的外在丑恶。

思考与练习:
1. 这篇文案通篇采用第二人称,这样的写法有什么特点?
2. 如果是你,你会如何为百货公司写作广告文案?

7.1 概述

7.1.1 广告正文的概念

正文是广告文案的中心和主体,是广告标题的延续和诉求点的详细解释和阐述,它是对广告信息进行展开说明、对诉求对象进行深入说服的语言或文字内容。正文可以将品牌或者企业的故事、产品功能等广告信息进行详细的介绍,对目标消费者展开内部诉求。

受众可以在阅读广告正文的过程中建立起对品牌形象的认知、对产品的兴趣和对诉求信息的了解,进而产生购买欲,发生消费行为。

7.1.2 正文的功能

一个广告的标题多数情况下只能传达简而有重点的信息内容。由于空间版面的局限,标题往往在引起注意、促使受众产生兴趣方面起到较好的作用。当受众产生兴趣之后,正文就会进一步完成广告的功能。正文所起的作用包括以下几个方面。

1. 承上启下

从结构上看广告正文的功能就是承上启下。广告正文承接标题的话题,随之对标题内容展开详细的阐释、拓展或答疑。1915年西奥多·麦克曼斯为凯迪拉克所创造的长文案标题为《出人头地的代价》,正文开头便写道:"在人类活动的每一个领域,得到第一的人必须长期生活在世人公正无私的裁判之中。无论是一个人还是一种产品,当它被授予了先进称号之后,赶超和妒忌便会接踵而至。"这样的开头很自然地对标题进行了解释,出人头地就会产生被人嫉妒等代价。

2. 传达完整的信息

广告正文本质上是一个说服的过程。层层递进的表述里包含着所要传达的全部信息诉求,其中包含广告诉求重点、广告支持点、具有说服力的事实以及以行动号召为主要内容传达完整的广告信息。因而广告文案要传递完整的信息,根据广告产品或服务的不同,广告创意想表达的信息一定要完整地表述出来。

广告正文有时候还需要展示、说明等形式来详细、生动具体地进行讲解。

3. 刺激购买欲望和号召行动

广告作为一种营销传播活动,其目的就在于推广商品或服务。广告文案写作的目的也在此。广告正文是整个营销信息传播过程中刺激受众产生购买欲望和行动的关键。

正文通过传达广告信息,利用语言说服的技巧,进行创意性的表达,与受众的需求、习惯、喜好等产生关联,强化他们的信心,说服其完成购买。

4. 营造氛围、塑造意境

文字的魅力有时会发挥巨大的效果。不同的产品或服务,在进行广告创作时会根据本身情况及目标消费群的特征形成不同的创意、诉求以及表现。有些广告作品的文案就起到了营造氛围或者塑造美好意境的作用。

【小案例】 左岸咖啡馆的广告文案(见图 7-1)

聊赖的午后　我独自走在蒙巴那斯道上
突然下起雨来　随手招了一辆计程车
满头白发的司机问了三次"要去哪?"我才回过神
"到……"没有预期要去哪的我
一时也说不出目的地
司机从后照镜中看着我说"躲雨?"我笑着没回答
雨越下越大。司机将车停在咖啡馆前要我下车
笑着说:"去喝杯咖啡吧!"
他挥手示意我不必掏钱了!
来不及说谢谢。计程车已回到车队中
走进冷清的咖啡馆,四名侍者围坐一桌闲聊着
看到我后立刻起身,异口同声地说"躲雨"?
我笑着不知该如何回答
午后一场意外的雨,让我一下午见识了五个会"读心术"的人
喝了一下午的咖啡

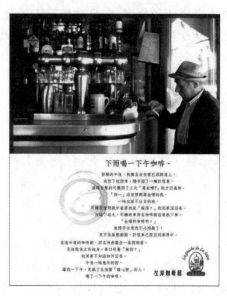

图 7-1

7.1.3 正文的内容

广告正文可以表现的内容很多,这主要是看广告的诉求点和目的。如建立企业形象或品牌认知度,宣传新产品,促进产品、服务的销售,公布最新折扣信息等。基于诉求和目的的不同,正文内容可长可短,风格千变万化,但无论表现什么内容,都不能脱离以下三点。

1. 诉求重点

诉求重点是指广告所要传达的最重要的信息内容。由于广告信息的传播总要受制于空间或时间的限制,所以不能传达出所有的信息。换句话说,不可能将所有信息都放进一

个广告里面。这既是广告创作的制约,也是符合受众心理的。过多的信息可能会让受众眼花缭乱,最后能有效记忆的可能很少。因为广告正文的关键就在于将诉求重点的信息传递出去,不管是品牌形象或者产品卖点。乐百氏的"27层净化"是其诉求的重点,农夫山泉的"大自然的搬运工"也是。

2. 诉求重点的支持点或深入理解

诉求重点产生了以后,还需要提供相应的信息作为证明。类似于议论文中的论证过程,有了论点之后,需要用论证材料去证明观点的正确性。形象广告一般需要通过历史性信息、长期经验、消费者认同、以往业绩以及感性的视觉体验等证据来强化其特点;大多数的产品广告中产品的差异是其支持点。广告也可以通过情感诉求来实现品牌形象的塑造。不管使用哪种方式关键在于给予对诉求重点的支持或帮助受众理解其广告内容。

3. 刺激行动

如果广告的目的不是树立形象而是直接促进销售,正文还需要明确地号召购买、号召使用、号召参与,并说明获得商品或服务的方法。毕竟广告最终所想达到的目的是商品的销售,因而刺激消费者产生购买才是最根本的追求。如诚品敦南店旧书拍卖会《过期的旧书,不过期的求知欲》中写道:"知识无保存期限,欢迎旧友新知前来大量搜购旧书,一辈子受用无穷。"

【小案例】 现代享受之道——马爹利

拥有挑剔的眼光,才有睿智的见识。

智慧的本意并非创造,而是发现,发现生活的魅力所在,才懂得享受生活,而在这纷乱的俗世中,又有多少真正值得自己去留意和珍惜的东西?

享受,来源于对美的追求和欣赏,能鉴赏出美的目光,永远都是最挑剔的,这是睿智的把握,更是一种内涵的沉淀。

遍历生活百味,深谙现代享受之道的你,不会随波逐流,不会满足于平淡庸碌的生活,你懂得用挑剔的眼光去鉴赏独具价值的人间极品,懂得用睿智的见识享受智慧的生活,也懂得马爹利。

对于男人,酒是一种对生活品位的精心选择;对于马爹利来讲,酿造是一种生活的艺术。所以,你挑剔的目光总会被散发独特醇香的马爹利所吸引。

慧眼独具,才能挑选出具有品位的生活享受之道,正如马爹利的首席调酒师,对制酿技术拥有最渊博的认知和技巧掌握,其绝技已代代相传,精心调配出各种不同的配方和口味,为你的鉴赏眼光,为你的生活享受奉献出这细腻无比、和谐极致的马爹利干邑。

内心的智慧,让我们洞悉美的深度;外在的见识,让我们领悟美的灵性,马爹利由内而外散发出的浓厚的醇香是睿智的你最值得把握的享受内涵。

我是马爹利。

案例分析:这篇文案中正文并没有直接从广告产品出发,而是从侧面去表述。先引出观点,智慧是一种发现,智慧与享受的关系。逐渐地过渡到其产品,将马爹利的酿酒师等信息逐渐延伸开来,最后又回归到享受、智慧与美的话题。没有硬性的推销与说理,没有很多技术名词,更多的是一种对生活的态度。此广告文案是采用感性诉求追求情感共鸣的优秀广告文案。

7.1.4 正文的写作要求

广告正文只是把一个诉求重点说完整、说清楚并能使诉求对象理解的完整信息,而信息量的多少则由广告目的、诉求重点以及目标消费者的特点等情况决定。在广告文案的写作时,不仅仅要考虑商品信息,还需要考虑广告诉求重点、诉求对象、媒介等方面的特点。一般而言,在进行广告正文的写作时要注意以下几个方面。

1. 强调关键信息诉求

广告商品可能具有很多特点及优势,但我们不能将所有信息面面俱到地表述,因为这是由媒体空间或时间的限制以及消费者对信息的接收的心理特征所决定的。需要对信息进行梳理、研究,并结合其他因素进行表述。应该将最关键的信息与媒介、受众、诉求方式等有机融合,强调最重要、最突出的特性或利益点,提供丰富的信息来支持重点信息,并运用准确、有力和创意的文字对对象展开诉求。

2. 真实可信,说服力强

广告文案的写作,具有很强的商业目的及鲜明的针对性。如果说标题是用来激发购买兴趣的话,那么正文的任务就是用具有说服力的文字引导消费者进一步了解信息并刺激其产生购买行为。广告作为一个行业,既要考虑职业的道德和伦理,同时又会受到广告法等的约束。"不要推出一个你不愿意你的家人看到的广告"(奥格威)。因此,在传达广告信息时不可含糊其辞、模棱两可,也不可主观臆断、夸大产品的功效功能,而应实事求是地进行广告文案写作与创作。

3. 条理清晰,通俗易懂

正文承载的信息量比较大,但信息之间的链接一定是存在某种逻辑的,绝不是随意地堆砌。在广告正文的写作中一定要运用准确清晰的语言,并遵循逻辑关系,按照受众能够理解和认同的方式将文案进行创意和加工。消费者绝不会在对自己没有用的信息上浪费时间。他们看广告的目的跟自己的需求有直接关系。为了解决自己存在的问题而产生信息需求,因而别把广告文案写成了艺术或者复杂难懂的科学,消费者可能对此完全不感兴趣。围绕着消费者的信息需求、文化程度、喜好来写作广告正文才是最佳的选择。

7.1.5 广告正文的结构

广告正文的结构类似于作文的结构。不同的是广告文案有不同的表现方式,但从框架的角度可简化为:开头、主体与结尾。

1. 开头——承接标题、引起兴趣

上承标题,又开始将受众的注意力向广告正文所要传达的内容进行转换,可以理解为标题与后续正文的过渡。主要是将人们的阅读和接收由标题转向正文的中间段。一则文案成功的一半是由开头决定的,开头写的如何是决定读者能否看下去的关键,开头第一句既要考虑与标题的关系,又要做到自然平稳地过渡。

(1) 直接切入

直接切入是在开头就所承接的标题中提出的消费利益点、购买理由或观点观念,进行开门见山地阐述。如中国台湾掌生谷粒的荔枝蜂蜜酒文案《当初如今的醺甜滋味》,正文开始即写道:"喝酒不只是追求麻醉或解渴,也能是悄悄抚今追昔的时刻。"

(2) 提问式

以提问的方式开头,激发受众的好奇心,同时将产品的功能或者突出特点表述出来。比如麦肯光明广告公司为《北京晚报》做的2000《反对晚报》作品。

> 标题:反对晚报!
> 副标题:人民有当天新闻当天看的权力。
> 正文:北京的事儿,能晚报吗?!北京人就讲究个当天的新闻当天看,过了期的东西,谁也不愿意凑合。还好,我们做到了。

(3) 营造情景式

> 广告语:晚报不晚报
> 标题:来一份昨天的晚报
> 正文:
> 一场深秋的雨
> 从昨天午后一直下到今天
> 雨过天晴
> ……

(4) 总括全文式

总括全文式是指正文的开头就总括了其内容,相当于中心句的功能,为下边的表述提供一个定位。

2. 主体——信息的表述与层层递进

主体是广告文案的核心段落,一般包括商品或服务的特色和支持理由两部分,信息含量大。写作时需要注意逻辑性,条理清晰,尽量提供可信事实,充分发挥文案说服力。内容段落可长可短,可以循着标题内容与正文之间的联系,自然地展开诉求。

3. 结尾——刺激产生行动

结尾一般带有总结性和建议性,刻意地加上一些与广告信息相关的其他的特殊的信息,如商品销售的经销处、销售中折价或随赠物品的数量、种类等,以促使受众购买商品或服务,成为真正的消费者。一般在结尾处写上诸如:"数量有限,欲购从速""……过时不候"等内容,煽动受众发生消费行为。

来,湖滨双拼别墅现正预订。(光耀地产·先生的湖)

7.2 广告正文的写作技法

7.2.1 广告正文的表现形式

1. 客观直接式

直接以客观口吻针对消费者可能产生的疑问进行解释说明,展开诉求。这样的正文可以从任何角度提供信息,是最常用的表现形式。

客观直接式按照顺序一开始就立即对标题的内容加以展开,直接陈述事实或阐述观念,凭借自身的力量推销产品。一般而言,多采用证言式。比如消费者现身说法、专家的证明以及实验数据等。大众 Lupo 汽车《节油篇》系列作品中,分别使用了以下广告文案:煤油灯所装的油量可跑 32 公里;相当于小半瓶墨水的油量可跑 23 公里;打火机里所装的油量可跑 2 公里,借助常人可以想象的容器来表述大众车省油这一概念。

2. 主观表白式

以广告主或目标消费群的口吻展开诉求,直接表白我们将怎样、我们的特点是什么、我们具有什么样的品质。这是一种在企业和品牌形象广告和产品广告中都被广泛使用的方式。

美国著名的 DDB 广告公司在 20 世纪 60 年代为 S&W 罐头所做的一系列平面广告,可以说是主观表白式正文的典范。

【小案例】 从 50 颗大粒的桃子里,S&W 精选出 5 颗

光是最好的还不行。S&W 挑选桃子的条件是:全熟,又圆又肥大。多汁而甘甜是理所当然的。

以此标准挑选出来的桃子,自然不多,而能贴上 S&W 标签的,更是经过精选后的少数。我们坚守此要求:S&W 不会把不完美的东西装入罐头。

3. 哲理式

哲理式正文没有硬性的广告信息,甚至不会突出产品的外在特点,而是用充满哲理式的句子,诉说某种境界、人生价值观、态度或者理念,强调品牌的文化内涵或与受众的情感需求层面的沟通共鸣。文案中反映的哲理往往能跟现实中一部分的人生感悟、经验等产生相互作用,通过对此价值观念的认同与企业或产品产生关联。现代人们物质生活水平的不断提高,都市生活的人与人之间情感的弱联系,以及快节奏的生活方式使得人们常常在奔波中觉得身心疲惫。哲理式的广告正文能在直抵消费者内心的柔弱与敏感部位时,与之产生感动与共鸣。

【小案例】 致匠心——New Balanc 系列宣传片

人生很多事急不得,你得等它自己熟。

我 20 多岁入行,用 30 年写了不到 300 首歌,当然算是量少的。

我想一个人有多少天分,跟出什么样的作品,并无太大的关联。

天分我还是有的,我有能耐住性子的天分。

人不能孤独地活着,之所以有作品,是为了沟通。

透过作品去告诉人家心里的想法,眼中看世界的样子,所在意的、珍惜的。

所以,作品就是自己。

所有精工制作的物件,最珍贵不能代替的就只有一个字,"人"。

人有情怀、有信念、有态度。

所以,没有理所当然,就是要在各种变数可能之中,仍然做到最好。

世界再嘈杂,匠人的内心绝对必须是安静、安定的。

面对大自然赠予的素材,我得先成就它,它才有可能成就我。

我知道,手艺人往往意味着固执、缓慢、少量、劳作。

但是这些背后所隐含的是,专注、技艺、对完美的追求。

所以,我们宁愿这样,也必须这样,也一直这样。

为什么,我们要保留我们最珍贵的,最引以为傲的。

一辈子,总是还得让一些善意、执念推着往前,我们因此能愿意去听从内心的安排。

专注做点东西,至少对得起光阴岁月,其他的,就留给时间去说吧。

案例分析:New Balance 于 1906 年创立于美国,一直以来,用心地致力于制鞋工艺,坚持出品多宽度、多高度的鞋款,给每一位消费者最舒适贴近的鞋型和关怀。自 2003 年登陆中国以后,也在中国掀起了 NB 鞋的风潮。这篇文案以歌手李宗盛的口吻诉说,影视画面则描述李宗盛制作木吉他和一名美国制鞋匠制作 NB 鞋的过程,重在体现 New Balance 的制鞋工艺和品牌文化与追求。

4. 独白式

独白式是以广告中的角色或者虚构人物内心独白的方式展开诉求。这种独白式的广告文案风格更能凸显出人们内心的活动、想法与感受。在电视广告中,也常出现代言人的口吻传达信息;在平面和广播广告中,则多采用虚构的"我"的口吻。需要注意的是,独白内容必须符合角色的个性,从情感层面产生影响作用,以鲜明的个人色彩和感情色彩引起诉求对象的情感共鸣。

【小案例】 英国化妆品零售品牌 Boots Expert 平面广告(见图 7-2)

"来来来,拍照。"到哪都能听到这句话。但我那口黄牙怎么办!还好,我已经熟练掌握了"笑不露齿"的技艺。"咔嚓",完事。如果再幸运一点,你没拍到我的头。没事,即便看不到,你也会以为我在笑。

现在每项难题都有了专业的解决方案——Boots Expert 牙齿亮白系列。

图 7-2

我坐在公交车上。一动不动。能量消耗为 0，却还是满身大汗像在逃难，藏也藏不住。更别提我放在腋下吸汗的那两坨东西不停地往下滑。啊！很好，背上也开始黏黏的了。如果有"公交车湿 T 恤大赛"，我一定能得第一名。希望到时候不必举起手臂庆祝胜利。

案例分析：Boots 一直凭着高质量的产品与低廉的价格赢得消费者的喜爱，平面广告区别于其他品牌的高雅奢华，采用俏皮简约的涂鸦风格，配以同样不加修饰的文案，诙谐生动，以人们遇到问题时的口吻，将产品功能展现出来，个性化的语言加强了广告效果，拉近了和消费者之间的距离。

5. 对白式

对白式是通过广告中人物的对话与互动展开诉求，常用于带有叙事性的情境中。运用此种方式需要注意，不能过于戏剧化，广告中的对白应该符合人物的个性特征和广告中的语言环境，内容要真实、自然，否则缺乏个性的套话和矫揉造作的言辞会让观众烦闷生厌，质疑广告的真实性，影响对白式广告的诉求效果。对白式广告在影视广告和广播广告中经常被采用。

6. 故事式

故事式是将企业、产品或者服务以一个重要角色融入一个完整故事中，描述有吸引力的故事情节，塑造鲜明的人物形象，使广告诉求以符合常理的逻辑关系自然地呈现出来。故事式的内容可以有效地保持受众兴趣，更加直观地表达广告信息。典型消费者的经历，产品背后不为人知的故事，都是值得挖掘的故事性题材，也是很好的素材。

【小案例】 雨夜——雀巢咖啡

我愿意细细地品味那些与雀巢一起度过的夜晚,它们有酥软的味道。

下着中雨的夜晚,心情很干净。空气中的凉意占据了四维空间,凉意驱赶睡意,雨夜没有睡意。

我将自己安置在柔软的被窝里,是非常安全的感觉。雨点乱哄哄地敲打窗户,顽皮的节奏。

我把脑袋埋在臂弯里,这样我可以舒适地想一些事,我可以回头看一看身后的脚印,发现生活中那些让人心暖的角落:一个温婉的少女,一个充满温度的微笑或者,以及,我的雀巢咖啡。

雨夜没有睡意。我轻身下床,光脚丫子在光溜冰凉的地板上滑行,有说不出的自由自在。

我在黑暗中无声地笑。

我拧开台灯,乳汁一样的灯光倾泻在我波澜不惊的心田。

这样惬意的时光应该与雀巢一起度过。

烧一壶开水,我听见气泡撑开波浪,自由呼吸的声音。滴滴答答的雨夜,烧开的水自顾自撒欢,发出咕噜咕噜的叫声。

冲一杯雀巢,它有温柔的口感,适宜缱绻的夜晚。我没有记错的话,这种物理作用叫作液化——水汽产生云缠雾绕的视觉效果,云缠雾绕之下,咖啡的芬芳时隐时出,撩拨人心,让我心焦不已。

我急不可待地端起杯子,烫了嘴巴。

嗯,又烫着了。

案例分析:这则文案以第一人称的口吻,像日记一般叙述着雨夜里发生的故事。语言带着浓浓的抒情性,轻柔而细腻,这样的文字风格也很符合产品本身的特点。失眠的雨夜是很多人的生活中会发生的事情,文中展示了很多生活中的细节,使得文案显得真实动人。

7. 诗歌散文式

以诗歌或散文形式进行广告信息表现的正文形式。诗歌具有音韵美、形式美、语言美、意境美的特征,散文也富于想象的诗意,但形式更为自由。这种形式适合表现产品的文化底蕴和精神追求、塑造品牌及企业形象或与受众沟通情感。

【小案例】 还妻子一个美丽心愿——花手箱女装

妻子的美丽　谁都不曾遗忘
追求你的时候
正是喜欢浪漫的季节
在我的眼里
美丽只有你一种形象

娶你的时候
没有条件准备丰厚的嫁妆
一身传统的红色衣裳
你在我的眼中如花般绽放
尽管岁月流逝
你的美丽我未曾遗忘
现在,我要用爱
装扮你——我一生的新娘
花手箱,30年来专注于女装市场
卓越品质,见证完美爱情

【小案例】 掌声谷粒广告文案

有米有茶,有闲暇
我们对这片土地上的韵律生息,怀抱感恩
谱成新春厚愿,分享生活的愿景:
米蜜丰,茶酒足,月常圆,人长健
吃饱了,让心安定
祝福诗意想象都成为真实的美好日常
来自宜兰一年一作,浑然天成好吃的米
来自南投,台湾独特风味的台茶十八号
在干净的、温柔的地方慢慢生长
你也会想要住在那里
住在春天的花草,夏天的微风,秋天的水和冬天的太阳里
和家人一起享用吧!
品尝美好而纯粹的时光,把生活的力气充满

案例分析:掌生谷粒是一个创办于2006年的农业品牌(台湾)。这个品牌不单单销售农产品,更将农产品的销售与传统农耕文化的传播融为一体。通过传统农业文化的传播号召人们尊重农业、向土地劳动者致敬,把农产品变成一种大自然馈赠的礼物。整个广告传播具有鲜明的个性色彩。从广告文案来看,语言柔软有温度,带着浓浓的抒情意味以及对农业文化的深深赞美与眷恋。对都市中远离土地和崇尚自然的消费者而言,能更好地满足其物质和精神两方面的需求。

7.2.2 正文的写作技巧

1. 讲述不为人知的事实

同一类型的产品,其功能特点大多相同,而要做到从同类产品中脱颖而出,只有找到自己区别于其他产品的不同点,并将这一特征放大,给受众建立一个独一无二的印象。大

多数广告倾向于描述显而易见的特点,却很少讲一些大众所不知道的新鲜事。事实上,产品背后许多不为人知的事实是广告的绝佳素材,可以增加广告的说服力和趣味性。例如喜立兹啤酒的广告诉求"我们的啤酒瓶都经过高温蒸汽消毒"(霍普金斯创作)。

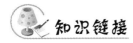 **知识链接**

霍普金斯与舒立兹啤酒的故事

霍普金斯在他的回忆录《我的广告生涯》(*My Life in Advertising*)中写道:"那时候,所有的啤酒酿造者都鼓吹'纯度',他们将'纯'写得很大,并且刊登双页的广告使这个字看起来更大。"但当霍普金斯到啤酒工厂实地参观,他在玻璃窗看到啤酒流入管子中,工厂里的人向他解释说这些房间由过滤的空气所冷却,因此啤酒可以保持纯度,他看到大的过滤池充满了白林纸浆,他们让他看如何每天两次清理每一个筒和管子,以避免污染,他也看到如何将酒瓶清洁四遍,他们带他去看为了取得纯水而钻入地下四千英尺的深井。然后他们带霍普金斯到实验室给他看原始的酵母菌,这是由 1200 次实验所发展出来的以便能将啤酒酿出最好的风味,他们告诉他所有用来酿制舒立兹啤酒的酵母都是由原来的细菌所培养出来的。霍普金斯很惊讶地回到他的办公室,他对他的客户说:"为什么你不告诉人们这些事呢?为什么你不比别人更强调你的啤酒是纯的?为何你不告诉他们原因呢?"客户说:"我们用来酿造啤酒的过程和别人一样,好啤酒都必须经过这些手续。"霍普金斯回答说:"但其他人从未谈起过这些事,每个到你工厂参观的人都很惊讶。如果把这些写出来,必定会让每个人吓一跳。"因此他写道:"我把那些玻璃房和影响纯度的每个因素都用文字描述出来,我描写了一个所有好啤酒制造商都有的故事,但这些故事却从没有人提起过,我使纯度更有意义,舒立兹啤酒在短短几个月内由第五位跃升而逼近第一位。"

2. 尽量增加趣味性、幽默感

受众是否能够从头到尾读完正文,除了取决于正文提供的信息是否与受众相关,很大程度上还取决于正文的趣味性。正文越长,越需要趣味性。在正文中适当添加多样的修辞、采用戏剧化的手段、幽默独特的表达方式等都能增加正文的趣味性,保持受众阅读时的新鲜感和阅读的兴趣。在幽默方面还应该多向西方国家学习。如美国的一则招聘广告:"招聘女秘书:长相像妙龄少女,思考像成年男子,处事像成熟的女士,工作起来像一头驴子!"还有一英国广告:"本牙科医生迫切需要一女秘书兼接待员,请打电话联系。如无人接电话,则该职位仍然空着。"

3. 尊重传播规律

为了受众能够顺畅地阅读正文,必须要根据受众心理调整正文写作顺序。不管是考虑 AIDCA 或者 AISAS,都应该考虑从引起注意到保持兴趣,继而产生欲望、建立信任,最后采取行动的心理顺序合理安排正文内容,层层推进,逐步说服受众以达到广告目的。

4. 诚实的态度

广告的真实性不仅表现在真实的传达信息上,更重要的是在此基础上,所体现的对待消费者的真诚态度。无论采用哪种方式去写作文案,都不能夸夸其谈、花言巧语地去糊弄和欺骗消费者,而要和消费者建立相互之间的信任,这样才能使消费者放心地采取购买行动,甚至再度消费,从而培养成忠诚度较高的消费者,对品牌形成习惯性购买。"即使不考虑道德因素,不诚实的广告也被证实无利可图。"(李奥·贝纳)

  5. 针对目标受众的特征选择恰当的语言表达形式

  广告是写给受众看的,因此设身处地地把自己当作真正的受众,并以此来考虑文案的语气、语调、语态及语言风格就显得十分重要。要去洞察受众的心理,注意受众的阅读习惯及群体特点,才能更好地将诉求表达出来,使受众易于接受和理解。

  6. 仿佛与消费者谈心

  广告不能一厢情愿地传递信息,不能单纯地从想象出发去思考广告正文的写作。广告正文的写作必须要从消费者的立场出发,从其生理或心理需求入手来进行写作。做到有效地沟通是广告产生作用的前提条件。优秀的广告正文绝对不是空洞无物的文字游戏,也不是辞藻华丽的堆砌。成功的广告一定能够与消费者进行心与心的交流。

知识链接

观点:大卫·奥格威写广告正文的经验

  (1) 不要旁敲侧击,要直截了当。避免"差不多""也可以"等含混不清的语言,因为这些语言通常会被误解。

  (2) 不要用最高级形容词、一般化字眼和陈词滥调。要有所指,要实事求是,要热忱、友善,使人难以忘怀,别惹人厌烦。

  (3) 你应该常在你的文案中使用消费者的经验之谈。比起不知名的撰稿人的话,读者更易于相信消费者的现身说法。名人的现身佐证也能吸引很多的读者,如果广告文案写得非常诚实,也不会引起读者的怀疑,名人的知名度越高,能吸引的读者也就越多。

  (4) 向读者提供有用的咨询或者服务。用这种办法写成的文案比单纯讲产品本身的文案多招徕75%的读者。

  (5) 我从未尝试过写文学派的广告,我一直觉得这类广告很无聊,连一点事实也没有提供给读者。我同意克劳德·霍普金斯的观点:"高雅的文字对广告是明显的不利的因素,精雕细刻的笔法也是如此。他们喧宾夺主地将读者对广告主题的注意力给攫掉了。"

  (6) 避免唱高调。雷蒙·罗比凯写过有名的格言:"任何产品的无价要素是这种产品的生产者的诚实和正直。"

  (7) 除非有特别的原因要在广告中使用严肃、庄重的字,通常应该使用顾客在日常交谈中使用的通俗语言写文案。

  (8) 不要贪图写那种获奖文案。我得了奖,我当然很感激,但是那些效绩很好的广告却从来没得过奖,因为这些广告并不要把注意力引向自身。

（9）优秀的撰稿人从不会从文字娱乐读者的角度去写广告文案，衡量他们成就的标准是看他们使多少新产品在市场上腾飞。

7.3 广告随文的写作

7.3.1 随文的概念及作用

随文又称附文，一般出现在广告的结尾，是在广告正文之后向受众传达购买商品或接受服务的方法或企业名称、联系地址、购买途径等基本信息的附加文字。随文对正文起到补充和辅助完善作用。尤其是在刺激消费者产生购买行为之后提供的解决策略。

从广告作品来看，印刷广告的随文一般出现在作品的下边或者角落。影视广告的随文一般出现在影视广告最后的结尾之处。随文并不是可有可无的部分，它的功能不可轻视。

7.3.2 随文的内容

1. 购买商品或获得服务的途径

一般而言，随着正文的结束，消费者购买欲望被激发以后，引导消费者获得进一步活动的购买信息，比如销售地址、咨询电话、路线等。

2. 权威机构认证或获奖、荣誉等

如果产品或服务曾经获得权威机构的认证、获奖或者获得的荣誉，在一定程度上可以强化消费者的信心。增强了品牌的权威性、可信度，也会推动消费者产生购买行为。在正文中引用或列举了权威机构的证明，如专利认可、环保认可、大型活动赞助认可等，应在随文中列出其标志或相关证明。

3. 反馈信息方式

过去的印刷类广告由于喜欢采用调查、征集等方式来获得消费者的反馈信息。所以会在随文中附一份调查问卷等信息以及反馈信息方式，现在已经较少包含此类内容。

4. 特别说明

特别说明的情况主要是为了防止产生纠纷或者有些必须添加，以便引起注意的附文信息。多出现"产品以实物为准，图形仅供参考。""广告创意，请勿模仿。""活动解释权归主办方所有"等信息。

5. 品牌标志、名称

常出现品牌货企业的标志、广告语，而且采用统一的标准字体和标准色。

7.3.3 随文的形式

1. 直接列明

此类随文一般比较简单常规,没有较强的创意,也不添加任何修饰。如"开发商:×××公司;销售地址:××××""营销策划:×××营销公司"。简洁、明了的附文给人一目了然的效果,缺点是刻板生硬。

2. 附言式

常出现在促销类的广告文案中,说明促销信息的优惠额度等。

这种形式的随文自然而具有亲和力,又能促进受众采取行动,并且保持了和正文一致的风格。

3. 以标签形式突出

平面广告如果希望读者特别关注随文中的购买方法、咨询电话等信息,可以将随文做成一个简单、明确的标签,通过方格、虚线等形式标明。需要读者反馈信息的表格也可以以标签形式特别突出出来。

【小案例】 兰叙的杂志广告(见图 7-3)

我忍不住要向你介绍我的床单
我选用科勒洁具、进口电器
只是为了让你看见他们的商标
让你觉得橘子水晶酒店档次还可以
而我选用了顶级国际酒店用的 LENCIER 的床单,
只是为了做酒店最应该做的事情
——橘子水晶吴海
LENCIER(兰叙)不只是代表柔软和舒适
她更代表着对健康的关注
符合欧洲 OEKO-TEX100 无害生态标准
比中国国家纺织品标准多了十几项有害物质零含量的要求
全球多家顶级酒店正在使用 LENCIER(兰叙)
家里也可以有 LENCIER,
因为你爱你的家人
(附文)Lencier 官网:www.Lencier.com

图 7-3

您还可以通过以下方式获得

Lencier 官方商城：www.17goo.com

或致电服务热线：400-602-1717

案例分析：首先，标题的写作十分有趣，标新立异，具有较强的吸引力，而后，借用橘子水晶的 CEO 的身份来介绍产品，并在其后以事实性论据，及附文中的顶级酒店信息来增强说服力，最下方用小号文字提供了联系方式和购买方式以及附有二维码，方便消费者进一步了解相关情况。

7.3.4 随文的写作要求

1. 提供受众最想知道的信息

广告附文方面可以提供的信息有各种各样的，但从实际情况来看，文案人员在写作时一定要进行有目的的选择，将与广告关联度不是很高，或者目的性不强的信息内容进行筛选和排除。重点提供针对广告主题和需求突出的核心信息，尤其是刺激消费者产生行动的信息。

2. 与正文的风格、调性保持一致

广告附文与正文一样，是广告文案的有机构成部分。在附文的写作时，要力求与正文的风格保持一致，与整个广告的格调一致。受众在阅读时才会感受到其整体性，否则就会产生不协调的感觉。

3. 确保内容信息的准确无误

地址、电话、网址等具体信息一定要准确无误。消费者在获得购买相关信息时如果产生意外，就会导致购买信心的减弱甚至取消购买行为。随文所占有的篇幅虽小，包含的内容和信息却极其重要，但出现错误的信息将会产生预想不到的反面效果。

4. 将部分随文信息进行突出

为了更好地吸引受众注意并产生效果，在一般的随文中经常对电话号码、优惠额度等信息进行字体、颜色方面的突出表现，以增强其视觉效果和注意力。

本章小结

本章从广告正文的定义和功能切入，重点介绍广告正文的写作要求和具体表现形式，以及附文的表现形式和写作的具体要求。通过本章的学习希望学生初步掌握广告正文的写作手法以及附文的写作。

思考与练习

一、名词解释

1. 诉求重点　2. 广告核心　3. AIDCA 规则　4. 目标受众

二、简答题

1. 广告和诉求重点之间的关系是什么？
2. 在写作正文时需要考虑哪些因素？
3. 随文在广告中有什么作用？

应用分析

1. 找一则自己很喜欢的广告文案，请分析一下它的正文内容以及逻辑结构。
2. 请自主选择广告方面的任意选题进行广告文案的写作。

第8章

报纸杂志广告文案的写作

学习要点

- 了解报刊广告的优缺点；
- 了解报刊广告创意的特点；
- 理解报刊广告文案的写作思路；
- 掌握报刊广告写作的方法。

开篇案例

孙大伟的《马之内在》

孙大伟作为华文圈的著名广告人，曾经在1998年为马英九竞选台北市市长制作了竞选广告——马之内在，并且赢得了不少的赞誉。虽然被当时的"国民党党中央"公开批评，但最终的结果却是马英九成功竞选。过去的广告往往用动物来讽刺政治人物，孙大伟却反其道而行之，将马进行解剖，每个部位与马英九的事情紧密相连，进行层层分解。使人们在报纸上看到了一个耳目一新的形象(见图8-1)。

广告正文：

马耳：马耳东风。比喻对听到的话毫不在意。"肃弹、查贿、反毒，样样都会惹来杀身之祸！"但马英九从北到南查缉贪渎、贿选、毒品、黑道，三年三个月任内起诉153 938件，那些劝阻对他来说只是马耳东风。

双眼皮：陈文茜小姐曾在公开场合上说，马英九的双眼皮，至少为他拉到数万张选票！外貌是天生的，马英九从政十六年的政绩，才是他真正的民意基础。

意志：1984年年底"立法委员"选举，马英九提出"向贿选宣战"的口号，决心将贿选赶出台湾地区。竞选期间动员逾五百位检察官及调查员，受理案件1278件，检、调、警人员出勤搜索1122次，传讯1842人，最后起诉6098人，创下历史纪录。

马齿：马齿代表年龄。曾有过三颗蛀牙，24年前已经补好的马英九，34岁任国民党

图 8-1

副秘书长,38 岁掌行政政务委员,47 岁回大学任教。48 岁的马英九,他的下一步究竟会在哪里,决定权掌握在选民手里。

忠诚:"……未来不论政治立场如何,只要是市民或市民议员,都是市长的主人,我没有对他们漠视或教训的权利,因为我会谨守民主政治的一个基本理念,人民永远是主人。"——马英九参选宣言

马血:任侠好义的血性汉子马英九,入伍前曾参加抗议中日断交的示威行动,愤怒地咬破手指,血书爱国标语。十多年来,马英九默默奉献,累积捐血 53 次,共计 13250CC 的鲜血,已经跟许多需要救助者的生命融为一体。

马屁:有人说,马屁文化是中国官场的必修课程。马英九从小念书直到哈佛博士,只有这门功课没有留意。

马尾:马尾不但能赶走苍蝇,也是提琴琴弓的上好材料,如果获得支持,马英九将为台北市民演奏出清新和谐的优雅乐章。

马力:路遥知"马力",日久见人心。(1982 年 9 月马英九宣布肃贪后,盖洛普民调显示只有 38.4%的民众对肃贪有信心。马英九却以实际成果证明他的肃贪决心:1982 年 10 月至 1984 年 10 月,一共新收贪渎案件 3370 件,起诉 1319 件、3114 人。1984 年 11 月中华征信所民意调查显示,53%的民众认为贪渎情形有改善,65.4%的民众对政府肃贪有信心。)

马脚:马英九行事正直、不喜逢迎,没有见不得人的马脚,只有让想拍马屁的人容易碰到的马脚!

膝盖:赴美攻读硕士时,打球不慎扭伤膝盖软骨,医生建议以慢跑复健,从此养成习惯,二十余年来从未间断,累计里程超 15000 千米,相当于台北高雄间来回跑 20.8 趟。

马肉:马英九在法务部长任内认真查贿,不知挡了多少人的发财及漂白之路,有些人恨得想要学日本人生吃马肉,于是也有人乐得提出"五马分尸"。(1985 年 6 月马英九离开法务部前,全国一共起诉贿选被告 7530 人,其中逾 400 人具有民意代表身份,打破国内

外任何选举的纪录;已判决确认者 1024 人,判有罪者 892 人,占 82%。)

马蹄:接任法务部长后,马英九任内"马不停蹄"地跑遍全国各地 27 个检察署 131 次,52 个监院所 267 次,32 个调查单位 93 次以及 40 次的政风单位,35 次更生保护系统,包含 21 个县市及澎湖、金门、马祖、绿岛等外岛。

思考与写作:
1. 请分析该广告成功的原因?
2. 请模仿此广告为你写一份应聘文案的广告。

8.1 报纸广告文案的写作

8.1.1 报纸广告的特点

1. 报纸广告传播速度快,传递信息比较及时

报纸广告的传播速度较快,按出刊时间区分,分为日报、周报等。日报的出版时间为每天早上,出版周期短,一些时效性强的产品广告,如新产品和有新闻性的产品,就可利用报纸,及时地将信息传播给消费者。因为多数报纸的出刊时间很短,所以刊登在报纸上的广告具有及时性的特点。

2. 报纸广告的阅读选择性

报纸广告作为印刷广告的一种,具有阅读选择性的特点。报纸的版式主要由新闻等信息和广告两类组成。在二维的平面上,读者可以根据自己的需求和兴趣自由选择阅读版块和内容,自由选择阅读顺序,对自己感兴趣的内容还可以反复阅读。因而是一种主动性阅读的媒体。

3. 报纸的权威性与广告的商业性

相对于网络传媒,报纸具有更高的可信度与权威性。大多数报纸历史长久,且由党政机关部门主办,在群众中素有影响和威信。顺其自然地,报纸的权威性赋予报纸广告一种真实可靠的形象。但广告本身是一种商业性的信息,广告的目的在于推广商品或服务,因此与新闻的免费性形成鲜明的对比。

4. 报纸广告的信息量大

报纸广告于电视等广告相比较,由于是空间性媒体,可以充分利用文字来传递大量丰富的信息内容。电视、广播等由于是时间内媒体,其时间有限只能将重点信息传递出去。报纸广告大多数都会以图片吸引注意力,但很多重要且详尽的信息都以广告正文等的形式出现。因而对于那些需要详尽描述的产品,利用报纸的说明性可以告知读者其详细内容。

5. 印刷质量相对较差

相对于杂志广告来说,印刷质量差是报纸广告的一大缺憾。尽管近年来报纸印刷技术不断得到突破和完善,多数报纸广告还是难以做到精致和色彩斑斓。

8.1.2 报纸广告的类别

1. 按照性质分类

(1) 公益性广告

公益性广告以公共利益为出发点,其诉求对象是最广泛的大众。公益广告所阐述的内容大多是公众最需要的或社会提倡的一些观念、思想或行为,从而推动社会更加文明。公益广告的非商业性往往是其能获得人心的关键,但好的公益广告也需要具有更好的创意和表现。

【小案例】《关注男女比例篇》(华文报纸优秀广告奖获奖作品)(见图8-2)

图 8-2

该篇的特点一是主题选择得好,有一个独特的视角——关注男女比例失调问题;二是创意的角度选择得好,从男女厕所的标志的变化来告诉人们问题的严重性;三是创意手法好,在熟悉的地方创造陌生。另外细节执行与文案都还不错,作为一件年轻人的创意作品,这是很出色的。

——丁邦清 广东省广告有限公司副董事长、执行创意总监

(2) 非公益性广告(商业性广告)

非公益性广告即商业性广告,该类广告是以盈利为目的,通过传播一定的商业信息来实现营销的目的。市面上大多数广告都是非公益性广告,是最常见的广告形式。由于产品类别的不同,商业性广告呈现出不同的创意以及千差万别的文案写作风格。

2. 按照形式进行分类

(1) 一般性广告

一般性广告是与分类广告和软文广告相比较的普通广告。在报纸中大多数的广告都属于此类。占据一个比较大的版面,具有平面广告所包括的完整的构成要素。一般包括广告标题、广告语、正文、附文和图像。

(2) 分类广告

报纸分类广告是一种受众主动阅读以获得与自己关心内容相关的广告。在一个完整的版块中,将其分割为小版块,每一个小版块是一个广告版面,用来刊登一些与生活密切相关的广告内容。报纸分类广告注重消费者的生活需求。报纸的分类广告,主要是针对市民需要的信息进行发布,其内容可以是促销某种商品或服务,也可以是招领启事等,涉及社会生活的方方面面(见图 8-3)。一般而言其文案写作的要求很低。

图 8-3

(3) 软文广告

软文是 20 世纪 90 年代由保健品行业率先开创的一种广告形式,由于信息量大、性价比高、传播方式灵活等特点备受各行业广告主的青睐。企业通过策划在报纸、杂志或网络等宣传载体上刊登的可以提升企业品牌形象和知名度,或可以促进企业销售的一些宣传性、阐释性文章,包括特定的新闻报道、深度文章、付费短文广告、案例分析等。软文广告的价值:①提高广告说服效果;②维护报社市场地位;③满足消费者的信息需求。

【小案例】 从家庭"煮"妇到家庭主妇:爱仕达厨房消烟大行动

中国室内装饰协会室内环境监测中心发出环境污染警示:厨房油烟危害健康。随着人们生活水平的提高,健康、环保意识也得到了逐步加强,人们开始反思以往生活中的不利于健康的陋习,厨房有害物质排放的问题也应该引起重视。我国饮食文化讲究煎、炒、烹、炸,而这些烹调方式会产生大量油烟,家庭主妇须防烟害。油烟随空气侵入人体呼吸道,进而引起疾病,医学上称为油烟综合征。作为国内炊具业的行业龙头,爱仕达公司以细心呵护家庭主妇的身心健康为己任,推出了爱仕达六层无油烟锅,充当了厨房油烟的终结者,掀起爱仕达家庭主妇消烟大行动,掀开无烟厨房的炊具消费新时代,从源头上与厨房油烟斗争到底,营造健康家庭和无烟厨房,从此使每一个健康家庭告别油烟之苦,敬请选用爱仕达六层无油烟锅。

案例分析:广告大师们非常重视创意,尤其是标题部分,怎么别致,怎么才能激发读者的好奇心就怎么做。此案例只看标题根本看不出是什么文章,因为看不出,好奇心首先就有了。然后开始读第一句,甚至直到最后才知道标题讲的是什么。这时候广告文案已经读完了,文案的目的也达到了。

(4) 报纸夹页广告

报纸夹页广告是指夹在报纸中,以一页或者多页的形式随着报纸一同发出的。夹页广告可以做到色彩丰富、印刷精美,能够根据企业需要展现出具有视觉冲击力的广告。报纸夹页广告还具有灵活高效针对性强、突出明显信息量大、经济实惠性价比高、准确及时回报率高、发行规范放心省心等优势。超市促销等广告往往采取此种形式。

8.1.3 报纸广告的版面形式

一般来说,报纸广告的版面大致可分为以下几类:报花、报眼、半通栏、单通栏、双通栏、半版、整版、跨版等。究竟选择哪种版面做广告,要根据企业的经济实力、产品生命周期和广告宣传情况而定。

(1) 报花广告

报花广告又称栏花广告,是在报纸的任意版面刊登的小广告,一般被放在报纸的最下面,或者大广告的周围。这类广告版面很小,不具备创意空间,其广告形式一般以文字符号为主,文案只能作重点式表现,突出品牌或企业名称、电话、地址及企业赞助之类的内容。

报花广告较之其他报纸广告的刊登价格要便宜得多,因此很多品牌常年刊登报花广告,使得其品牌形象深入人心。

(2) 报眼广告

报眼是指在报头旁边的一个小版块,是第一版中最显眼的位置。报眼的版面面积虽小,其醒目程度却值得重视和利用。常常用来刊登日历、广告、内容提要、气象预报、重要新闻或图片等,由于报眼的位置显著,并会自然地体现出权威性、新闻性、时效性与可信度,广告费高(见图8-4)。

(3) 半通栏广告

半通栏广告版面比较小,而且是与其他版块排列在一起出现的,辨识度低。因此半通栏广告需要别出心裁的设计来吸引人们的眼球。一般情况下应该考虑设计醒目的标题和图片。

(4) 单通栏广告

单通栏广告是报纸广告中最常见的一种,符合人们的正常视觉,比较容易深入人心。

图 8-4

(5) 双通栏广告

双通栏广告在版面面积上是单通栏广告的两倍。较大的版面面积给广告文案的撰写提供了空间,广告的版面设计不再受版面面积的约束,这给广告文案写作提供了较大的驰骋空间,凡适于报纸广告的结构类型、表现形式和语言风格的广告都可以在这里运用。

(6) 半版广告

半版广告、整版和跨版广告,均被称之为大版面广告。版面面积较大,受关注度高。

(7) 整版广告

整版广告是我国单版报纸广告中最大的版面。报纸的一个完整版面都为某一个品牌或企业的广告。

(8) 跨版广告

跨版广告即一个报纸广告,刊登在两个或者两个以上的页面上。一般有整版跨板、半版跨板、1/4 版跨版等几种形式。跨版广告很能体现企业的大气魄、厚基础和经济实力,是大企业所乐于采用的。

(9) 特异性广告

特异性广告是一种比较特殊的报纸广告形式。一般的特异性广告都具有与新闻稿件融合和渗透的特点。即广告的表现位置可能在新闻的内部,然后用文字排列的方式来呈现为某种视觉效果。特异性广告在文案写作时要考虑创意与新闻标题之间的关联性(见图 8-5)。

8.1.4 报纸广告文案的写作要求

人们对于报纸广告的态度是多种多样的,因为不同的人群生活经历和受教育程度不同,比如年龄、职业、文化修养、社会地位以及心理素质,都有很大的差异。但总的来说,报纸广告要达到三个基本要求:吸引受众注意力,使之产生兴趣,以至于完全阅读。报纸广告文案写作中经常运用夸张、空白、对比、形象和色彩的象征等手法。

下面介绍报纸广告文案写作的四要素。

图 8-5

(1) 标题

标题的功能：吸引注意、选择受众、诱读正文、表达概念、承诺利益、提供新特征、促进联想等。

【小案例】 两则广告标题

① 某密封胶的广告标题："1+1=1"。

② 以色列航空公司广告标题：从 12 月 23 日起，大西洋将缩短 20%。

③ 从这一天开始，以色列航空公司飞越大西洋航线的全部飞机换用新式喷气式飞机，速度比原来快 20%。

案例分析：三则案例都具有吸引注意、诱读正文、促进联想等功能，其中案例①标题别具一格，阐述了劳斯莱斯汽车几乎没有噪声的特质；案例②不需要看正文，标题直截了当地表达了商品的功效；案例③则侧重"诱读正文"。

撰写原则。

格里宾是位广告实践家,也是一位广告文案大师,他在长期的广告实践过程中形成了自己的一套理论。他认为,报纸广告应该注重以下撰稿原则。

在美术指导的帮助下,创作一幅能吸引读者去读文案标题的图画。

创作文案标题,使它能够吸引读者去读正文第一句话。

创作正文第一句话,使它能吸引读者读正文第二句话。

继续这样的步骤,直到你确信文案能吸引读者读完最后一个字为止。

确信整个画面和文字都能激起消费者的购买欲望。

【小案例】 S&W 罐头平面广告文案(见图 8-6)

图 8-6

我们添加的唯一的东西就是盐(左图)

我们公司的鲑鱼没有必要添加油料以增其汁味。因为它们都是特别肥大的鲑鱼。这些健康的鲑鱼,每年溯游到菩提山之北的河川中。如果我们在蓝碧河选不出理想的鲑鱼怎么办呢?我们会耐心地等到明年。为什么?因为如果不是完美的,不会被 S&W 装入罐头。

我们把大鱼放生(右图)

小金枪鱼,简直就像小羊、小豆子、嫩玉米粒一样柔嫩。因此,S&W 绝不用大金枪鱼制作罐头。您把 S&W 的罐头打开,一定会发现里面是多汁的小金枪鱼。那如果捕到的都是大鱼呢?很简单,S&W 就不把它装罐。为什么?因为,如果是不完美的,就不会被 S&W 装入罐头。

案例分析:这两则案例是 S&W 罐头平面广告系列中挑出的,首先其标题就很别致,一句坦诚的直白,反映了文字的魅力。文案阐述了 S&W 公司的态度和责任心,用以感动读者。最后每则文案都有一句"为什么?因为,如果不是完美的,就不会被 S&W 装入罐头。"给予读者以承诺,成功塑造了品牌形象。

(2) 正文

报纸广告正文的类型有以下几种。

① 描述性正文：以客观、正面地描述商品服务的特点为主的正文，尤其是生产资料商品广告较为常见。例如：

> 美国超奥扬声器，采用独特的连贯音元工设计，低音丰满自然，中高音华丽清晰，加上无形辐射式低音功能，令其重播效果更上一层楼，超奥扬声器，全世界获奖最多的喇叭。

② 解释性正文：有针对性地提出问题，然后提出解决办法，即对问题进行解释的正文。

③ 证据性正文：以权威性的证据以及权威机构和权威人士的语言为主的正文。

④ 对话性正文：以两人或多人之间的对话展开的正文。

⑤ 故事性正文：以叙述故事的形式作为正文主体。

⑥ 幽默性正文：以幽默的预期来进行文案创作往往能让人在开怀大笑中接受广告所要传播的信息。

【小案例】 菲律宾一则旅游广告"十大危险"

> 小心购物太多，因为这里货物便宜；
> 小心吃得太饱，因为这里食品物美价廉；
> 这里的阳光充足，小心被晒黑；
> 小心潜入海底太久，记住勤出水换气；
> 因为名胜古迹太多，小心胶卷不够用；
> 上下山要小心，因为这里山光云影常使人不顾脚下；
> 小心爱上了友好的菲律宾人；
> 菲律宾的姑娘热情美丽，小心坠入爱河；
> 小心被亚洲最好的酒店餐馆宠坏；
> 小心对菲律宾着了迷而舍不得离去。

该广告使用反语的修辞手法，每一句开头使用祈使句，需要"小心"，因为"危险"的句式解构幽默地表达出菲律宾旅游的各方面的条件。与一般的广告相比较，这样的广告更容易让人会心一笑，并乐于接受所要传播的广告信息。

(3) 随文

随文又称附文，是广告中传达购买商品或者接受服务的方法等的基本信息。内容包括购买商品或获得服务的方法；权威机构的证明标志；用于接听诉求对象反映的热线电话；网址；直接反映表格；特别说明；品牌（企业）名称与标志等，一般放在广告文案的最后部分。

(4) 广告语

广告语是一种较长时期内反复使用的特定商业用语。广告语的作用就是以最简短的文字把企业的特征或是商品的特性及优点表达出来，给人留下深刻的印象。广告语还可以保持广告活动的连续性,使人一听到或看到广告语就联想起商品或广告内容。比如M&M 巧克力的"只溶于口,不溶在手",人头马洋酒广告的"人头马一开,好事自然来"。

8.1.5 报纸广告写作的技巧与手法

广告是视觉传达艺术设计的一种,其价值在于把产品载体的功能特点通过一定的方式转换成视觉因素,使之更直观地面对消费者。有一家餐馆在门口的牌子上写道:"我们深知您不是非得来此用餐,所以我们会以最好的服务来报答您的光顾。"直截了当的一句话,简简单单就取得了巨大的成功。

1. 一个好的标题能给文案带来什么

(1) 吸引读者的注意力

广告标题是整个广告文案乃至整个广告作品的总题目。广告标题为整个广告提纲挈领,将广告中最重要的、最吸引人的信息进行富于创意性的表现,"读标题的人平均为读正文的人的 5 倍"(大卫·奥格威)。

(2) 引导读者继续阅读正文部分

标题不仅需要具备吸引力,还要设置悬念,读者看到这里,想了一下,"这是怎么回事?"接着,他就会去阅读你的正文,去弄清楚到底是怎么回事。圈套要设在这里。

(3) 标题要与读者利益密切相关

有时候一个好的广告标题就包含了重要的利益承诺。购买产品所能获得的利益点才是消费者关心的关键信息。因此通过利益点的提炼进行标题写作是一个不错的想法。生命阳光牛初乳的广告站在妈妈的立场思考孩子的成长。一个巧妙的广告标题将妈妈的心里话说了出来。此系列作品获得了 2010 年广州日报华文报纸广告奖、商业广告奖、年度杰出广告标题(见图 8-7)。

2. 怎样利用插图点亮广告文案

插图的主题比做插图的技巧更重要。插图最重要的是好的创意和主题,而不是像摄影俱乐部得奖的那类照片。能激起读者好奇心的照片才是有效的。

📚【小案例】

比如埃利奥特·埃尔维特(Elliott Erwitt)为宣传波多黎各旅游业的广告所拍的一幅照片。埃尔维特没有直接拍帕布洛·卡萨尔斯演奏大提琴的情景,而是拍了这位伟人的大提琴靠在一间空屋子里的一把椅子上的情景。"屋子为何空着?

图 8-7

卡萨尔斯又到哪里去了?"读者脑海里出现的这些问题促使他们到广告文案中找答案。读过广告文案之后,他们就会订票去波多黎各圣胡安参加卡萨尔斯艺术节。在使用这个广告的头 6 年里,波多黎各旅游业的收入从开始的每年 1900 万美元一下子增加到每年 5300 万美元。①

【小案例】 大众汽车广告(见图 8-8)

图 8-8

改变
你可以自行观察变化最大的地方。往下看。
你所能见到的每个部件(以及你看不到的)都经过了一而再、再而三的改造。
如果毫无缘由,我们不会做任何改变。如果有,就只有一个理由,让它变得更好。

不变
大众汽车的服务保持了最初的良好水准。
保持不变的,还有甲壳虫车型。
侧窗更大了,这样你能更清楚地看到别人。
尾灯也更大了,这样别人也能更清楚地看到你。
这些改变都是微小的,每一辆大众汽车的引擎罩仍是一样的,挡泥板也是。
需要提醒你的是,所有的大众汽车看起来就像同一辆。
这正是大众汽车的精湛之处。
永不过时。

案例分析:此案例中,我们的甲壳虫汽车运用"改变"和"不变"的对比,分别展开阐述。阐述的内容可以归纳为:好的方面我们保留着,改变了的地方已经变得更好。同时,用自身的精湛之处做筹码,使得大众甲壳虫别树一帜。

---

① 大卫·奥格威.一个广告人的自白[M].北京:中国物价出版社,2003.

3. 正文的可读性、故事性

报纸广告的正文应该是整个文案中的核心。通过正文的详细叙述将对受众在信息层面的了解起到很大的作用。但不能单一地看待正文的存在,还必须从标题的延伸出发思考报纸广告正文的作用。一方面要考虑如何衔接标题;另一方面也要考虑在正文中如何有逻辑地叙事,以增强正文的可读性、叙事性。

克劳德·霍普金斯曾经为喜立滋啤酒做过一系列的广告,其中有一则广告堪称经典之作,其文案写作的条理性、递进性很好地诠释了可读性(见图8-9)。

图 图8-9

通常用故事作为原始段是引起兴趣的一种方式。克劳德·霍普金斯很聪明地将这种酿造过程用巧妙而准确的文字构建成一个充满细节的、让人神往的故事,一个令啤酒爱好者产生强烈兴趣的故事。

4. 随文的促销性

作为广告随文而言,主要的是提供产品销售、购买的地址、联系方式以及产品、企业的品牌标志等。但随文的目的在于消费者看到这里时能产生想进一步了解其信息或者购买的欲望刺激。作为随文而言一定要注意利用语言文字的魅力来进一步强化消费者的这种冲动。

 **知识拓展**

奥格威的建议：长文案的写作技巧①

如果你需要很长的文案，以下的这些办法能吸引更多的读者。

(1) 在大标题和正文之间插入副标题可以提高读者读下去的兴趣。

(2) 用大一些字号的字编排正文第一个词的第一个字母一般能多吸引13%的读者。

(3) 开头一段控制在11个词以内。开头一段太长会使读者望而生畏。其实，所有的段落都要尽可能地短，段落长了令人生厌。

(4) 在正文第一行下面两三英寸的地方加进第一个小标题，然后通篇使用小标题。为了吸引读者不断读下去，可以把一些小标题写成疑问式的，以激起读者对下文的好奇心。一系列精心写就、安排巧妙的小标题，可以把你要传递的全部信息的实质告诉那些懒得读全文而只浏览广告的人。

(5) 把广告文案的版面分栏，文案的栏不能宽于报纸的栏。大部分读者的阅读习惯是从读报纸养成的，而报纸的栏宽是大约26个印刷符号。栏越宽，读者就越少。

(6) 小于9磅的字，大多数人读起来有困难。

(7) 用衬线体铅字排版比用粗体无衬线体易于阅读。包豪斯派的人不知道这个事实。

(8) 我小时候，一般广告正文的编排都是方方正正、齐头齐尾的。后来发现，齐头散尾更能吸引读者。但是，在每栏的末一行却不可以，这一行散尾缺字会使读者在此停住而不再往下读。

(9) 长文的重要段落要用黑体字或斜体字排成，以增加多样性，避免版面单调。

(10) 不时加进插图。

(11) 用箭头、弹形记号、星号和边注等符号标志帮助读者往下读。

(12) 如果有许多各不关联的事要讲，你千万不要用许多令人厌烦的连接词。就像我现在做的这样，一样样地编上号就可以。

(13) 千万不要把你的广告正文排成阴式版面（黑底白字），也不要把广告文案排在灰色或有色的底上。老式的美术指导理论说这种做法会迫使读者去读广告文案，我们现在知道这种办法使读者根本无法读下去。

(14) 如果在段落间加上引导性符号，读者数平均会增加12%。

8.2 杂志广告文案的写作

8.2.1 杂志广告的特点

1. 杂志广告的优点

(1) 具有较强的针对性

杂志一般具有比较明确的定位，大多将某个特定的人群作为其目标群体，具有比较稳

---

① 大卫·奥格威.一个广告人的自白[M].北京：中国物价出版社，2003.

定的阅读人群。因此杂志广告更容易锁定广告的目标受众,增强其宣传效果。

(2) 较长的保存阅读期

相对于除了图书之外的报纸等其他纸质,杂志是传播媒介中最容易被保存的。杂志的印刷质量和内容的可读性使人们将杂志作为一种存在时间较长的媒介。杂志篇幅长的文章较多,有利于长期阅读和反复阅读,无形中增加了广告的重复阅读率;杂志的传阅率比报纸更高,增加了与更多读者见面的可能性;杂志装订精致,纸质考究,封面采用较为厚实的纸质,不易磨破损坏,使得杂志拥有了较长的阅读寿命;有些杂志专业性较强,本身具有极大的收藏价值。

(3) 杂志广告页面印刷精美

杂志的印刷纸张和技术赋予其印刷精美的视觉效果。纸质更是报纸等不可比拟的,它可以给读者一种高品质的艺术享受;同时,精美的印刷赋予了广告完美的效果和表现力,使被宣传对象的形象更加鲜活立体地展现在读者眼前;相对于报纸来说,在杂志上刊登的广告给受众一种更加高品质、更加值得信赖的感觉,有利于品牌形象的塑造。

(4) 主题鲜明、受干扰少

报纸广告通常以单个小版块的形式存在,或者与多个杂乱的版块同时存在,而杂志广告大多独自占据整个页面,图文并茂,色彩鲜活,鲜有干扰项,读者注意力易集中。

2. 杂志广告的局限性

(1) 杂志的发刊量比报纸小

尽管杂志广告有着优于报纸广告的特性,杂志的发刊量还是远不及报纸,因此杂志广告与读者见面的机会并不大,广告效果并不理想。

(2) 杂志广告出版周期长

杂志按其出版周期则可分为周刊、半月刊、月刊、双月刊、季刊及年度报告等,出版周期普遍较长,少则一周多则半年;此外,杂志的编辑定稿时间较早,即使是周刊,截止时间也在发刊前一两周。所以杂志的时效性较差,新闻性不强,不能够刊登时效性强的广告。

8.2.2 杂志广告文案的写作要求

1. 不拘泥于四要素的固定结构

由于杂志自身纸质和印刷质量较好,广告图片的视觉效果吸引注意力的能力大大提升了。因而造就了报纸所没有的视觉体验。杂志广告文案写作时一定要重点考虑图片的传播效果,文字相对而言较少。充分发挥图片的潜在效果。在有些情况下,并不要求文案的四要素都出现。

2. 图文搭配适当

杂志广告中标题字体较大,正文文字相对较少。与报纸广告相比较而言,杂志的图文同样重要,甚至图片占的比例要更大。由于杂志印刷质量好、纸张质量好等自身条件,图片承担了更多的信息传递的任务。而文字则多用于解释说明、广告语等,更多地要求简短精悍。

3. 着重突出画面的视觉冲击力

(1) 大多为整版广告。因为杂志本身的特点,整版广告是最常用的形式。杂志广告大多是在内容页之外的广告页面上发布广告,因而不受其他版块干扰。

(2) 发挥印刷精美的特长。相对于报纸广告来说,杂志广告的特长之一是印刷精美、排版细致,因此,在广告创作过程中要注意大体排版、注意选用的图片、注意整体效果等。图文结合,充分发挥图文并茂视觉效果的优点。这样构图舒适、颜色鲜活、设计感强的广告更加容易受到读者的关注,提升企业的品牌形象,激发购买兴趣。

4. 了解杂志特定的阅读群体

由于具有比较明确的读者群,所以在杂志广告文案写作时一定要准确把握该群体的思想、消费理念以及行为等因素。通过了解消费的情况将广告创意、文案写作以及图片等有机地结合起来。

5. 多营造氛围

由于杂志画面的精致性,更容易产生逼真、形象和高精度的画面效果。所以能够赋予其产品或服务高档次的感觉。杂志广告可以通过文案与图片的配合来营造良好的氛围,在这一点上,报纸却很难实现。

【小案例】 台湾黑人牙膏的杂志广告(见图 8-10)

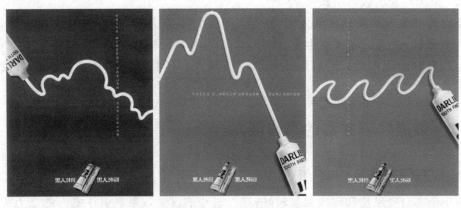

图 8-10

(1) 广告文案:仲夏去兜风　晴空万里云留白　这般洁白清新　就是黑人牙膏的感觉

(2) 广告文案:仲夏去兜风　满山遍野都是绿　这般清凉舒畅　就是黑人牙膏的感觉

(3) 广告文案:仲夏去兜风　海阔天空都是蓝　这般清洁舒畅　就是黑人牙膏的感觉

案例分析：台湾的黑人牙膏杂志广告文案由"云、山、水"构成一个系列。此副广告通过运用了优美的文字，结合由牙膏构成的山的形状，构成一种轻松欢快的野外郊游的视觉感受。将这种感受与牙膏给牙齿的感觉做了完美的比拟。

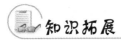

杂志广告的非常规创意手法

（1）跨页广告：Adidas 的一则广告（见图 8-11）

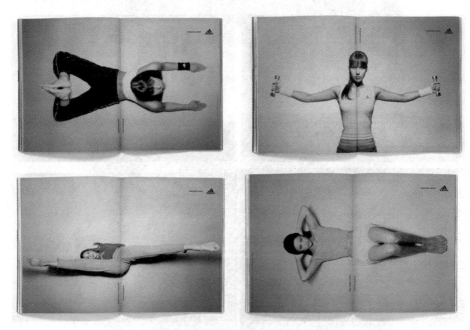

图 8-11

Adidas 巧妙地利用了跨页广告的形式，把扉页的翻动与画面中人物的肢体动作联系起来，惟妙惟肖，迸发出很强的视觉冲击力，使人过目不忘。又巧妙地传递出了产品与运动、锻炼之间的关联性。

（2）尝试使用特殊材质或新材料：DHL 速递（见图 8-12）

通过特殊的材料，使读者在阅读的过程中开始体会其中包含的创意与幽默，直观地传达出敦豪快递的"快"。其原创性、视觉的冲击力都很强。

（3）增强互动性（见图 8-13）

黑白单调的画面看上去毫无生机可言。"请对着太阳光看这一页"然后奇迹出现了。画面变得色彩斑斓、生机勃勃、蓝田白云，一种自然美好的感觉油然而生。又出现一句文案"然后你就知道如何从中收益"。这就是对太阳能源的效果的展示（见图 8-14）。

为推广可定制手机 Moto X，摩托罗拉与广告公司 Digitas 设计了这个有创意的杂志广告。设计师将超薄电池、显示屏以及按键都放进了杂志广告页，只要按下颜色小圆点，上面的 Moto X 手机外壳就会改变成对应的颜色。

图 8-12

图 8-13

图 8-14

本章小结

本章主要介绍了报纸广告和杂志广告的一些基本性质,以及我们可以怎样更好地利用它们,如何选择信息传播载体,对应不同的载体我们应该怎样更好地利用等。通过文字的详尽阐述和经典案例的辅助说明一一展现出来,要求学生理解透彻并可以模仿和运用优秀的广告文案。

思考与练习

一、名词解释

1. 软文广告 2. 互动性 3. 特异性广告

二、简答题

1. 印刷类广告文案与电波类广告文案写作有哪些区别?
2. 特异性广告创作的难点有哪些?

三、论述

1. 请查找资料,结合你所学知识,论述印刷类广告文案写作特点的历史演变。
2. 社会化媒体广告文案对报纸广告文案写作的影响有哪些?

第 9 章

广播电视广告文案的写作

 学习要点

- 回顾并明晰广播电视语言的特点;
- 学会对电视广告作品进行分析;
- 进行广播广告脚本写作;
- 学会进行电视广告脚本写作。

 开篇案例

别克公益广告 Human Traffic Signs

LOWE/睿狮为上海通用别克创作的"事关人命,遵守交规"系列广告(见图 9-1)包括户外和影视作品。该系列作品招募了 9 位真实的交通事故受害者,让更多人看到违反交通规则的代价,让他们在曾经的事故发生地点现身说法,他们受伤致残的身体与破碎的家庭,是最惊心触目的交规标志。"事关人命,遵守交规"是 2014 年中国获奖最多的广告创意作品。

思考与练习:

1. 观看本案例,试对其进行分析。
2. 你觉得该系列广告中平面广告和影视广告哪个更震撼你？请说明原因。
3. 你觉得上面的影视广告有没有争议性？

图 9-1

图 9-1(续)

9.1 广播广告文案写作

广播电视(Radio and Television)是通过无线电波或通过导线向广大地区播送音像、图像节目的传播媒介,统称为广播(Broadcast)。只播送声音的,称为声音广播;播送图像和声音的,称为电视广播。狭义上讲,广播是利用无线电波和导线,只用声音传播内容的。广义上讲,广播包括单有声音的广播及声音与图像并存的电视。下文所提及的广播均为狭义广播。

广播、电视是电子媒介的代表,与印刷媒介的视觉性不同,广播从听觉入手,电视则视听结合,给人们带来不同的视听体验,也给广告文案创作带来了全新的领域和有趣的挑战。

9.1.1 广播的源流与发展

1906年圣诞节前夜,美国的费森登和亚历山德逊在纽约附近设立了一个广播站,并进行了有史以来第一次广播。广播的内容是两段笑话、一支歌曲和一支小提琴独奏曲。这一广播节目被当时四处分散的持有接收机的人们清晰地收听到了。这是人类首次使用广播媒介,但直到20世纪20年代广播才正式进入大众视野。世界上第一座持有执照的电台,是美国匹兹堡KDKA电台,于1920年11月2日正式开播。1923年1月美国人奥斯邦在上海建立了中国的第一座广播电台。1926年,由刘瀚创办的哈尔滨广播电台是中国的第一家自办广播电台。

广播广告的制作成本及播出费用相对低廉,适合预算较低的广告活动和日常的提醒性广告,再加上广播广告制作流程简单,也比较适合促销型广告和时效性广告。

近年来,随着电视媒体的发展和网络及新媒体的出现,广播越来越"窄播化",广播广告占有的份额也有一定缩小,很多学界及业界人士发文纷纷讨论广播及广播广告的发展出路,探讨广播如何利用新媒体及如何适应媒介融合等问题,但另一方面,我们也应该看到"窄"的好处,资源会更加集中,品类选择也会更加集中,受众亦是,这无疑为广告人进行媒介使用与选择提供了帮助。

9.1.2 广播广告主要规格和类型

广播广告一般有 60 秒、30 秒、15 秒、7 秒、5 秒等不同规格,各个广播台有所不同。如图 9-2 所示①(为中国国际广播电台的轻松调频 Easy FM 的广告价目表)。

2016 年中国国际广播电台轻松调频 FM91.5 广告价格表

(自 2016 年 1 月 1 日起执行)

常规广告形式

段位	播出时间	7秒/次(元)	15秒/次(元)	30秒/次(元)
71	07:40~08:00/08:00~08:40/06:40~09:00	3100	5800	9200
72	09:00~09:40/17:40~18:00/18:00~18:40/18:40~19:00	3000	5600	8850
73	07:00~07:40/09:40~10:00/12:00~12:40/17:00~17:40/19:00~17:40	2650	4900	7600
A	10:00~10:40/11:40~12:00/12:40~13:00/16:40~17:00/19:40~20:00/20:00~20:40/20:40~21:00	2200	4000	6250
B	06:40~07:00/10:40~11:00/11:00~11:40/13:00~13:40/16:00~16:40/21:00~21:40/21:40~22:00	1550	3000	5100
C	06:00~06:40/13:00~14:00/14:00~14:40/14:40~15:00/15:00~15:40/15:40~22:00/23:00~23:40/23:40~24:00	1250	2400	4000
D	00:00~06:00	350	600	1000

特殊广告形式

类别	播出时间	播出次数/天	价格	合作形式	最少合作期
标版广告 06:00~23:00	每逢整点播出(标版第一条)	18	40万元/月	7秒	季
	每逢整点播出(标版第二条)	18	38万元/月		
	每逢整点播出(标版第三条)	18	36万元/月		
小专题	60秒 A段		10000元/次	专题内容以公益知识为主	周
	B段		9000元/次		
	C段		7000元/次		

节目赞助

级别	播出时间	价格	合作形式	最少合作期
I	08:00~11:00	342万元/版/年 102万元/版	节目开始、结尾播出5秒赞助语2条;以上(下)时段节目由XX赞助播出。可插播一条30秒广告。	季度
II	07:00~18:00/18:00~19:00/19:00~20:00	308万元/版/年		
III	11:00~12:00/14:00~18:00/20:00~22:00	235万元/版/年 70万元/版		
IV	06:00~07:00/13:00~14:00/22:00~23:00	207万元/版/年 62万元/版		
V	23:00~24:00	149万元/版/年 45万元/版		

备注:1. 常规广告基本合作期为两周。
2. 指定位置加收30%,跳播加收30%,加急广告加收30%。
3. 广告必须先付款,手续齐备后,方可安排播出。
4. 以上价格不含广告创意制作费用。
5. 所以广告应符合《中华人民共和国广告法》的规定。

图 9-2

---

① http://gb.cri.cn/43005/2015/01/04/113s4828502.htm.

广播广告的类型非常丰富,主要有以下几种。

其一,提供节目类的广告,也就是电台会专门给出一段固定的节目时间,这段时间的节目由广告客户提供,客户可以把节目内容做成广告或者在一般的节目中插播广告。这个类型的广播费用相对高一些。

其二,插播类广告,即在节目过程中插入广告,这是最常见的广播广告形式之一。因为是在节目中间播出,一般来说广告效果好于提供节目类广告。

其三,电台广告时段,部分电台会专门开辟一些固定时间,在其中连续播放数家客户的广告,一般出现在上一个节目结束、下一个节目开始的中间时段。

其四,报时广告,这也是每个电台都会有的一种常规广告形式,即在整点或半点报时前播出相应的客户广告,因为该类型的广告时间紧凑,所以一般为提醒告知型广告,不会做深度诉求。

世界上第一则广播广告

1926年宝路华手表发布了美国第一则全国性的电台广告,"At the tone, it's eight o'clock, B-U-L-O-V-A Watch Time"("刚才最后一响,是宝路华手表时间八点整"),也是世界上最早的报时广告。

当然,根据各电台的传播策略不同,还有一些不同类型的广播广告,但不论类型如何,在广告文案的创作中有一个基本的特征是一致的,即"为听而创作"。

9.1.3　广播广告的三要素

要写作广播广告必须了解广播这一媒介的基本特点,在遵循广播媒介规律的前提下进行广告脚本写作。广播是单一传达声音的媒介,受众只能通过"听"来了解和获得相关信息,听觉媒介的特点是形象感相对较差,这就要求文案作者在写作之前和写作过程中必须考虑对广播广告三要素的合理有效使用,即综合地运用人声、音乐和音响这三个广播广告的基本要素,也是全部要素。

1. 人声

人的声音是广播广告中的重要因素,包括一切广告中的人物发出的说话声、感叹声、笑声、哭声、吵嚷声、嘈杂声、唱歌声甚至咳嗽声等。特别是人的说话声,它是广播广告中用以塑造形象,传达广告信息的主要工具和手段。也是听众辨析、接受信息的唯一途径。人的声音各有不同,给听众的感觉也会不同,在广播广告中选择合适的声音演员就显得尤为重要。

2. 音乐

音乐是广播广告的又一重要构成要素,音乐包括声乐和器乐两种,一般在广播广告中通过音乐的旋律和节奏来传情达意,能够有效地烘托广播广告的气氛,是非常重要的辅助性手段之一。广播广告中与创意和人声节奏和谐一致的音乐,可以使听众产生情感共鸣,消除传送者与听众之间的心理距离。

3. 音响

音响又称为音效,广播广告中的音响主要是指除了有声语言和音乐之外的各种声音,是塑造广告形象的又一辅助手段。音响大致可分为四大类型:其一,大自然的各种声响,如山崩、地裂、洪水、海啸、浪涛、暴风雨等;其二,动物发出的各种声响,如鸟鸣、狼嚎、虎啸、犬吠、猪哼、鸡叫等;其三,物体运动摩擦发出的各种声响,如汽车启动和行驶时发出的各种声响、轮船的汽笛声、烹饪食物的声音等;其四,人在活动时发出的声音,如脚步声、鼓掌声、喘息声、打斗声等。音响的加入可以使得广播广告的形象感、现场感更加鲜明,能够增加广告真实感,强化听众感受,促使广告信息更好地传达。

当然,广播广告由三要素构成,除了人声之外的音乐及音响使得广播广告更具形象性,但并不是每一个广播广告都同时具备以上三个要素,具体还要视广告创意来敲定。

9.1.4 广播广告文案写作的要点

1. 为"听"而写,为"听"而录

广播是单一的听觉媒介,其广告也只能用声音打动消费者,因此广告脚本必须用生动、形象的语言来完成,要让听众听完后在头脑中形成相应的画面。避免使用枯燥、乏味、刻板、没有"表情"的语言与听众沟通。广播广告文案要充分挖掘声音的表现力,用对话、独白、广告歌等可以有效表达情绪和情感的方式传达信息,也可以考虑用快板、评书、相声等听众熟悉的听觉艺术形式来增强广播广告的生动性和亲和力。

有声语言具有"一呼而过"的特征,因此在广播广告文案写作时尽量使用听众容易理解的口语,不要使用过于书面化的语言。另外,一定要避免引起歧义的同音多义字词,有些文字写在纸上是看不到任何歧义的,但如果用声音说出来就会使听众产生误解,如早年一则洗衣粉的广播广告语就让听众摸不着头脑,其广告语是"佳佳爱家家,佳佳进家家",所以对此问题一定要慎重,写完广播广告脚本后文案作者要自己先通读一篇,没有问题后再进行广播广告的录制。再如"切忌"与"切记"两个词,"商风"与"伤风"两个词,"走进"与"走近"等多音字词。

2. 人声与音乐、音响的有效配合

人声是广播广告传达信息的重要手段,可如何才能更有效地吸引听众收听广播广告,显然在创意上下功夫是必须要做的一件事,通过创意增加广播广告的形象感和吸引力。在此过程中,音乐和音响便是广播广告不可或缺的传播要素。在广播广告脚本写作时必须考虑如何把人声与音乐、音响三个要素有机地结合起来,必须运用音乐、音响、语气、语调、情境、情感等一切可能的手段,增加广播广告的趣味性和吸引力。

这就要求广播广告文案人员充分掌握人的声音的基本特点,对不同类型的人声的表现效果了然于心,文案人员头脑中也应该有大量不同类型的音乐及歌曲储备,这样才能够在进行广播广告创作时事半功倍。

【小案例】 科隆千树园广播广告脚本[①]

(音乐起……)
女:山、水、园、林、花,科隆千树园,秀色天成!
(音效:大自然的声音)
男:这里是植物的家园!
女:上千种名贵珍稀植物,赏不尽的奇花异葩!
(音效:动物的声音)
男:这里是动物的天地……
女:精彩绝伦的动物趣致表演,让你流连忘返。
(音效:游乐场的声音)
男:这里是欢乐的海洋……
女:全新推出激光战舰、海盗船、双人飞天等项目,激情无限。
(音效:笑声及游玩的声音)
男:这里还是休闲度假的好地方……
女:周末带上家人,约上朋友,划船、钓鱼、喝茶、烧烤,其乐融融。
合:科隆千树园,休闲娱乐好选择。

案例分析:这则广播广告,通过对音响的别具匠心的处理:大自然的声音、动物的声音、游乐场的声音,笑声及游玩的声音与人物的语言交互穿插,主次互变,和谐动听。

9.1.5 广播广告制作流程及脚本写作

1. 广播广告制作流程

广播广告从创意到播出大致经过以下五个步骤。

第一步,按照客户的要求进行相关的广告创意,有时候是创意小组一起进行,有时候是具体的某个文案撰稿人独立进行,产生基本思路后须得到上级(通常是创意总监)和客户的同意。

第二步,广告文案撰稿人开始创作时需根据之前制定的创意思路撰写广播广告脚本,写好初稿后会进行一系列的修改审定工作,直到广播广告脚本定稿为止。

第三步,技术人员和广告文案撰稿人连同声音演员等共同录制广播广告脚本的定稿,之后技术人员按要求加入音乐、音响等要素。

第四步,对录制好的音频资料进行编辑修改,包括顺序调整、时长压缩等内容,最终形

---

① 案例引自中国广播广告网 http://www.cnr.cn/chinaadvertising/xxwyh/200908/t20090827_505446841.html,本章大部分广播广告案例均引自该网站。

成完整的音频文件,待客户审核通过。

第五步,在之前敲定的广播媒介的具体时段播放。

2. 广播广告脚本写作

如果按照每分钟 150 字的普通话语速,30 秒广播广告最多可容纳 75 个字的文案,15 秒广告大致容纳 40 字,5 秒广告大致容纳 15 个字。当然,写作文案时还必须考虑品牌个性和具体表现形式等问题,要考虑人声的语气语速,人声与音乐、音响的配合使用等问题。因此,广告文案人员在写作广播广告文案时,可尝试在头脑中事先模拟文案以人声读出时的语气、语调、情感、节奏,以及与音乐、音响配合的效果,然后再进行录制。

广播广告脚本有分栏和不分栏两种形式。分栏式脚本将音乐和音响效果、角色分配、语气语调要求按照出现的时间顺序列在左侧,将文案正式内容列在右侧,与左侧标明的时间顺序和表现要求相对应。不分栏的脚本直接按照时间顺序列出表现要求和文案内容。目前大部分广播广告脚本采取不分栏的格式,具体格式如下:

某某产品广播广告脚本(一般注明时长)
- 音乐起(一般注明具体音乐名称)
- 年轻女声(欢快地):(写明要说的具体内容)
- (音效:嘈杂的叫声,减弱,人声入)
- 年轻男声(郁闷地):(写明要说的具体内容)
- 音乐渐弱
- 年轻女声(心动地):(写明要说的具体内容)

【小案例】 赫柏湾——爱上她的感觉篇

男 1(心动地):第一次见面,她的眼神晶莹剔透,挑动我的每根神经
男 2(深情地):第一次拥抱,她的气息芬芳迷人,融化我无法移开的身体
男 3(沉醉地):第一次亲吻,她的味道清醇甘甜,唤醒我每颗味蕾的绽放
男:我知道,我已经无法自拔地爱上了她。
在每个孤单或是喧闹的夜晚,都渴望有她相伴(倒红酒的声音)
男:赫柏湾澳洲干红,这,就是爱上她的感觉(略停顿)
旁白:来自澳洲,珍品酿制,赫柏湾澳洲干红!

上面这则广告通过几个男生的"爱情独白"引出广告主角,吸引听众注意,听众在几个男生的轮番独白下,很想知道,他们口中的"她"到底是何方神圣,最后用拟人的手法引出广告的主角"赫柏湾澳洲干红"。

9.1.6 广播广告的表现形式

广播广告文案的表现形式,是由广告内容决定的,同时也受广播媒体特点的制约。虽然只有单一声音的表现,但广播广告仍然可以利用多种表现形式来吸引听众的注意力,通过运用各种技巧使听众产生兴趣。

1. 直接陈述式

直接陈述式即直接由播音员在录音间读出具体的广播广告文案,这是电台广告中最基本的一种表现形式。非常简便、快捷、价格低廉,但也因为形式简单,会相对枯燥一些。这就要求撰稿人在文案写作上多下功夫,充分发挥语言的感染力和播音员的播音技巧,或者尝试加入一些与之配合的音乐或音响,增加广告传播效果。

【小案例】 河南手机电视广播广告文案

换一种方式看世界,随时随地想看就看。
把电视拿在手中,河南手机电视!

【小案例】 金福星珠宝广播广告脚本

(音乐起)
每一个女人都像钻石般多面
(穿插场景音效)
或可爱,或温柔,或妩媚,或睿智
(音效减弱)
每一个角度都散发着璀璨光芒
每一束光芒都呈现出独特品位
(音乐切换)
金福星珠宝钻石系列,默契配合您的每一面
金福星珠宝,追求光芒而不显锋芒,有品位却不出位
金福星,最贴女人心

由于其本身特性,目前直接陈述式大多用在5秒、7秒的告知性广播广告中,在15秒、30秒的广播广告中不是特别多,所以要在创意上多下功夫。

【小案例】 凯迪拉克CTS——三明治

七　7分59秒32
六　6大巨星驾临
五　556匹马力
四　4年倾力打造
三　3地联合上演
二　两大车队极限对决
一　1个巅峰纪录的诞生
2009年5月凯迪拉克V day赛道征服日
极致动力科技 震撼巨献
详情请上网搜索
凯迪拉克 Cadillac

案例分析：这则广播广告虽然用播音员直接陈述，但因为加入了"七、六、五、四、三、二、一"的倒数式悬念，使得听众有耐心了解广告传达的详细内容。

2. 对话式

这是目前广播广告最常见的形式之一，对话式通过两个或两个以上的人物相互交谈的方式展开诉求，将要传达的信息通过对话内容传达出来。对话式广播广告由于常常是生活场景的再现，因此显得生动活泼，富有较强的生活气息，再加上音乐和音响的有效烘托，能够创造特定的情绪和氛围，比较容易吸引听众的注意力和收听兴趣。

【小案例】 银都酒店广播广告脚本

（电话铃声）

女：你在哪里？

男：我在领美国优质服务协会颁发的五星钻石奖呢！（电话铃声）

女：你在哪里呀？

男：乌鲁木齐西北路39号新疆银都酒店。（电话铃声）

女：你在哪里？

男：刚下飞机，正在去银都酒店的路上。（电话铃声）

女：你在哪里？

男：银都酒店。

女：不管你在哪里，我只在乎你！

旁白：十年续真情，银都喜重逢。新疆银都酒店。

案例分析：该广播运用对话的方式展开诉求，女声不断追问"你在哪里？"引起悬念，男生通过回答，一步一步地揭开悬念，同时后几次回答都在不断强调广告主角"银都酒店"，通过悬念和重复既吸引听众又使得听众记住了主要广告信息。

【小案例】 中国移动通信广播广告脚本

男（深情的语气）：说一句"我想你"只需一秒钟！

女（疑问的口气）：亲爱的，送你300分钟免费通话，你想对我说什么？

男（豪迈有力地）：说18000次我爱你！

女（娇羞地，拉长语气）：讨厌！

男（快速地）：即日起，登录中国移动福建公司"ihome我家在线"网站办理"ihome家庭计划"，每人每月3元组建家庭VPN，本地拨打VPN成员手机300分钟内免费。网站新办理"ihome家庭计划"的家庭主卡客户最高还能得60元话费哦！

旁白：以上活动详情敬请咨询10086。

旁白：中国移动通信，北京2008奥运合作伙伴。

案例分析：该广播广告通过一对小情侣之前的日常情话，点出产品的最重要特征"免费通话"，从而让听众了解和认识这一专门针对家庭的免费通话业务。

3. 独白式

在广播广告中以一个代言人或使用者的声音为主体,代言人或使用者通过内心独白或介绍的方式展开对品牌或产品的相关信息传达。

【小案例】 怡宝饮用水广播广告脚本

(背景音:这个月,表现突出的同学有……)
每个月,我都会买不少怡宝饮用水
把它作为奖品,送给表现优异的学生
不仅是因为它的高品质,更因它的名称
Cesbon,是最棒的意思,
我喜欢看孩子们喝怡宝水时的表情(孩子的朗读声)
那是点滴付出后的喜悦
同时,也是对自己的一种认可
(背景:今天,你 Cesbon 了吗?)
广告语:有责任,才更信任,怡宝饮用水。信任你我的怡宝。

案例分析:该广播广告通过老师这一产品使用者的亲身体会,把产品与师生情结合在一起,强调点滴付出这一主创意概念,让听众感受到真诚的态度。

部分广播广告创意会把内心独白和记忆闪回结合在一起,这可以在营造更真实的情感的同时制造氛围和提升广播广告的感染力。下面这则广告就很好地做到了这一点。

【小案例】 耐克(王者归来篇)广播广告脚本

刘翔:那天我不会忘记,一切还历历在目
(现场播报声:我们看见刘翔试跑的时候捂住了脚,他还能继续吗?)
刘翔:跑不了,也要跑,所以我出来了
(现场播报声:我们看见刘翔忍住脚痛,站在了起跑线上)
刘翔:尽管跑不了,最后还是跑了几步
(现场播报声:在刚结束的男子 110 米栏第一轮比赛中,刘翔因伤退出比赛)
旁白:这里是昨天的路,明天的路在哪儿?
刘翔:面对困境,我从不退缩,我带着荣誉回来了
(现场播报声:在刚结束的希腊奥运会男子 110 米栏的决赛中,刘翔获得了中国奥运史上第一枚田径金牌)
旁白:路一直都在,耐克,Just do it

4. 故事式

广告文案撰稿人通过精心构思有趣味性的小故事或情节片断,来传达广告信息,类似于小小说的感觉,有些通过播音员直接讲出来,有些则通过播音员和声音演员演出来,类

似于迷你广播剧。在创意时所讲故事必须生动有趣,能够引人入胜,使得听众在听故事的同时对品牌或产品信息有所认知。

【小案例】 成都电台天成声音传媒"企鹅打东东"篇广播广告脚本

有个研究人员到南极去调查企鹅,
想了解100只企鹅平时的休闲活动是什么。
第一只企鹅说它的休闲活动是吃饭、游泳、打东东;
第二只说,吃饭、游泳、打东东;
……
第五只说,吃饭、游泳、打东东;
……
这个研究人员得到一个结论:企鹅们最爱做的事,是游泳和打东东。
就在研究人员准备回家之前,又遇到最后一只企鹅,他心想,剩最后一只了,也来问问吧。
那企鹅说:我的休闲活动是吃饭、游泳。
研究人员觉得很奇怪:为什么你跟人家不一样,没有打东东呢?
那企鹅说:我,我就是东东!
深入调查广播广告人群,我们帮您做成那个大家都关注的东东,
成都电台天成声音传媒,广告咨询热线84336955。

【小案例】 天骄牌牛肉干儿广播广告脚本

(背景音乐——战争音效)
1203年,铁木真奇袭王罕部,战于呼伦贝尔,大胜。
此役,铁木真遂成为蒙古高原最大的统治者。
一代天骄成吉思汗的霸业由此开始。(骏马音效)
铁木真:战役惨烈,众将奋勇,督办军粮者功加一等。
今后凡我蒙古大军出征,皆备牛肉干儿为军粮。
选上等呼伦贝尔牛肉,精细加工,以为霸业之需!(音乐起——)
画外音:天骄牌牛肉干儿,展一代天骄猎猎雄风。
天骄牌牛肉干儿,为天骄故里喝彩!

这两则广播广告都是通过讲故事的形式先吸引听众注意,再慢慢揭开产品,同时强调产品在该故事中的重要性,突出产品性能。

5. 相声、小品式

相声、小品式即以相声、小品、快板等广大群众喜闻乐见的曲艺形式来传播广告信息。这一形式借助说、学、逗、唱等艺术手段,用风趣、幽默的手法吸引听众的注意力。这种形式要求文案撰稿人把文案写成相声、小品等艺术段落,最好请专业演员录制,强调制作效果。

【小案例】 黑劲风电吹风广播广告脚本

甲：问您个问题。
乙：你问吧。
甲：你喜欢吹吗？
乙：你才喜欢吹呢！
甲：你算说对了，我的年纪就是吹出来的。
乙：是呀！
甲：我会横着吹，竖着吹，正着吹，反着吹，能把直的吹成弯的，能把美的吹成丑的，能把老头吹成小伙儿，能把老太太吹成大姑娘啊！
乙：嗬，都吹玄了！
甲：我从家乡广东开吹，吹过了大江南北，吹遍了长城内外，我不但在国内吹，我还要吹出亚洲，吹向世界！
乙：你这么吹，人们烦不烦哪？
甲：不但不烦，还特别地喜欢我，尤其是那大姑娘、小媳妇，抓住我就不撒手哇！
乙：还是个大众情人！请问您尊姓大名啊？
甲：我呀，黑劲风牌电吹风。
乙：咳，绝了！

案例分析：这则广播广告采用双口相声的形式，用幽默风趣的语言，把整个产品的信息传达得非常到位，听众听起来也没有任何负担，再加上专业相声演员的声音演绎，使得整个广播广告妙趣横生，百听不厌。

【小案例】 禾丰饲料广播广告脚本

（相声表演片段）
甲：人有人的语言。
乙：是啊。
甲：动物也有动物的语言。
乙：对啊。
甲：你能听得懂吗？
乙：能啊！
甲：那你来听听这段。（出"牛叫声"音效）
乙：这不是说"吃禾丰饲料，长肥膘"吗？
甲：你再来听听这段。（出"公鸡叫声"音效）
乙：这个的意思是"禾丰饲料，味道真好！"
甲：还有一段。（出"羊叫声"音效）
乙：说的是"禾丰饲料，营养真高！"
甲：哎，全是禾丰啊！
男播：禾丰饲料，有口皆碑。辽宁禾丰牧业集团。

6. 歌曲、戏曲式

广告文案撰稿人写作歌曲歌词,然后请专业人士谱曲或者把歌词套入一些现成的曲子里,通过演唱的方式传达广告信息。歌曲的形式不容易使听众反感,如果制作得当,甚至还能引起听众的广泛传唱。但自创广告歌曲一般成本较高,因此在创作前要考虑相关成本问题。

此外,利用京剧、评剧、黄梅戏、粤剧、河南豫剧等传统戏曲的形式也可以传达广告信息,但在使用时一定要考虑该形式是否与目标受众群体的喜好相契合。

【小案例】 OK便利店广播广告脚本

A:欢迎光临OK便利店,是你呀!什么事这么开心啊?
B:哈哈,今天球队比赛赢了,过来买点吃的庆祝一下。
你挺好吧……(广告歌起)
最近心情怎么样?OK
现在感觉怎么样?OK
日子越过越有滋味
因为有你二十四小时的陪伴(OK Convenience store come on)
OK便利店,
面包美味又新鲜
豆浆浓郁又香甜
OK便利店,
选择多多真方便
潮流时尚还省钱
快乐精彩每一天
幸福就在你身边　就在你身边
旁白:快点来OK便利店,你最便利的快乐驿站!

案例分析:该广告中从"最近心情怎样?"到"幸福就在你身边 就在你身边"均为广告歌曲内容,歌词朗朗上口,旋律轻松,听众较容易接受。

知识链接

大卫·坎皮提写作广播广告文案的诀窍①

(1)锁定销售人员的"线索",也就是销售人员与顾客沟通后得到的"内幕"。

(2)来自顾客的反馈可以显示出关键卖点。举例来说,有个文案撰稿人访问了农人,想找出他的广播广告无法成功推销邮购毒鼠药的原因。他发现,面临老鼠猖獗问题的农人因为太尴尬,不想让邮差或邻居发现他们邮购毒鼠药。于是这名文案在广告最后加了

---

① [美]罗伯特·布莱.文案创作完全手册[M].北京:北京联合出版公司,2013:221-222.

一句话,说明毒鼠药会用无字的棕色包装寄出,结果销售量应声上扬。

(3) 多谈谈产品的益处。告诉听众客户的商品能够为他们做什么。

(4) 内容简洁,使用短句。

(5) 重复重要信息。最少要重复店名两次,在广告最后重述一两次地址。电话号码至少重复两次。如果广告长度有60秒,电话号码要重复三次以上。

(6) 了解自己写作的主题,深入研究产品。

(7) 了解广播广告制作人可以提供哪些资源。学会使用广播设备。同时你应该知道电台有哪些音乐或音效可用,录音设备的质量与功能,以及广告配音员的能力。

9.2 电视广告文案写作

9.2.1 电视的渊源与发展

电视发明于1924年,正式播出始于1936年。1936年世界上第一座电视台在英国伦敦建成。1940年美国造出了世界上第一台电视,并于1941年播放了第一条商业电视广告。彩色电视机则于1954年问世。1953年2月,日本NHK电视台首播,同年8月NTV商业电视台正式开播,这是亚洲第一个商业电视台。

1958年5月1日晚7时,北京电视台(中央电视台前身)试播成为中国内地电视的诞生日,同年9月2日正式播出。电视是大众传播媒介中最晚出现的,但发展却最快。在今天的世界各地,电视已经成为覆盖面最广、最大众化、影响力最大的大众媒介,也是最有效力的广告媒介。

知识链接

第一则电视广告

1. 世界上第一则电视广告

1941年7月1日凌晨2点29分,纽约市全国广播公司(NBC)旗下的WNBC电视台在棒球赛前播出了10秒钟的宝路华广告。这个只有10秒的广告在今天看来依然还是很经典的。一块简单宝路华的手表显示在一幅美国地图前面,旁白只有一句:"America Runs On Bulova Time(美国以宝路华时间运行!)"。简洁、沉稳又锋芒微露!10秒钟的长度、一句话的旁白、9美元的成本,这个新举动影响的不仅是一个企业、一个品牌,更是营销市场的新领域,深刻影响了整整几个时代。

2. 中国第一则电视广告

1979年1月28日,上海电视台宣布"即日起受理广告业务",并播出了"参桂补酒"广告,这是我国内地第一条电视广告,揭开了中国电视广告史册的第一页。这则广告时长1分30秒。根据当年制作人的回忆,广告分为四个片段:第一段是买参桂补酒;第二段买者去长辈家;第三段是买者到了长辈家;最后一段,老先生一见到这个酒很高兴。这便是中国内地首条电视商业广告,它使用16毫米彩色胶片摄制完成。但令人遗憾的是这则广告的画面至今下落不明。

9.2.2 电视广告主要规格与特殊性

电视广告发展至今天,其长度从数秒至数分钟皆有(也有长达10分钟的电视广告,以及长达整个节目时段的"资讯型广告",又称电视购物),当然随着电视的发展,目前有部分企业或品牌采用"植入"电视剧、电视节目中的方法进行品牌传播与说服,该种形式能一定程度降低观众的反感度,但也一定要注意"植入产品或情结"与节目的契合性问题。

本部分讨论的电视广告主要指常规时段的播出一般性电视广告,大致有为5秒、10秒、15秒、30秒、60秒等规格。

不同规格的电视广告在文案写作时也有不同的要求和目的,但所有的电视广告写作与报刊等媒介的文案写作有很大不同。在写作过程中除了运用一般的语言文字符号外,还必须掌握相关的影视语言,运用蒙太奇思维,按镜头顺序进行创意与构思,因此电视广告文案写作经常被称为电视广告脚本写作。电视广告脚本不是广告作品的最后形式,只不过是为导演进行再创作提供的详细计划、文字说明或蓝图,是电视广告作品形成的基础和前提。这就要求文案撰稿人必须掌握以下基本知识。

其一,电视广告的基本构成要素。

这包括素材、主题、艺术形式、表现手段以及解说词等,都是广告创意的重要组成部分,这一切都必须首先通过电视广告脚本的写作体现出来。

其二,基本的影视语言。

影视语言不仅是电视广告的信息传达手段,也是电视广告形象得以形成、体现的必不可少的先决条件,因而它是电视广告的基础和生命。影视语言主要包括:视觉部分,包括屏幕画面和字幕;听觉部分,包括有声语言、音乐和音响;文法句法,以及蒙太奇(镜头剪辑技巧)。

其三,了解和认识电视广告脚本写作的常用术语,下面的文字列出了一些常用术语及其解释。

CU 特写,离人物或被拍摄物体非常近的镜头。

ECU 大特写,又叫BCU或TCU,比上面镜头还要近,也更大。

MCU 中特写,突出主体,但附带周围的物体。

MS 中景、主体的广角镜头,但不包括全部背景。

FS 全身、整个背景或主体。

LS 远景或整个场景,造成距离感。

DOLLY 移动摄影、分DI(推)和DO(拉出或拉回)(DB)。

PAN 摇。从一面摇至另一面。

ZOOM 推。平稳地推近或远离主体。

SUPER 叠。在一个影像上叠放另一个影像。

DISS 也写作DSS,渐隐、渐显,第一个镜头出去,第二个镜头进入。

CUT 切换。从一个画面突然转至另一个画面。

WIPE　擦去。画面逐渐在屏幕上消失(可以产生各种效果)。
VO　旁白。屏幕外的声音,一般是播音员的声音。
SFX　音效。
DAU　音效渐弱、人声进入。
UAO　人声渐弱、音效进入。

【小案例】　安全带(儿童篇)电视广告

屏幕上,一个特写镜头,表现一个可爱的小孩正在汽车的座位上,伸着小手够着头顶上的什么东西;镜头拉成近景:原来他的玩具——小熊和一盒纸巾正在他头顶上方,似乎粘在了车棚顶上,他怎么也够不着;然后画面一转,汽车倒置过来,小孩被倒挂在车座上,安全带把他束得牢牢的,虽然孩子大头朝下,却毫无掉下来的危险。最后推出广告语:你是否想到要系好安全带?因为什么事情都可能发生。比利时道路研究所。

案例分析:这则电视广告中没有任何人说话的声音,观众只能听到小孩咿咿呀呀的声音,全部采用画面来呈现和传递广告信息。可以看到广告中的每一个画面都非常直观、十分生动,随着镜头画面的运动,观众感觉到视觉冲击力越来越强烈,画面悬念迭起:孩子在伸手够什么?汽车翻了?出了车祸?孩子掉下来怎么办?直到广告语推出,悬念得以揭开。因此该广告对观众具有极强的震撼性和说服力。

9.2.3　电视广告脚本的格式

电视广告脚本包括既相互关联又各自独立的两种类型:一是文学脚本;二是分镜头脚本。文学脚本是分镜头脚本的基础,分镜头脚本是对文学脚本的分切与再创作。

1. 文学脚本

文学脚本格式的要求较少,只要把具体创意写清楚即可,主要包括:创意脚本主题、广告长度、具体的人物、情节、环境、人物的话语、相关音乐与音效等基本内容。

【小案例】　"索尼"电视广告脚本(文学脚本)

画面:长沙发上一男青年在看电视。电视在画外,人物为正面表情,下同。
男青年旁多了一个女青年。
中间又出现一个活泼可爱的男孩。
这对男女逐渐老了。沙发上又多了他们的儿媳和两个孙子。
广告词:这是索尼。

案例分析:该广告也是全部采用视觉语言,仅仅通过不断变化的画面进行广告叙事,强调索尼电视机的历史悠久以及对消费者的长久承诺与陪伴,通过画面传达岁月流逝,质量不变,后面的广告词虽然只有"这是索尼"四个字,但强大的品牌张力和丰富的品牌内涵已经通过流动的画面呈现出来。

2. 分镜头脚本

分镜头脚本写作的要求相对较高,有时由文案作者完成,有时由文案作者和电视广告导演共同完成,一般的分镜头脚本可以用表格的形成来完成,如表9-1所示。

表 9-1 分镜头脚本

镜号	镜别	镜头运用	画面内容	时长	字幕	画外音	音效	备注
1	远景/全景/中景……特写	推、拉、摇……叠、切换……	……	3″	……	……	……	……

也有部分广告脚本不采用表格的形式,直接用文字性的拍摄工作台本把具体内容及要求叙述出来。

【小案例】 南方黑芝麻糊电视广告拍摄工作台本

时间:大约20世纪30年代的一个晚上
地点:江南小镇街巷
人物:小男孩、挑担卖芝麻糊的妇女、妇女的小女儿
片长:30秒镜号景别镜头
运动画面内容,广告词(台词),音乐,效果。
下移卖黑芝麻糊的妇女,挑担向街巷深处走去。
她的女儿跟随其后/芝麻糊担子上的油灯有节奏地摇动/男孩从门内跑出/出画/女孩用木棍搅动芝麻糊/锅芝麻糊担子/妇女从锅中舀芝麻糊盛在碗内/递给一位老太婆/锅·热气/男孩搓手、舔唇,迫不及待的样子/勺倾,热乎乎的芝麻糊流出/用碗接/男孩喝芝麻糊/女孩窃视/妇女接过碗/男孩舔碗/女孩掩嘴善意地笑/妇女给男孩又加一碗芝麻糊/男孩留恋、回味/热气自右入画/包装精美的黑芝麻糊/商标、商品名、厂名
妇女叫卖声:"黑芝麻糊哎!"
男声:"小时候一听见芝麻糊的叫卖声,我就再也坐不住了。"
妇女叫卖声:"黑芝麻糊哎!"
左下角叠字幕"南方黑芝麻糊"/叠字幕:"一股浓香一缕温暖"。
男声:"南方黑芝糊"音乐起……音乐止。

3. 故事板

故事板(Storyboard)又叫"故事图",即在电影或广告等视频拍摄之前以图表、图示的方式说明影像的构成,将连续画面分解成以一次运动镜头为单位,绘制故事板主要是为了让导演、摄影师等在镜头开拍之前,对镜头先有较为统一的视觉概念。

电视广告的制作过程中常常会用到故事板,文案撰稿人必须对其有基本的了解和认识。

9.2.4 不同时段的电视广告脚本写作要点

由于电视广告都是以秒为单位计算的,每个画面的叙述都要有时间概念。文案撰稿人必须在有限的时间内传达客户想要传达的信息。由于具体广告目的、创意的不同以及资金方面的考虑,不同时段的电视广告脚本写作时会有所不同。

1. 5 秒电视广告写作

这类电视广告一般是企业拍摄的从 30 秒或 60 秒的广告中截取出来的,其目的通常是为了加深受众对广告信息的印象,强化受众对广告主体特定形象的记忆。因此一般来说会选择具有某种冲击力的画面与简洁凝练的广告语相结合的方式,以此来不断强化一个最主要的信息,表现企业形象或品牌个性。

5 秒的电视广告一般突出相关的广告语,如"乘红河雄风,破世纪风浪""鹤舞白沙,我心飞翔""喝孔府宴酒,做天下文章""金利来,男人的世界""一品梅,芳香满人间""好空调,格力造"等。部分企业为了加深受众印象,会选择用单一画面,以广告文案为主要突破口,重复文案,取得了良好的广告效果,如早年的农夫山泉和恒源祥都是在 5 秒的广告中把广告语"农夫山泉 有点甜""恒源祥 羊羊羊"连续说三遍,不断深化品牌特性。

因此,在进行 5 秒电视广告写作时不要展现过多的语言,最好提炼出主要的信息,用 10 字以内的语言把主信息呈现就可以了。

2. 10 秒及 15 秒电视广告写作

相对于 5 秒的电视广告来说,10 秒或 15 秒可以容纳较多的内容,但这个时间长度一般不足以交代一个具体的故事,可以尝试对广告信息作单一的、富于特色的传播,突出企业形象或品牌个性,或独具的"卖点"。因此,适合采用名人推荐体、动画体、新闻体,以及悬念体、简单的生活情景体等表现形式。部分 10 秒或 15 秒电视广告是由 30 秒或更长的广告片中剪辑而成的。

在具体的写作过程中,注意创意特色,不要有太多的文字和画面转接,信息尽量集中于一点,突出主题,可以用适当的主题画面与人声、音乐及音响的配合,共同传达广告信息。

【小案例】 南海岸鳗钙电视广告[①]

(1) 长牙篇(10 秒)

画面用动画的形式展现一个小女孩的牙齿从少到多,一颗一颗长出来的过程,其间一个稚嫩童声对妈妈说:"啊! 长牙牙。妈妈,长牙牙啦。"最后出现产品标版及画外音"孩子长牙吃鳗钙"。

---

① 该系列广告由广州视禾广告传播有限公司拍摄。

(2) 长高篇(10 秒)

画面用动画的形式展现一个小孩从矮到高的过程,其间出现小女孩对爸爸说"爸爸,我长高了"和孩子及爸爸的欢快笑声,最后出现产品标版及画外音"孩子长高吃鳗钙"。

案例分析:由于是针对儿童使用的保健品,该广告的主要目标受众为家长和孩子,这两则电视广告用动画的形式吸引目标受众的注意力,然后突出产品对长高和长牙的好处。特别值得一提的是,该创意用系列广告的方式分别呈现,每一则突出传播产品一个特性或效用,不会使每一个具体的广告显得信息杂乱。

3. 30 秒、45 秒电视广告写作

30 秒、45 秒时长可以容纳较为完整的信息,在具体电视广告脚本写作时可以从不同角度来表现产品的功能或者利益点。创意上采用名人推荐体、消费者证言体、示范比较体、生活情景体以及简短的广告歌曲形式等形式都可以。30 秒、45 秒是目前比较主流的电视广告时长格式,应用非常广泛。

📖【小案例】 "中国人民保险公司上海分公司"电视广告脚本

镜头一:(特写)两条金鱼在鱼缸里悠闲自在地游来游去。

镜头二:(叠化到中间)一只金鱼缸安稳地放在架子上。

镜头三:(拉至全景)突然,鱼缸从架子上跌落下来,掉在地上摔得粉碎,水、金鱼和玻璃碎片四处飞溅。

画外音:哎呀!

镜头四:一条金鱼在地上来回翻腾,奄奄一息。

镜头五:(全景推至中景)地上的水、金鱼和碎玻璃片逐渐聚拢起来,顺着倒下的轨迹回复到架子的原来位置上,玻璃碎片合拢成鱼缸,两条金鱼又像往常那样在水缸里悠闲自在地游来游去。

画外音:咦?

镜头六:(用特技叠上字幕)参加保险,化险为夷。

画外音:噢!

镜头七:(叠化到全景)中国人民保险公司上海分公司。

📖【小案例】 公益广告"帮妈妈洗脚"电视广告脚本

主题:爱心传递 孝敬父母

音效:贯穿全集

镜头一(内景 1′):(近景)孩子的脚在水盆中,一双大手在给孩子洗脚。

镜头二(内景 2′~3′):孩子的母亲给孩子一边擦脚一边讲故事。母亲说:"小鸭子游啊游,游上了岸。"

镜头三(内景 4′):(镜头俯视)孩子快乐地在床上打滚,笑声十分欢乐。

镜头四(内景 5′):母亲转身开门欲出去,并对孩子说:"你自己看,妈妈待会儿再给你讲。"

镜头五(内景6′)：孩子躺在床上看书。

镜头六(内景7′～8′)：母亲拎着一桶水进了另一个房间。

镜头七(内景9′～11′)：孩子很好奇就紧跟着也出了门。

镜头八(内景12′～13′)：孩子的母亲正蹲着在给孩子的奶奶洗脚(镜头由远及近)，奶奶说："忙了一天了。"

镜头九(内景14′～16′)：奶奶捋了捋孩子母亲的头发(镜头是那个母亲的脸部特写)，奶奶继续说道："歇一会儿吧。"孩子的母亲笑了一笑说："不累。"

镜头十(内景16′～17′)：换至孩子的近景，孩子倚在门边看着这一切。

镜头十一(内景18′～21′)：孩子的母亲舀着水给奶奶洗脚，(镜头由下而上)，(镜头给了奶奶特写)，奶奶轻轻叹了口气，同时孩子的母亲说："妈，烫烫脚对您的身体有好处。"

镜头十二(内景22′～23′)：(孩子脸部特写)孩子看到这番情景以后，转身跑了出去。

镜头十三(内景24′～27′)：孩子的母亲回到孩子房间打开门一看，孩子不在房间里。房间里的风铃叮当作响，母亲好像听到孩子的声音了，便回头看去。

镜头十四(内景28′～30′)：这时，孩子端着一盆水由远及近走来。(镜头速度放慢)

镜头十五(内景31′～34′)：镜头给了孩子近景特写，孩子笑逐颜开地说："妈妈，洗脚。"

镜头十六(内景35′～38′)：孩子的母亲露出了欣慰的笑容。(母亲脸部特写)38′时画外音起。

镜头十七(内景39′)：镜头转换。

镜头十八(内景40′～45′)：坐在板凳上的孩子给坐在床边的母亲洗脚，对母亲说："妈妈，我也给你讲小鸭子的故事。"同时画外音："其实，父母是孩子最好的老师。"画面字幕：将爱心传递下去(同时镜头画面逐渐模糊)。

案例分析：该广告以小见大，通过洗脚这一件事表现中国的传统美德——孝。尽管这则广告没有宏大的场面、跌宕的情节、精良的特效，但恰恰通过真情实感的演绎让观者动容。

然而，经过业内调查发现，除了广大广告人或对品牌营销感兴趣的人士知道这则广告出自哈药六厂之手以外，更多的被调查受众则将哈药六厂讴歌人间真善美的功劳，记到了中央电视台或者是纳爱斯的功劳簿上，这背后的一系列问题值得思考。

4. 60秒电视广告写作

60秒对电视广告来说属于比较长的时间，可以容纳的内容比较多，在广告表现上可以更丰富一些，形式上也更加多样。可以充分地进行感性诉求，调动受众的参与意识和情感融入。脚本必须写得生动、形象，以情感人，以情动人。在60秒的时间中完全可以讲述一个完整的故事，蒙太奇思维可以在60秒里得到很好的体现。

【小案例】 迪塞尔 Diesel 牛仔裤电视广告

画面从一个典型的美国西部小镇的清晨开始。善良、友好、乐于助人的英俊男子，跟他美丽端庄的妻子和他们可爱的宝宝一起醒来。在小镇另一处,既卑鄙又肮脏的坏蛋在一妓院里醒来,身边躺着一个丑婆。坏蛋酒醒后感到头昏脑胀。他看了看这个妓女,把床单扔在她身上。她吃力地把衣服套在自己肥大的身躯上。英俊的男主人公穿上他的迪塞尔牌牛仔裤,和妻子吻别。出门后,他帮助一位老妇人穿过马路。与此同时,坏蛋笨拙地来到楼下,抢了一个小女孩手中的棒棒糖,朝威士忌酒瓶猛击一拳,将一只狗踢出门廊。这两个人在街上碰头了。一场枪战决斗在所难免。他们拔出枪对射。英俊的男主人公倒地身亡,而坏蛋挖着鼻孔准备着继续作恶。最后推出品牌和广告语:Diesel 牛仔裤 为了生活一帆风顺

案例分析:这则电视广告在第 44 届戛纳国际广告节获得全场大奖。该广告充分运用电影语言,采用平行、交叉蒙太奇等多种镜头叙事方法,有如一则小型微电影作品,用强烈的对比突出男主角的正义、悲情形象,塑造品牌个性,画面及故事设置精巧,让人过目难忘。

【小案例】 麦当劳电视广告

该广告画面通过大量与生活、与麦当劳有关的欢笑镜头组成,用歌手顺子演唱的一首麦当劳广告歌曲串起所有镜头,歌词大致为:

和你相处许多年　随时随地在你身边
仅接待你每一天　这感觉会永远
麦当劳都是为你
让自己多些悠闲　和家人相聚聊聊天
无论何时　有需要　都有我在你身边
麦当劳都是为你
真心相聚每一刻　分享拥有的欢乐
不论你在什么地方　都有我在你身旁
都是为你　都是为你　麦当劳都是为你
都是为你　都是为你　麦当劳都是为你

制作电视广告歌曲的成本一般要大于普通的电视广告,但是广告歌曲旋律优美,再加上很多企业选择知名歌手倾情演绎,使得广告效果突出,麦当劳等企业就曾多次邀请知名歌手为其演唱广告歌曲,有部分企业的广告歌曲最终还成为流行音乐引起广泛传唱,如张雨生为台湾黑松沙士汽水所唱的《我的未来不是梦》,人们至今耳熟能详。

9.2.5　电视广告的主要表现形式

由于电视媒介具有极强的形象性和表现力,电视广告的创意表现形式也变得非常丰富多样,在此笔者很难面面俱到、一一列举,仅就目前比较常用的一些主要电视广告表现形式归纳出来,有些形式之间会有交叉之处,如故事式与代言人式,很可能撰稿人用代言人来讲一个故事,因此部分表现形式没有非常明显的绝对界限,只是突出的重点不同而已。

1. 故事式

通过各种类型的故事来表现广告信息,把广告信息或产品合理地融入故事中。由于故事本身的戏剧性和吸引力,观众在收看广告时反感度会自然降低。故事可以由画外音讲述,也可以通过场景变化、人物活动及人物语言等要素展开。文案撰稿人要特别注意故事的趣味性或深入性,不能为了讲故事而讲故事,否则会显得寡淡无味。另外,一定要注意广告中的产品或诉求与故事的合理联系。如前文所提及的 Diesel 牛仔裤电视广告就很好地展示了一个久远的美国西部故事。

【小案例】 维珍航空 2013 广告:Flying in the face of ordinary

这是维珍航空在 2013 年斥资数百万英镑所启动的新广告战略的一部分,它也被网络观众评论为融合了《复仇者联盟》和《X 战警》两部好莱坞大片的气势。故事中的几个小孩从出生到工作,每一个小孩都有着一种超能量的特异功能,给人极强的神秘感,在十几年之后,这些天赋异禀的孩子都无一例外地成为维珍航空的空中服务人员,提供着最上乘、一流的服务。

2. 代言人式

通常在片中会使用具体的人来呈现产品的效用、特性、优势、品牌的个性、理念等不同的内容。代言人可以是知名人士、虚构人士(有时为卡通形象)或产品的典型消费者等。名人本身的影响力和光环效应能够使得消费者对其所代言的产品产生天然好感,典型消费者的典型案例会让观众觉得亲切和真实。显然,真实性是代言人广告,特别是名人代言最应该注意的问题之一,近些年有部分名人因为虚假代言受到消费者的诟病,国家也出台了相关法规规范代言行为。

【小案例】 百事可乐之王菲"愿望篇"电视广告

广告一开始,成名后的王菲手拿百事可乐回到曾经上学的小学教室里,她看到过去的照片和钢琴,回忆起小时候老师叫自己弹琴的情景,期间穿插王菲在水中、天空中自由歌唱的场景,之后小王菲站在学校操场的树下看着一只关在笼子里的小鸟,画面切到成年王菲,手拿百事可乐说:"你的愿望会实现的。"下一个镜头中小王菲双手合十许愿后放飞手中的小鸟,很多小鸟在校园上空欢快飞舞,镜头切到成年王菲,手拿百事可乐微笑着离开曾经的教室,打出标版:百事可乐的 LOGO 和"渴望无限"四个字。

案例分析:百事可乐历来非常重视明星代言,在中国从 1988 年邀请张国荣担任代言人开始,先后有郭富城、王菲、郑秀文、陈慧琳、F4、周杰伦、古天乐、黄晓明、罗志祥、蔡依林、李易峰……都曾代言或正在代言百事可乐。本则广告邀请当时正值盛年的天后王菲代言,整部广告的创意与王菲的经历及个性非常契合,并且采用王菲的歌曲与回忆穿插进行,非常富于感染力和说服性,突出了百事可乐的品牌个性。

3. 生活场景及片段式

在广告中展现普通人生活中的具体场景和某个具体生活片段时,可以用理性诉求,强调产品对提高生活品质的实际帮助,也可以用感性诉求,引发观者的情感共鸣。特别是与日常生活密切相关的产品,可以在电视广告中展现人物及所处的场景、具体的活动等内容。如啤酒广告的朋友聚会,家人在一起做饭或吃饭等场景。当然前提是要与具体的产品调性相结合,如果能够提炼出一些既典型又极具戏剧性的生活场景,就更容易引起观众的共鸣。

【小案例】 惠普复印机"保姆篇"电视广告

画面中一个爷爷在看孩子,婴儿在他怀里熟睡。屋里静悄悄的,唯一的响声是时钟的嘀嗒声。爷爷拿起电视遥控器,打开电视。电视音量特别大,正播放"疯狂摔跤比赛"。婴儿惊醒了,大哭起来。爷爷把孩子放进婴儿床,尽力哄他:"宝宝,别着急,爸爸、妈妈就回来了。"可孩子还是哭。他连续使用好几种玩偶来哄孩子,但仍然无济于事,孩子还是哭。爷爷终于想出办法了:他拿出一张全家合影,用计算机和693C型桌面喷墨打印机打出一张婴儿母亲的放大图片。一切又安静下来了。我们再次见到婴儿熟睡在爷爷的怀里。狗进入房间时在半道停下来,爷爷脸上盖着一张与真人一样大的婴儿母亲图片,把食指放在婴儿母亲嘴唇前,示意狗别出声。接着推出字幕及广告词:惠普图片高质量打印机,能够以假乱真。惠普公司专家研制,人人可用。

案例分析:该广告使用了一个较为常见的日常生活场景,爷爷照顾孩子,一切都显得合情合理,产品在整个故事的冲突中起到非常大的作用,让观众在会心一笑之余,对广告展示的内容印象深刻,既感觉所有事情在情理之中,又在意料之外。特别是最后的打印照片堪称神来之笔,在突出产品特性的同时解决了实际问题,广告的设计非常精妙。

4. 产品特点及功效演示式

相对于其他形式,该表现形式更为理性,但也能更直接地突出产品本身。可以在广告中充分展示产品的外形、构造、细节等特点,也可以示范产品的具体使用效果。文案主要集中在产品的特性和使用利益上,产品是广告中的主角,有时候有人物作为辅助,要吸引观众注意力就要在广告拍摄和制作上多下功夫。该形式在洗涤卫生用品和化妆品的广告中比较常见。

除了以上主要形式外,还有广告式、问题解决式、支持人式等多种形式。另外,近年部分产品也做过拍摄系列电视广告的尝试,以一集一集的小段落组成系列电视广告,每集时长60秒左右,叙事上有点儿像超迷你版的电视连续剧,每一集结束时给下一集留下小的悬念,最终通过几集组成一个完成的故事。其中有部分企业或产品的广告脚本创意非常不错,但由于系列电视广告的播出费用相对较高,商家考虑到播出成本会在广告排期上缩减预算,因此实际的播出效果并不太理想。

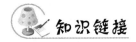

撰写电视广告文案的秘诀①

(1) 电视基本上是呈现画面而非文字的媒体。你的画面一定要传达出销售信息。假如你把电视机的声音关掉后,看不出这则广告到底在推销什么,那么这则广告就算是失败了。

(2) 尽管如此,你的声音还是要配合画面。广告文案必须能解释清楚画面内容。

(3) 一般观众对影像和声音的注意力有限,只能维持30~60秒。所以,假如你的推销需要用大量词汇,那么就让画面单纯一点。相反的,如果你的广告有复杂的视觉设计,文字部分应该越少越好。观众无法同时应付眼花缭乱的图像,以及连珠炮般的讲话。

(4) 你应该将观众放在心上——那些坐在电视机前面的男男女女。想象一下你的广告内容是否够有趣、够重要,而不会让他们站起来走向冰箱或厕所?

(5) 广告的构思规划,必须遵守既定的预算范围。特效、广告歌、演员、动画、计算机绘图、外景拍摄,都会导致广告预算暴增。只有单人主讲,以及在摄影棚内拍摄的实地示范广告,才是相对比较省钱的制作方式。

(6) 务必确定你的广告词在一开始就能吸引住观众。电视广告开始的4秒,就像平面广告的标题,决定了观众是看完整个内容还是起身去找零食。所以你的广告开场白必须让观众忍不住继续往下看,譬如用活泼的音乐、吸引人的画面、戏剧性的场景或真实生活中会遇到的问题。

(7) 假如你推销的产品可以在超市货架上买到,你应该在广告中秀出品牌。不妨用特写镜头,带领观众将眼光集中在产品的外包装上。假如观众记得广告中的包装,往往实际购买时也会记得挑选你的品牌。

(8) 利用动态画面。影片跟幻灯片不一样,它会有连续动作,显示汽车飞驰、蜂糖倾流、飞机越过、爆米花弹跳、苏打水冒泡的画面。你应该让电视广告的画面持续流动,切勿显得过于静态。

(9) 同时别忘了,电视除了画面还有声音。你应该让观众听到汽车引擎咆哮、煎饼在锅里吱吱响、飞机轰轰飞过、爆米花啪里啪啦、汽水的嘶嘶声、冰块扑通掉进高冷饮杯的声音。很多人发现煎培根的声音,比画面更能引起食欲。

(10) 利用字幕。也就是以白色字体压在画面上的标题。这类字幕可以强调广告中的销售卖点或指出旁白没有提到的部分。假如你卖的是邮购维生素,不妨打出字幕:"仅限邮购"。因为假如观众以为产品在店里有卖,就不会透过邮购来下单。

(11) 至少重复两次产品名称跟主要卖点。这样做有两个理由。首先,这样的重复能够帮助观众记住产品。其次,许多观众可能在广告的一开始还没有注意看,所以你可以透过重复,让他们知道是什么品牌、什么产品。

(12) 广告中不要出现让观众觉得无聊的老套路。你的广告应该要给人新鲜感、使观众容易记住并且带点差异。请演员艾曼努·路易斯拍摄的汉堡王广告,基本上算单人主讲类型,不过却给观众留下深刻的印象,因为当年的路易斯还是一个个子娇小的可爱童

---

① [美]罗伯特·布莱.文案创作完全手册[M].北京:北京联合出版公司,2013:214-217.

星,虽然已经12岁,却只有5岁男孩的体型。

(13) 别忽略了产品。广告要让观众看到这些产品被吃进嘴里、穿在身上、驾驭使用、享受其中。你应该好好展示产品,找人谈论产品的好处。不妨将已经证实可行的平面广告技巧运用在电视广告上,结果会让你感到欣慰。

(14) 假如你希望观众打电话或来函订购产品、索取进一步信息,就应该在广告一开始提醒("请拿好纸笔,记下这项特别优惠……")。因为很少人会在看电视的时候准备好记事本。

(15) 假如你用名人代言(无论是透过镜头或录音),你应该透过配音或字幕让观众知道这位名人的身份。除非你先告知,否则很多人其实不认识这位名人到底是何方神圣。而且除非他们知道这位名人是谁,否则他们不会对这支广告印象深刻,或者被名人说服。

(16) 如果是当地零售商的电视广告,你应该在广告中说明店址和清楚的交通信息。若店址太多,你可以敦请观众查询电话簿,找出最靠近住家的地点。

(17) 广告长度基本分为10秒、30秒、60秒、120秒。10秒钟的广告通常用于"品牌辨识",告诉观众产品名称是什么,辅助其他30秒或60秒版本的广告。不过有些广告主,例如C&C可乐,为了省钱会把每则广告做成10秒。以建立品牌偏好为目的的广告,通常是30秒或60秒。邮购广告主会采用120秒的广告,因为他们需要提供完整的信息来说服观众做回应。

(18) 一则60秒的广告,最多可以塞进90个字。不过许多广告的字数远低于此。

(19) 由于时间有限,一则广告应该锁定单一概念或卖点,譬如烧烤比油煎好;迈达斯公司装置的消音器数量最多;Sprint电信公司费率优于AT&T;苹果计算机推出功能强大、界面友善、容易操作的计算机。你只有在宣传册、平面广告、直邮广告中,才能拥有足够空间说明产品的种种细节。电视广告要局限得多。

本章小结

本章主要介绍了广播广告脚本和电视广告脚本的基本概念、类型、格式、表现形式等内容,要求大家通过学习掌握具体的广播及电视广告写作要求,学会正确地写作广播及电视广告脚本。较强的写作能力必须通过日常的练习才能提高,因此脚本写作的前提是多听、多看、多练。

应用分析

1. 以3~5人为一个小组写一则以爱护大自然为主题的公益广播广告脚本(时长60秒)。

2. 用相关设备(录音棚或录音笔甚至手机等)录制自己小组写出广播广告脚本的过程,并对录制到的素材进行音频剪辑,完成60秒广播广告成品。

3. 每人选择一则目前正在媒体上播放的电视广告作品,尝试把视频还原成相应的电视广告脚本格式。

4. 尝试以小组为单位撰写一则电视广告脚本,题目自定。

第10章

互联网及新媒体广告文案写作

 学习要点

- 了解互联网及新媒体；
- 掌握新媒体的特点；
- 理解新媒体广告文案的写作方向；
- 会运用数字营销理念思考新媒体广告文案写作。

 开篇案例

雨夜传奇——杜蕾斯的微博营销

2011年6月23日下午，北京倾盆大雨。当很多人看着大雨思考下班如何回家的时候，杜蕾斯的微博营销团队却在看似漫不经心的聊天中寻找灵感。

这个想法的初始是山杏看着窗外和杠子说："小心你新买的昂贵的球鞋弄脏了。"杠子说："不怕，我有伞，等雨小点再回家。"山杏反驳道："即使上边的雨小了，地上还是有积水啊，不如给你的新鞋子套个套子吧。"灵感转瞬之间成了一个创意方案，一个雨夜传奇的故事开始进入倒计时。

由于话题的特殊性，杜蕾斯担心由其微博官网发布可能不妥当。为慎重起见，由负责其运营团队的一名成员"地空导弹"发出来，看看效果后再由杜蕾斯官方微博转发。

这条微博的内容很简单，三张图片表示撕开杜蕾斯包装并给鞋子套上。配上一句恰到好处的文案：北京今日暴雨，幸亏包里还有两只杜蕾斯（见图10-1）。

当天17:58，杠子首发微博，不到两分钟，当时不到6000粉丝的"地空导弹"的这条帖子就被转发了100多次。18:15，新浪微博

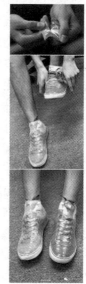

图 10-1

一小时热门榜中,杜蕾斯的话题以1000多条把雨灾最严重的积水潭和地铁站甩在身后成为第一名。截止到18:30转发已经超过1万条,20:00超过3万条,24:00超过58000条,这条内容也牢牢占据了6月23日新浪微博转发排行的第一名。根据传播链条的统计,杜蕾斯此次微博传播覆盖至少5000万新浪用户。同时在腾讯微博、搜狐微博的发布,影响人群也在千万级别。此后一周,国内的微博营销业界对此事大加赞赏,*China Daily*甚至将这一事件评为最有代表性的社交网络营销案例之一。

思考与练习:
1. 请评析此次杜蕾斯的微博营销与传统营销的区别。
2. 从传播学角度思考,新浪微博在其中发挥了什么作用?

10.1 数字传播、数字营销与广告

文案写作属于广告传播中的重要组成部分。当广告市场的外在环境受到数字传播技术的影响而产生变化的时候,广告产业的营销环境与生存模式正在悄然发生改变。广告文案人员不能忽视数字传播技术的力量对广告表现的影响。随着数字传播时代的到来,广告也正在向数字营销转变,这意味着广告文案的写作也将面临新的挑战。

【数字传播小测试】
- 请问什么是新兴媒介?
- 你觉得应该用什么词才能准确地描述当前网络传播的特点?

10.1.1 数字传播

1. 什么是数字传播

人类传播史大致经历了口头传播、文字传播、印刷传播和电子传播时代。但在进入新的千禧年的时候,互联网开始萌芽,并作为一股新生的力量成为门户网站的创建者。随着网络传播技术的发展与传播模式的改变,用"电子传播"一词来描述网络以及新出现的社会化媒体已经不太合适了。"我们被教养成保持实体世界秩序井然的专家,但是在数字世界当中我们这些朴素的维持秩序的方法将分崩离析。"(戴维·温伯格)

众多的学者开始尝试用新的思想和概念来界定当前的传播新现象。莱文森用新新媒介这个创造性的词汇来描述。保罗·莱文森把我们所谓的社会化媒体定义为新新媒介(New New Media)是为了与原来电子邮件和互联网页等互联网媒体作区分,从而形成旧媒介、新媒介和新新媒介三种媒介类别。

他认为互联网产生之前所形成的媒体称为旧媒体,包括纸媒、广播、电视等媒体;而在互联网产生后所形成的电子邮件、书城、iTunes播放器等一旦有专业人士在互联网上发布后,即可被所有人阅读、视听、使用的媒介形式为新媒体;新新媒介是指其基于互联网发展的第三代媒介,与新媒介相比较具有更强的互动性、社交性等,比如YouTube、MySpace、人人网、微博等。也有人将之称为社会化媒体或社交性媒体。

新新媒介的出现嵌入原有的传播格局之中,并形成了自身具有的一些特点。何威用"网众传播"的概念来描述此类传播模式。从积极的受众的理论视角出发,采用"网络化用户"来描述传播中的个人。网络化用户是指积极的媒介使用者,以跨越各种媒介形态的信息传播技术为中介,与其他媒介使用者相互联结,构成了融合信息网络与社会网络的新型网络,用户成为该网络传播中的节点。网络化用户的个人会聚就成了网络化用户的群体即网众,由网众发起和参与,由社会化媒体中介的传播模式、现象与行为就构成了网众传播的研究领域。网众传播与大众传播、人际传播模式在传授双方数量、权力、传播渠道、流经网络、信息过滤和驱动传播逻辑方面具有明显的差异。

从更宏观的视野来看,数字传播的概念具有更大的适用性。传播新技术的发展越来越呈现出加速的趋势。数字化技术的发展使得一切信息都可以数字化处理、压缩、传播并与媒介之间形成强烈的协同效应。

2. 传播新技术的特征

(1) 数字化:数字化是将文字、图片以及其他相关资料转换成计算机可识别的形式进行加工处理以及加载。这是传播新技术的核心特征。通过数字化的处理可以将文字、图片、视频等以数字形式快速传播。

(2) 网络化:媒介的多样化、多元性以及圈子化的出现,形成了错综复杂、各个层面、领域、范围的网络化世界。在这个网络化的世界中,每个人都成为传播中的一个组成部分,又与自己的现实生活密切相关。人们的生活、工作、娱乐开始与媒介融为一体。

(3) 互动性:又叫交互性。传播新技术赋予了人们更多的主动性和可选性,为人们搜索信息、阅读和发布信息等提供了技术支撑与保障。从过去大众传播时代的一对多的单向式传播到现在的多对多、一对多等传播形式的转换中,逐渐形成了媒介与人之间更强的互动性。

(4) 个人的自主性:个人的自主性得到了很大的提升,从被视为被动、消极的接受者到积极主动,具有较强目的性参与网络传播的实践中实现自身满足的需求的接受者,个人的自主性、追求个人性的特点在社会化媒体中得到了彰显,比如微信、微博等。

数字传播技术所催生的数字传播、数字出版的产业正在蓬勃发展。当数字传播对传播网络形成了日益强大的影响之时,不少产业已经开始思考如何才能与数字技术接轨并开展数字营销。

10.1.2　数字营销

1. 什么是数字营销

广告业在数字传播的影响下,变化的速度惊人,半年到一年的时间,整个传播行业的格局就会发生巨变。一个新的数字营销平台,很可能在短短一到两年的时间就迅速崛起,而社交媒体上传播热点的切换频率更高,基本上是以半小时的节奏进行更新换代。数字营销早已经在业界开始尝试、实践和运作。

陈刚等编著的《创意传播管理——数字时代的营销革命》(2012年)就提出互联网构筑了一个数字生活空间。"数字生活空间是现实生活的延伸。现实生活的各种现象和关系在数字生活空间是以信息的形式呈现的。所以,现实生活中的资源会首先成为数字生活空间中的资源"。当数字生活空间形成后,媒体的逐渐消融将成为必然。换言之,媒体不是媒体,更像是数字传播中的一个节点。数字营销与传播就成为广告文案人员必须了解的话题。

2014年11月6日《广告大观》发行人兼总编辑、中国经典传播虎啸奖创办人陈徐彬在微信群中发布自2015年起《广告大观》杂志将正式更名为《数字营销》。也许这意味着将开启一个由消费者和数字媒体主导的对话、互动、体验、社交和参与的营销时代。

2. 数字营销的主要类别

(1) 社会化媒体营销

社会化媒体最早由美国学者安东尼·梅菲尔德2007年提出。社会化媒体是指具有强互动性,并强调 UGC(User Generated Content)以及用来建立、维持和扩大社会关系网络的一类媒体,如微博、微信、社交网站等。2012年尼尔森在线研究公司发布了中国社会化媒体全景图,统计了100多家的社会化媒体网站并将它们归结为20种类型(见图10-2)。

图 10-2

社会化媒体营销是指依托社会化媒体开展营销推广的工作。由于社会化媒体与传统媒体具有较大的区别,所以在进行社会化媒体营销的活动中要遵循社会化媒体的运行规律。社会化媒体营销已经成为每个企业面对的现实挑战。

2014 年 CIC 中国社会化媒体格局图如图 10-3 所示。

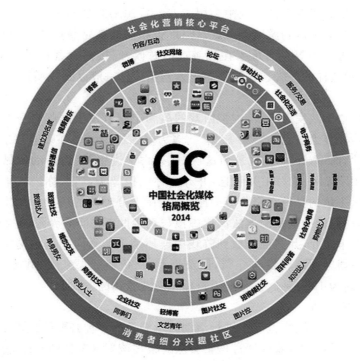

图 10-3

（2）移动营销

智能手机的普及推动了移动营销的发展。移动营销是指"基于以智能手机为主的移动终端,利用移动互联网展开的营销活动"。（阳翼）中国通过手机上网的人数的增长速度加快,并且智能手机的普及率已经达到了一个较高的水平。加之中国网络技术和速度的提高,人们通过智能手机可以完成很多日常工作、学习、生活等方面的事务,人们已经进入了移动生活的时代。这就为企业进行移动营销提供了可能性。移动营销的主要形式有:二维码、LBS（基于地理位置的服务）、移动广告、APP 等。

（3）微电影营销

本质上微电影营销是指由企业或代理公司根据其要求进行的微型电影的创作,并在电影中加入其商品等信息,从而实现商品信息传播的目的。其实自从电影出现之后,在电影当中植入广告的手法就是常用的套路。中国著名导演冯小刚的《手机》《天下无贼》等电影中就植入了大量的广告。

与电影植入性广告相比较,微电影的营销具有自身的特点。第一,微电影时长很短,一般在几分钟以内,能很好地适应人们的快节奏生活以及碎片化的观看需求。第二,微电影的创作更多是为商品、广告等按照要求进行制作,并赋予其更多的自由度。第三,微电影营销大多采用情感诉求,具有较强的情节,能很好地减少人们对传统广告营销的反感和排斥。比如益达口香糖的《酸甜苦辣》,以酸甜苦辣的故事将吃和爱情巧妙结合,随着爱情故事情节的不断发展,人们能够在爱情故事的叙事中潜移默化地体会到商品的功能。

(4) 虚拟游戏营销

虚拟游戏营销是指在虚拟游戏中利用游戏的资源来开展营销活动。一般而言,常采用游戏植入广告和品牌定制游戏等方式。与广告相关的就是将广告信息植入游戏环节,比如游戏中的广告牌中等。当玩家在玩游戏的时候,间接而含蓄地出现。比如《极品飞车》等游戏常出现这样的广告。在游戏中植入营销信息一般以游戏场景植入、道具植入两种方式较为常见。

从当前的虚拟游戏发展来看,虚拟游戏的品牌定制以及由品牌自身开展的虚拟游戏运营越来越多。如多力多滋的"626旅馆"。多力多滋(Doritos)在万圣节推出了两种激烈口味的玉米脆片,而Hotel 626就是为这次"从死亡中逃生"促销活动所做的一次超恐怖互动游戏:登录其官网,填写相关信息,并开启你的摄像头,然后你进入了一个恐怖的世界。用户可以以主角的身份在噩梦般的旅馆中,在十分恐怖的场景中探索与冒险。为了让体验更真实,他们借助全新的方法淡化虚拟与现实世界之间的界限,并利用玩家的摄像头偷偷给他们拍下照片,并将照片放到游戏中连环杀手的巢穴中。该网站没有投入任何广告费就被无数博客网站转发与介绍,以及推荐,从传播效果来看,共吸引了1200万访客,平均逗留时间为13分钟。该企业通过虚拟游戏营销的方式取得了很好的效果。

(5) 搜索引擎营销

网络搜索是人们在网络世界中进行活动时所涉及的一种必要的技术手段。在对某个事物不是很了解的情况下,我们通过搜索会获得很多该事物名称的网址等信息,从而帮助我们了解和理解该事物。网络搜集的背后刚开始是一种利用搜索引擎形成的自然结果,但随着对搜索引擎的技术研发,以谷歌为代表的公司逐渐开发出了以关键词购买等形式的搜索引擎营销手段。当用户在搜索引擎栏目中输入关键词之后,搜索引擎会进行搜索,查找相匹配的网页;然后排序并形成结果。但当引擎公司与企业形成商业合作之后,企业会将自己的信息发布在网站上,被搜索引擎索引库收录,然后当用户搜索的时候或通过付费的形式最终会呈现在用户的搜索结果当中。奥巴马在竞选总统的过程中就利用了搜索引擎的关键词购买开展竞选营销的活动。如果一选民在Google中输入Barack Obama,搜索结果页面的右侧就会出现奥巴马的视频宣传广告,以及对竞争对手麦凯恩政策立场的批评和相关的关键词"油价""伊拉克战争"和"金融危机"等。

3. 数字营销视角下的广告文案

在数字营销快速发展不断壮大的背景下,审视广告文案,是必须面对的话题。传统的广告文案观念是建立在大众传播时代的文案观念。时移世易,不能用传统的观念去理解未来的发展。数字营销的发展永远都是一个不断提高、改进的过程,而不是一个最终的结果。因而广告文案在数字营销中的作用、地位和功能等问题值得我们深思。

(1) 大广告观念:大创意,以及广告融于营销传播

传统的广告创意是指广告作品的创意,换言之,比较关注广告作品本身的创意,将广告作品视为一个独立整体进行构思。更偏重于解决某一广告作品或某一系列广告作品的创意问题,可以将其理解为一个"小创意""小点子"。传统的大众传播是以各自分割的形

式并存的,这为各种大众媒介的广告创意的发展造就了媒介限制,并使广告创意只能在某一种媒介内部进行。

随着数字传播技术的发展,消费者使用的媒介形式日益多样化,尤其是营销实践中原有的广告、营销、传播、公关等之间的界限已经变得模糊,不少新型的广告公司已经成为数字营销领域的创新者。比如 Anomaly 等新型的创意型公司和常规的广告代理公司相比,它们做的事情有些不一样:除了提供广告创意,还把服务延伸到了营销链条的前端,比如参与产品创意乃至实际的设计过程。Anomaly 上海公司合伙人李巍认为应该将这些公司叫作营销公司或者创意 Agency,因为我们帮助客户解决的问题不仅仅是广告沟通。①

新型的广告公司为客户的服务领域已经超出了原有广告的创意范畴。过去广告概念的形成在很大程度上囿于以传统媒介为主的广告营销传播活动。在这种创意范畴下,对创意方面的训练主要表现为对广告作品内容本身的创意和表现的一种重视,在培养学生进行作品设计时更强调创意为主的表现技能训练。加强以创意为主的表现技能的训练,但是单一广告作品的创意能力已经无法胜任诸如此类的新工作。以新媒体为代表的广告营销传播活动,横跨艺术、营销、传播等领域,这种创意应该称之为大创意。

随着数字传播时代的到来,营销环境和社会化媒介的发展,媒介的融合性以及社会化传播方式的发展,促使广告公司、人员等必须树立"大广告"的观念。整个广告行业的发展应该从"小创意""小点子"向战略性的"大创意"进行转型,而这是万里长征的第一步。这种广告的出现正印证了张金海教授等人对于广告行业如何进行产业创新的思想。"在媒体技术平民化的新媒体时代,广告创意已经不仅仅是对商品或服务的信息的包装和美化,更多的是从宏观、全局层面考虑的策略性大创意。广告产业链的拓宽,使得广告创意面拓展,广告创意人员要从更多的环节、更高的层面来考虑问题。同时广告创意信息的传播渠道的整合,也是广告创意活动所要考虑的内容。"②

(2) 文案还有存在的价值吗?

这个问题应该是不少人心中的疑问。随着互联网 2.0、3.0 时代的发展,传统的广告行业与互联网却渐行渐远。传统广告的衰落加剧了广告公司的转型以及人才向互联网营销传播公司的转移。随着传统的大众传播媒介尤其是报纸发行量的衰减,人们对广告的未来前景有些茫然。那么在传统广告时代中文案还有存在的价值吗?

想想西方国家的广告发展历史,早期的广告在以文案作为主要的表现形式的时候,这一时期诞生了伟大的广告人,奥格威、霍普金斯等。他们所处的黄金年代正是凭借着文案的写作为自己和广告公司的发展做出了伟大的贡献。当图形符号成为平面广告的主要表现符号时,文字的地位又进一步降低了。从此平面广告的构成开始以图像符号与文字组合的方式出现。以文案为主的广告形式向以图为主的广告形式的发展正预示着人们进入了一个看图的时代。

广告行业的发展一直在顺应外界环境的新发展。如果将文案局限在狭隘的文案概念内,广告文案所能发挥的作用可能会越来越小。从信息传播的角度来看,广告文案存在的

---

① 李会娜,等.谁更懂消费者[J].第一财经周刊,2013(40).
② 罗以澄.中国媒体发展研究报告(2007 年卷)[M].武汉:武汉大学出版社,2007.

价值是不容忽视的。首先,人类传播活动离不开文字;其次,在商业的营销传播中广告文案所能发挥的作用范围应该适用于数字营销的各个领域。随着用一种融合的视角去重新审视和看待广告文案的存在价值,数字传播和数字营销时代的广告文案也应该跳出原有的概念。换一种思路来看,数字营销时代对广告文案而言也许是一个重要的发展机遇。

【小案例】 奥巴马政治竞选的数字营销

2008年11月,民主党总统候选人奥巴马赢得了美国总统大选,当选为美国第44任总统,也是美国历史上第一任黑人总统。从奥巴马的总统大选活动来看,可以理解为是一场由总统背后的策划团队开展的新媒体社会动员。换言之,是一次成功的政治数字营销活动。这与其负责新媒体广告传播的主要负责人具有密切的关系,该主刀新媒体广告竞选策略的是年仅24岁的Facebook创办人Chris Hughes。对年轻人的心理、喜好以及信息传播的手段具有一定的洞察力。奥巴马的团队主要采用了以下的数字营销手段来传播其政治主张以及争取选民的支持,尤其是在新媒体等方面的应用更是可圈可点。

(1) 运用视频网站等提升影响力。在YouTube上,奥巴马的竞选团队为他量身定做的竞选视频,开拓了除电视媒体外更广阔的广告平台。这些看起来非常"草根"的网络节目深受民众喜爱。奥巴马的运作团队将奥巴马的演讲、访问等活动及时上传,并与受众建立互动关系。通过视频网站这样的社会化媒体奥巴马的政治主张、亲民的形象塑造在年轻的选民中产生了强大的影响。整个竞选周期中,奥巴马分别在15个互动网站上开辟了个人主页、联系了近5000万位网友,仅在Facebook上就得到了3200万人的关注。

(2) 关键词购买,开展搜索引擎营销。搜索引擎是互联网2.0时代的重要推广手段之一。奥巴马购买了谷歌"关键字广告"。在谷歌中输入奥巴马的英文名字,搜索结果页面的右侧就会出现奥巴马的视频宣传广告以及对竞争对手麦凯恩政策立场的批评等。奥巴马购买的关键字还包括热点话题,如"油价""伊拉克战争"和"金融危机"。通过关键字购买让访问者对奥巴马与其竞争对手形成了不同的印象。

(3) 发动病毒营销。针对美国的华人,奥巴马的宣传团队有针对性地开展了病毒式的营销。将名为《我们为什么支持奥巴马参议员——写给华人朋友的一封信》通过邮件传播的方式详细地论述了为什么华人要支持奥巴马,将奥巴马对华人的政策、观点都详细地阐释出来。在信的末尾写到,如果你认同该封信所说,请做两件事情:①留下自己的姓名和联系方式;②将这封信转发给你认识的亲朋好友。通过这两条措施有利于进一步与选民沟通,加强其支持强度以及通过人际传播的方式扩大奥巴马政治主张的说服力度。

(4) 个人网站的巧妙运营。奥巴马竞选团队将奥巴马的官方网站打造成了一个支持者的活动中心。网民只要在该网站注册,就能得到名为My Obama的网络即时通告。在这里,用户可以创建博客写下竞选中的经历;创建个人的竞选资金筹备网页;输入邮政编码,寻找附近的支持者并得到所在地区为奥巴马助选的活动信息列表;甚至自己组织当地或全国性的团体。整个竞选周期中官方竞选网站也有2000万人注册,愿意获得奥巴马的即时信息。

(5) 在虚拟游戏中植入广告。奥巴马阵营的游戏广告都投放在美国电子游戏巨头艺电(EA)的网络游戏中。从2008年10月6日开始投放,主要集中在赛车、橄榄球和篮球等体育类游戏中。当玩家用微软公司出品的 XBOX 游戏机联上互联网玩在线对战时,艺电就将这些广告插入游戏中。从玩游戏的受众来看,主要是为了赢得年轻一代的关注和投票,尤其是 35 岁以下的青少年人群。

奥巴马在 2008 年总统竞选中之所以能成功打败竞争对手主要归功于年轻选民,奥巴马的新媒体广告策略的定位与执行也起到了至关重要的作用。

10.2 互联网广告文案写作

这里谈及的互联网广告是指互联网 1.0 时代的广告形式,当时的广告形式比较简单,并且类别也不是很多样。从其表现来看,由于是早期网络时代的广告形式,因而具有较强的传统广告的创作与表现痕迹。但网络背后的技术支持是互联网广告改进和发展的关键。

10.2.1 互联网广告的形式

1. 旗帜广告

旗帜广告(Banner)是互联网界最为传统也最为常见的广告表现形式,其形象特色早已深入人心。旗帜广告是横跨网页上方或下方的小公告牌,当用户单击时,鼠标就会将他们带到广告主的网站或缓冲储存页中。旗帜广告是互联网广告中的历史最悠久的广告形式之一。早期的旗帜广告往往是以文字呈现,后来加入 Flash 等技术,可以产生动态的效果。网幅广告分为三类:静态、动态和交互式。

(1) 可定向性。旗帜广告(包括其他所有的在线广告形式)都具有完全的可定向特点。它可以按照观众的具体公司、代号、地理位置、国家等进行精确定向,亦可以按照时间、计算机平台或浏览器类型进行定向。

(2) 可跟踪性。市场经营者可以了解客户对其品牌的看法,可以了解对哪些产品更加感兴趣。通过旗帜广告(及其他在线广告)的点击率,我们不仅能够检验观众对广告的回复率,而且能够准确测量观众对产品兴趣的来源。

(3) 方便灵活的可操作性。广告主可以每天 24 小时、每周 7 天、每年 365 天操作自己的旗帜广告,使其无时不在迎接全世界的观众。并且,广告主可以随时发布、更新或者取消任何旗帜广告。所有广告人能够在广告发布的头一个星期以最短的时间了解广告的效果,并决定不同的广告策略。但是,在其他传统的广告形式中,您不可能有这样直观并且高效率的操作性。

(4) 交互性。每个广告人的目标是让观众真正参与到其产品或服务中来,让客户真正体验其产品或服务。旗帜广告(在线广告)可以做到这一点,它可以引导观众来到产品或服务的介绍网站,观看产品或服务的演示实例,对于软件产品,观众可以立即下载有关的演示操作版,体验到真实的产品或服务。这在其他传统的广告形式中是根本无法实现的。

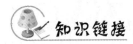

最早的旗帜广告

1994年10月14日，美国著名的Wired杂志推出了网络版Hotwired，其主页上开始有AT&T等14个客户的广告Banner。这是互联网广告里程碑式的一个标志。中国的第一个商业性的网络广告出现在1997年3月，传播网站是ChinaByte，广告表现形式为468像素×60像素的动画旗帜广告，企业为IBM，为AS400的广告付了3000美元。这是中国互联网历史上的一个重要的里程碑。

2. 弹出式广告

当人们浏览某网页时，网页有时会自动弹出一个很小的对话框。该对话框或在屏幕上不断盘旋或漂浮到屏幕的某一角落，有时甚至会影响到阅读或观看。当你试图关闭时，另一个会马上弹出来，这就是互联网上的"弹出式"广告。弹出式广告是网民们最厌烦的网络广告模式之一。因为它的强迫观看模式以及影响视野等问题使它成为互联网广告中最不喜欢的模式。

3. 电子邮件广告

电子邮件广告是将广告信息以电子邮件的方式发送给收件人，收件人如果打开邮箱之后，在查阅邮件的过程中可能会与广告产生接触。但前提是收件人有兴趣打开并阅读该邮件。由于垃圾邮件问题，很多的人会对垃圾邮件进行屏蔽，这种行为会影响送达效果。但要注意中国新的广告法规定，未经允许不得发送电子邮件广告。

4. 论坛广告

网络论坛是一个网络交流的虚拟场所，称为BBS，其英文全称Bulletin Board System，意为"电子公告板"。注册成该论坛用户之后既可观察阅读其他人发表的言论、看法和思想，也可以就某件事情发表自己的看法、回复别人的看法、评论等。网络论坛广告就是利用其虚拟的交流空间来实现广告消息的传播。这要求广告主一定要研究论坛的特性、用户的特点，进行有针对性的广告创意设计。由于网络论坛是一个比较开放的空间，存在网络水军等问题，论坛广告的传播效果并不令人满意。

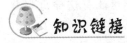

网 络 水 军

受雇于网络公关公司，为他人发帖回帖造势的网络人员，以注水发帖来获取报酬的一群人，也称之为网络推手。有兴趣可以进一步阅读吴玫、曹乘瑜编著的《网络推手运作揭秘》。

10.2.2 互联网广告的特点

1. 互联网广告的优点

(1) 互联网广告是印刷和电波广告在网络世界的延伸。早期的旗帜广告是静态的,类似于平面的印刷广告,其后随着技术创新和广告表现形式的灵活,动画效果、互动效果的出现使旗帜广告开始演变成画面、文字、音乐等相互交融,具有较强综合性的广告。

(2) 与传统的媒介而言,互联网广告具有较好的互动性。网络空间作为一个虚拟的空间,人们网络活动的目的在于搜集消息,由于网络活动具有较强的主动性和积极性,使得互联网技术的应用在互动性方面具有较好的优势。

(3) 具有精准传播的特点。与大众传播媒介相比较,网络上的页面、网站等形式大多具有强大的后台的信息搜集功能,其次对受众有较强的区分度。具体的网站或同一类型的论坛等具有同质的受众,便于了解该群体的消费习惯、喜好和行为,从而开展具有针对性的传播。

(4) 广告传播的迅速性。由于网络广告的设计与制作流程简洁,加之不存在印刷刊物的出版周期性限制,一经制作即可迅速地将信息传播出去。这种迅捷的广告传播特点对于广告的更换、修改等方面赋予了天然的优势。

(5) 制作成本较低。网络广告与大众传播广告相比较,其制作的成本相对低廉。

2. 互联网广告的缺点

(1) 互联网广告的吸引力不够。进行互联网访问的人大多具有一定的目的性,加上网络上的广告本身并不构成画面的视觉中心,反而会对网络的阅读等构成一定的障碍,进而影响阅读体验。新媒体与传统的大众媒介相比较,吸引力较弱。阅读报纸的受众往往会通过选择性地阅读忽略报纸上的广告,或者被广告的创意、颜色等吸引,报纸广告在设计时就考虑了视觉冲击力。电视广告的叙事性和动态的画面使电视广告具有很强的吸引力。

(2) 受众接触广告的成本会增加。受众在上网时,可能正在阅读某个页面或者观看某个东西,一旦出现弹出式广告或旗帜广告,意味着需要时间点击或关闭。当点击之后会打开另外一个页面,从广告页面向原先页面的转变也需要时间。网络广告与受众的接触增加了受众的时间成本。

(3) 互联网广告的效果衡量存在难度。互联网发展的初期关于互联网广告效果的衡量出现了盲区。后来出现了以网页点击率等为衡量标准的情况。但现实是受众接触广告的时间、关注的实际内容多少不同,甚至逗留的时间也不同,从而无法实施准确的监控和记录。这造成了互联网广告的效果衡量缺乏必然的标准。

(4) 互联网广告可信度较低。与传统大众传播相比,可信度更低。过去的大众传媒由于具有政党、官方的背景色彩因而很多人认为是国家的媒体,从而塑造了较高的可信度和权威度。互联网是以商业和技术推动下形成的新媒体,缺少官方色彩,加之信息鱼龙混杂,更加降低了其可信度。

10.2.3 互联网文案写作

1. 互联网广告文案写作的重点

(1) 快速抓住注意力。在空间有限的范围内提供一些能引起访问者兴趣的内容或信息。在一两句话中提供有趣、荒诞、可引发联想或好奇的内容。
(2) 设置引导。比如"请点击""去哪里"这样的引导性文案。
(3) 一次只提供一条信息。过多的信息会让受众接受不了并产生混乱。
(4) 具有较强的可读性。
(5) 为广告创造一个很有个性的标题。

比如新浪博客的客户端的广告,简洁而有力量(见图10-4)。从布局上看,左边是其标志,标志右边是新浪博客,下边为"立即下载",右边为"文字有力量"。点击广告将进入其下载页面。

图 10-4

91移动家装节的广告也具有类似效果。"3.12家居裸惠季,品牌中国行"整体文字自左向右上方斜着排,画面显得动感灵活,点击之后可进入宣传的主页面中(见图10-5)。

图 10-5

2. 互联网广告文案的简约化方法

互联网时代的广告与传统的大众传媒时代的广告相对,面临的传播环境更复杂。首先,互联网广告的面积一般较小,吸引注意力的能力有限;可以展示的内容受到较大的制约。其次,互联网广告发布的环境可以用眼花缭乱来形容;最后,由于受众在互联网上主动积极地去获得自己需要的信息,广告的阅读观看率较低。因而互联网广告的文案写作应该化繁为简,返璞归真。

(1) 文案写作当中应重点提供一个好的标题

奥格威曾经说过,读标题的人是读正文的人的四倍。由此可知一个广告的标题有多重要。标题一定是最关键信息的表达与提供。标题是吸引受众关注广告的重要手段和方式。尤其是现在的人在网络上的阅读与观看是快餐式的消费,在受众对广告内容的关注时间较短的情况下,一定要很快抓住他们的注意力。

(2) 核心的信息应该概括并突出

广告正文的信息量比较大,受众能记住的信息很有限,加之互联网时代的消费者具有碎片化消费、即时性消费的特点,在正文创作中应该将核心的信息概括为一句话,将核心信息放在正文的前边或末尾加以突出。在有些互联网广告中,可以添加相应的链接页面,以便用文案来引导消费者产生行动。

(3) 删减不必要的文字

学会用诗歌写作方式来进行修改。在修改的过程中有些文字、词语如果去掉并不影响其实际表达效果,那就直接删除。根据情况去掉一些结构性的词,比如"的"以及不需要的修饰语。另外,对相关的文案内容进行整合。最好能将字数控制在 40 个字之内。

(4) 将关键词进行特殊效果处理

关键核心的词语一定要运用放大、加色等与其他字体区别开来,加强观众的阅读体验以及记忆效果。

(5) 多使用短句

从心理学的研究来看,短句子的记忆效果明显比长句子的要好很多。在进行广告文案写作时,要多用短句来表达,减少长句子的使用。短句子更方便阅读。

Web 1.0/2.0/3.0

Web 1.0 与互联网门户网站具有密切的关系。互联网发展的初级阶段,从信息传播的形式来看,由互联网公司提供搜索等信息服务,并传播给用户。属于单向的传播模式。人们在网络中更多的是一种漫游状态。从网络的链接来看,只能用台式计算机固定的网络接口连接互联网。信息从各大网站的页面上单方向输入到我们计算机中。这是一个大网站与人的网络。

Web 2.0 与社会化媒体与自媒体的快速发展相关联。Web 2.0 时代的媒体具有较强的个人化与互动性。在人们的个性得到技术支撑之后,任何人之间可以通过博客等媒体发表自己的看法,与阅读者进行互动。或者利用即时通信工具来进行随时随地的沟通。平台化、大数据等技术已经成为 Web 2.0 的重要支撑。人与人之间的社会关系网络与媒体之间融为一体。Web 2.0 也被定义为人与人的网络。

作为 Web 2.0 的升级版,如果说 Web 2.0 解决了一个个性化服务的问题,那么 Web 3.0 就是解决信息社会机制的问题,也就是最优化自动整合的问题。这也是技术界以前提到的网格服务(网格+Web 服务,或实例 OGSA)所应该发展的方向。真正的 Web 3.0 时代不仅仅是按照用户需求提供综合化服务,创建综合化服务平台,更关键的是,提供基于用户偏好的个性化聚合服务。①

---

① http://blog.sina.com.cn/s/blog_541bdbb801000bey.html.

10.3　新媒体与广告文案写作

新媒体广告主要是与互联网广告相对而言的以社会化媒体和新的表现形式出现的广告。由于与数字营销具有密切的关系,因而也可以理解为是数字营销时代的广告。

10.3.1　新媒体广告的类别

1. 搜索引擎广告

(1) 什么是搜索引擎广告。

搜索引擎广告是指广告主结合自身企业的产品或服务的特点等实际情况,选择与此相关的关键,并结合关键词撰写广告,然后与具备搜索引擎的公司完成关键词购买。当用户搜索上述关键词时,相应的广告就会展示。

百度搜索引擎广告包括关键词广告、竞价排名广告、地址栏搜索广告和网站登录广告等形式,因此具有极强的针对性、可跟踪的广告效果和受众广泛的特点。

(2) 搜索引擎广告主要形式。

① 固定排名:常出现在搜索结果的上边、左右两端,属于固定版位的广告。类似于早期的弹出式广告,但不会影响用户的阅读等。

② 关键词购买:Google 的关键词广告一般出现在搜索结果的右侧,并且在关键词广告上面标注了"赞助商链接"。对于一些热门的关键词广告,有时也会在自然搜索结果的上面出现 1~2 项广告信息。

③ 竞价排名:是在关键词购买的基础上发展出来的新形式的广告。广告主通过竞价的方式来决定排名,出价最高者的广告将会排在前边出现。

(3) 搜索引擎广告的特点。

① 关键词广告点击率比其他网络广告高。

② 关键词广告价格比较低廉。相对于 CPM 计价方式来说,由于按点击付费,大多数关键词广告的价格相对低廉(除非大热门关键词)。按照次数来换算大约几毛钱而已。

③ 关键词广告是实时显示的。

④ 搜索引擎广告的方式灵活多样,更改广告内容简单。可以快速地追踪社会潮流并结合广告主的要求进行广告内容的调整。

(4) 用户的行为具有较强的主动性和积极性。

2. 微博广告

当广告主建立了官方微信、微博即开启了全新的传播方式。2012 年 8 月 7 日 17:10,引人关注的奥运男子 110 米栏预赛在"伦敦碗"奥林匹克体育场开赛。中国飞人刘翔在跨越第一个栏的时候就打栏摔倒,走到球员通道后又折返赛场,在已经完成比赛的对手的搀扶下单腿跳向终点。尽管未能完成比赛,但仍然赢得全场掌声。耐克的官方微博在 18:00

就发布了一则平面广告《活出你的伟大》,这完全是一组以文字作为主要表现形式的广告,用文字的形式塑造了刘翔的拼搏精神,反映出了微博广告快速机动性的特点(见图10-6)。

图 10-6

3. 微信广告

微信广告可以分为个人微信账号的广告和微信公众号广告两种类型。

个人微信账号的广告比较简单,文字加上一定的配图就可以用来传播商品等信息。微信广告的形式与微博广告的形式具有较强的相似性。大多数的微信广告都是由文字、图片等构成。

微信公众号广告是基于微信公众平台,可提供给广告主多种形式的广告投放,并利用数据算法等可以实现精准的广告投放。但微信公众号广告的投放要经过腾讯公司所设定的程序之后才可以进行。

图 10-7 所示就是几个微信广告。

4. H5 广告

(1) 什么是 H5

H5 是 HTML 5 的简称。HTML 全名为 HyperText Markup Language,中文直意为"超级文本标记语言",它是一种基于互联网的网页编程语言。历经了 5 次重大修改,直到 2014 年 10 月 HTML 5 最终定稿。当所有设备都遵循 HTML 语言法则时,我们在任何设备上看到的网页就会保持一致,而不变脸了。HTML 5 是唯一一个通吃 PC、Mac、iPhone、iPad、Android、Windows Phone 等主流平台的跨平台语言。HTML 5 广告指代的是利用该技术实现的互联网广告,而现在的 H5 广告则泛指那些在网络社交媒体中传播的带有特效、互动体验和声效的 Web 网页。

图 10-7

(2) H5 广告的表现形式

① 幻灯片式玩法

一般是精美的画面设计＋文字＋简单的翻页动作，目前在中国可见到 H5 的常用方式就是此种。如京东的"快来做我的同事"的 H5 广告。从策划来看，采用的就是幻灯片式，主要由六幅具有大字报风格的红色宣传画来抓住人们的眼球，实现传播招聘实习生的内容。采用上下滑动的方式翻屏，并套用了一些耳熟能详的歌词（见图 10-8）。

图 10-8

② 交互式动画

交互式动画即采用动画或者 Fash 等技术制作的与用户能产生较强互动性的 H5 广告形式。可口可乐的世界接吻日的 H5 就具有一定的互动性和趣味性（见图 10-9）。

图 10-9

图 10-9(续)

WWF 的 H5 广告《养活 70 亿个你，需要几个地球》、杜蕾斯的《美术馆》等多款作品都是动画式 H5 的典范。从互动效果来看，幻灯片式的互动效果明显要弱于动画效果。大多数的大品牌都在运用动画式 H5 方面开展营销工作。2015 年情人节环球互动找到了国内一个做语音处理的团队，为可口可乐开发了一个"语音瓶"H5——"打开"瓶盖启动录音，长按瓶身开始录音，最后再把装满录音的瓶子发给你爱的人（见图 10-10）。

图 10-10

5．微电影广告

微电影广告是一种新兴的广告传播形式，是为了推广某种产品或服务，由广告主或视频网站等拍摄和完成的电影，时间长度较一般电影短很多，因而起名为微电影。时长一般为 5～30 分钟，具有一定的故事情节。

广告主拍摄的微电影一般是根据自己的产品进行量身打造而成的。一般是微电影广告中的主要构成部分。视频网站等拍摄的微电影广告是先进行创作，然后寻求企业品牌进行战略合作。

微电影广告的特点如下。

（1）软性的营销

"相比传统广告而言，微电影更注重整体故事的构造，通过讲述故事把品牌的诉求点或情感诉求点告诉公众，而并非单纯在画面上出现某一产品或品牌LOGO。微电影意在引发观众探寻，并最终参与互动。"①红柿子信息科技有限公司策略产品总监商宏伟称，他个人非常看好微电影的营销方式。

（2）以情动人，追求共鸣

由于微电影广告的时长较传统的影视广告时间长，因而更适合进行故事情节的铺陈和叙事。大多数的微电影广告都是感性诉求，以情感作为主要的切入点，以爱情故事作为情节，以感动人作为目的，间接而隐含地传播自己的商品或服务的信息。

（3）成本小、投资小、周期短

相对于电影而言，微电影广告的拍摄制作成本低廉，并且发布的周期更短。配合企业品牌的营销活动具有更强的灵活性。大部分企业都能承担起这样的制作费用。

（4）强调互动性

传统影视广告只赋予了观众观看的权利，微电影广告则可以实现与观众的互动。通过叙事情节的铺陈，对观众情感需求的针对性的诉求，使观众获得情感的共鸣或感动。社会化媒体的使用让观众具有转发、评论甚至免费推广的可能性。观众与广告之间的互动性更强，情感沟通深度更深，体验效果更好。

知识链接

益达的"酸甜苦辣"

2010年以桂纶镁和彭于晏作为主角的益达微电影广告正式拉开序幕，从而逐渐演变成一个三年内不断发展的爱情故事。从刚开始的沙漠邂逅，一起经历风雨，到最后的有情人终成眷属，爱情故事终于可以告一段落。在酸甜苦辣系列广告推出后的8个月内，调查显示，消费者对这一诉求的认知增长了40~50个百分点。

该故事的发展是以两个人的爱情作为贯穿的主线。每一个故事里面都包含着一个特定的主题。通过每个小故事的串接又形成了一个大的叙事。

沙漠邂逅：在茫茫的沙漠中，两个人邂逅。（序幕）

甜：两人骑着摩托车行至人际喧嚣的小镇，男人突然跑走，转而买了两串糖葫芦过来。女人拿着糖葫芦偷偷别过脸笑，结果摩托车又没法发动，女人出动才搞定，最后走的时候，女人直接坐在他的后面，用手环住他的腰，"看路，我们还要去海边呢。"

酸：他们在一家面馆店停下准备吃点东西。老板是一个漂亮风骚的老女人。老板娘与男主角眉来眼去让女主角很吃醋。一不小心将半瓶子醋倒进了碗里。男主角让她换一碗，她倔强地不干，强迫自己把面吃完，眼泪都吃出来了，吃完了抬头一看，男人不见了。这时老板娘给她一瓶益达，"其实他挺关心你的。"终于两人和好如初。

辣：他们因为迷路而挨饿，女人对男人不听自己的意见而导致迷路很生气。走到前

---

① http://www.admaimai.com/news/ad201203072-ad78384.html。

面一个烧烤摊前,女人一口气要了烤肉,烤肉端过来拿起就吃,男主角拦不住,结果她吃了过后被辣到。喝着男主角递过来的水抬头一看招牌"辣的跳",然后就更生气,嫌其不告诉他。女主角的声音很大,旁边的几个人让他们小声点,女人一嗓子就喊过去,怎么你们看不起女人?男人拉着女人跑掉了,拉着手边跑边笑,冰释前嫌。

苦:男人和女人终于来到海边,女人玩得很开心,场景很美很浪漫,是完全属于两人的温馨时光,哪怕被海水呛到也是那么开心。女人问:"接下来我们怎么样?"不解风情的男人开始滔滔不绝地说他们的旅行计划,没有注意到女人黯淡下去的眼神。最终女主角不辞而别。

益达的《酸甜苦辣》2获得了亚洲实效营销金奖、艾菲实效营销金奖、微电影金瞳奖等诸多奖项。BBDO的主创Howard指出,"我们不是单纯地把产品摆在整个故事里,而是让每一条片子里最有戏剧性的东西总是发生在益达身上,也总是和产品诉求相关,比如吃益达对牙齿好,比如还得两颗一起吃……"微电影广告的发展给广告主的推广提供了一种新的可能性。该微电影广告具有较强的真实性,更容易唤起人们对美好爱情的向往,情侣之间的小误会、小矛盾更容易引起人们的共鸣。

益达的《酸甜苦辣》广告之后续集又增加了新的剧情:加入了"三角恋"的戏份,尤其是饭馆老板大叔形象的出现。在女主角准备停留下来与大叔开始生活的时候,男主角又出现了,最终两个人和好如初。呼应了沙漠邂逅的序幕,构成了一个完整的叙事框架。

此后益达的《酸甜苦辣》第三部在2014年开始登场,其男女主角分别由郭晓冬和白百合扮演,开启了新的爱情故事。第三部已经到了大结局。也许这样的故事会一直延续下去。

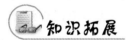知识拓展

微电影广告

除了益达的《酸甜苦辣》微电影广告之外,还有其他很多的微电影广告,比如铁达时手表的《时间就是爱》和金士顿的微电影广告《记忆月台》等。可以说微电影广告已经成为不少大品牌的选择。

2013年中国台湾灵智广告根据真实故事改变的微电影广告《记忆月台》。其长达7分32秒的影片,其中产品只出现不到两秒,却将金士顿Kingston所要求的品牌价值,深植于观众心中。

2014年《当不掉的记忆》年末呈献。落寞潦倒的父亲与儿子之间通过一张当票将纠葛的情感串联在一起。一台饱含期许的钢琴,一对相依为命的父子,一枚守护情感的U盘,88个琴键演绎出一段当不掉的记忆。

2015年根据真实故事改编的《记忆的红气球》,时长3分15秒,讲述了一个小男孩给警察打电话,寻找他的妈妈。一个911的年龄很大的接线员在电话那端听到一个只想索要妈妈的拥抱的请求时,他带上了所有的兄弟们,在小男孩童年的记忆里,放飞了满天的红气球。

10.3.2 新媒体时代的广告文案写作

新媒体是相对于传统媒体而言,主要是指社会化媒体。社会媒体时代的广告表现方式与传统时代有所不同。

1. 社会化媒体的特征

社会化媒体是一种给予用户极大参与空间的新型在线媒体,它具有以下特征。

(1) 参与性。社会化媒体可以激发感兴趣的人主动地贡献和反馈,它模糊了媒体和受众之间的界限,在一定意义上用户创造内容(UGC)。

(2) 公共性。由于门槛很低,所以更容易使用。社会化媒体的信息呈现为网络化的信息传播,以评论、反馈、分享、转发等形式扩散信息。

(3) 互动性。社会化媒体的互动性很强。是源于其社会化媒体的特点所导致的。由于每一个社会化媒体的背后都可能是一个隐藏的人,加之技术所赋予的互动性的存在使社会化媒体具有双向传播的潜能。

(4) 聚合性。社会化媒体的信息与传统媒介的信息不同的是信息内容通过社会化网络的发展形成了以个人为中心的社会网络,同时个人又成为网络中的节点,进而实现了聚集信息的功能。

(5) 分享性。社会化媒体便捷的转发、分享功能使个人喜欢并认同的信息以个人分享与群体分享的形式完成。从而使信息的传播在社会关系网络中的某种路径进行。广告形式已经开始变化,微信、微博等广告形式的出现,使广告文案的写作也为适应此种形势而发生了相应的变化。

2. 新媒介时代的广告文案写作方向

(1) 更强的策划性。社会化媒体时代的广告文案写作应该强调创新,将创意的领域从文案写作扩展到广告传播、数字营销。在进行文案写作以及广告设计时应该思考其可能如何传播,以及传播的路径和预期效果。用策划的思维来运作文案,应该是社会化的重要转变点。

(2) 制造话题或紧扣热点。社会化媒体的广告创作大多都与"话题"具有密切的关联。在进行广告文案的创作时,要紧跟潮流,紧扣话题,甚至有些时候要学会制造话题。比如凡客的广告,由于文案的写作以及广告风格的独特性形成了凡客体(见图10-11)。

(3) 实现分享。分享已经成为人们在社会化媒体中经常产生的行为。社会化互动平台上的广告信息传播应该思考的是如何把网络中主动分享的潜能发挥出来。一个具有创意、有趣甚至好玩的信息可以让很多的人乐于将信息传播给他的好友。因为,文案的写作应该思考的就是如何增强广告的分享性。2013年2月广州市中院诉中禁令叫停加多宝广告语,为此,加多宝在微博连发四个"对不起"广告,之后有人在网上为王老吉作了对应"没关系"的广告,从而成为人们关注的焦点话题(见图10-12)。

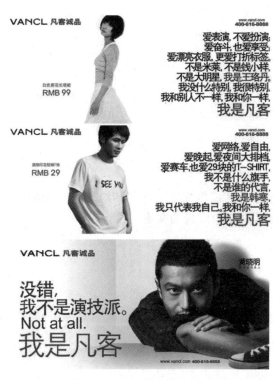

图 10-11　　　　　　　　　　　图 10-12

（4）全媒体创新。文案写作者可以把内容创新作为根本。内容创新要用深入基层的"脚力"了解受众生活；要用观察的"眼力"发现好典型；要用思考的"脑力"把典型的本质和内核挖掘出来；要用细腻真实的"笔力"创作出优秀广告文案作品。

（5）协同创意。社会化媒体时代的广告还有一个很大的特点就是跨界。换而言之，广告与其他的所有领域都可能产生关联，并借助其形式实现广告传播的目的。从微博、微信到网络游戏，从真人秀到微电影。作为广告文案的写作应该思考如何实现跨界写作以及一些具体操作问题。

本章小结

本章主要从数字传播和数字营销角度探讨互联网及社会化媒介中的广告表现形式与特点，要求学生能初步了解互联网广告和社会化媒体中的广告形式、特点，把握广告文案写作发展的具体方向与发展趋势。

思考与练习

一、名词解释

1. 数字传播 2. 数字营销 3. 微电影广告 4. H5 广告

二、简答题

1. 在数字营销中社会化媒体的作用是什么?
2. 微电影广告的特点是什么?
3. H5 广告盛行的原因有哪些?

应用分析

1. 找一则自己很喜欢的微电影广告,分析其广告文案写作与传统影视广告的区别。
2. 自主选择一个主题,尝试创作幻灯片式 H5 广告的文案。

提 升 篇

第 11 章

产品广告文案作品分析与鉴赏

 学习要点

- 回顾并明晰产品的概念和文案写作思路;
- 区分有形产品和无形产品文案写作的异同;
- 学会对不同品类产品的广告文案作品进行分析;
- 尝试具体产品的广告文案写作。

 开篇案例

卡尔顿(Carlton Draught)啤酒的"大广告篇"

卡尔顿(Carlton Draught)啤酒的《大广告篇》电视广告(见图 11-1),场面宏大,动用了大量群众演员,他们身穿红色袍子和黄色袍子,分别拼成一个大大的人和装有卡尔顿的啤酒杯,急速奔向对方,背景使用的是 The Mass(《弥撒》)中的曲子,配的歌词非常有意思:这是个大广告,非常大的广告,你一定不能忘记这个大广告,我们都在里面。在众人的奔跑和激情演绎中形成强大的戏剧张力,让人过目不忘,形成品牌好感。这是几年前卡尔顿啤酒的广告,但现在看来仍然耐人寻味,而且与当下网络时代的语境不谋而合。

图 11-1

思考与写作：
1. 观看本案例，试对其画面和文案进行分析。
2. 思考作为产品的啤酒广告还可以有哪些创作思路。
3. 尝试给本地的啤酒品牌写一则幽默性质的电视广告脚本。

11.1 产品的概念与文案写作要点

11.1.1 产品的定义

市场营销学认为："凡是能够提供给市场，以引起人们的注意、获取、使用或消费，从而满足某种欲望或需要的东西，都可以称为产品。"产品包括实体产品和无形产品。实体产品通常直接称为"产品"，无形产品称为"服务"。

为各种类型的产品和服务做广告是广告代理商的主要工作，包括：①传达关于品牌特性的信息以树立品牌形象；②传达具体信息以建立认知、说服购买或提醒持续购买；③配合促销活动，传达优惠、赠品等具有刺激购买作用的信息以直接促进销售。

每一类型的产品和服务都有自己的特性，对广告诉求和风格也有不同的要求。为各类产品或服务撰写文案，需要准确把握其主要特性和广告的基本要求，包括：

（1）产品/服务的基本属性。
（2）产品/服务提供的主要利益和附加价值。
（3）消费者对此类产品/服务的主要需求。
（4）此类产品/服务消费行为的特征。
（5）广告对此类产品/服务的销售所引起的主要作用。
（6）适用于此类产品/服务的诉求点和诉求方式。
（7）适用于此类产品/服务的广告风格。

11.1.2 产品的类型

产品的类型划分如图 11-2 所示。

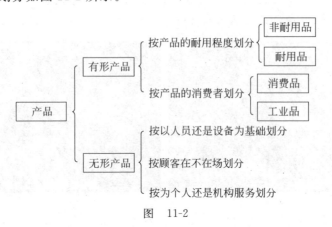

图 11-2

1. 有形产品的主要类型

衡量有形产品类型有两种主要的尺度,一是产品的耐用程度;二是产品的消费者。

(1) 非耐用品和耐用品

非耐用品和耐用品是按照产品的耐用程度来分类的一种方法,非耐用品指耐用程度低、使用时间短、消费者购买频繁的产品,如洗衣粉、食品、牙膏、复印纸等。耐用品指耐用程度高、使用时间长、消费者不会频繁购买的产品,如家用电器、家具等。

(2) 消费品和工业品

按照"消费者是谁"可以把产品分成消费品和工业品。消费品主要的消费者是个人或者家庭,直接满足消费者生活需求;工业品主要的购买者是组织机构,用来满足生产或经营需要。

2. 无形产品(服务)的主要类型

按照不同的分类标准,服务可以被分成不同的类型,下面介绍三种分类标准。

按照人员和设备在服务中所起作用的重要性,可分为以人为基础的服务和以设备为基础的服务。如律师事务所的法律服务不需要特别设备,是以人为基础的服务;航空客运服务则需要飞机和机舱内的设备,是以设备为基础的服务。

按照该服务进行时需不需要顾客在场,可分为顾客在场的服务和顾客不在场的服务。如航空客运服务、餐饮服务需要顾客在场,而接受汽车修理、保险、金融服务时,顾客在完成委托手续后就不需要在场。

按照服务对象的不同,可分为满足个人需要的服务和满足机构需要的服务。如医疗服务、餐饮服务,主要是满足个人的需要,而机场的配餐中心、市场调查机构的服务则主要满足机构客户的需要。

11.1.3 不同类型产品广告文案诉求思路

1. 消费品广告的基本思路

(1) 可向购买决策者进行诉求

在商品的购买过程中,不同的人承担着不同的角色,以购买决策者为主要诉求对象是广告传播的基本规则。消费品品类众多,消费特征各异,明确不同产品的主要购买决策者是谁尤为重要。如早年娃哈哈的广告语"妈妈,我要喝娃哈哈",就将商品的主要购买决策者和产品使用者相区分,分别展开诉求。

(2) 呈现生活化的表现

消费品深入消费者的生活,广告应注重表现商品的生活化特征,尽量出现生活中的人物,展现诉求对象熟悉或向往的生活片断、生活场景、生活方式。通过表现诉求对象熟悉的情境——场所、氛围、周围人群、事件,将他们拉进广告中。这种情境,可以用画面来直观展现,也可以用文案体现;可以直接指明,也可以让诉求对象自己体会。

【小案例】 麦当劳食品电视广告字幕

广告文案：
Pork Berger B 29. one week only.
Filet-O-Fish B 29. one week only.
Mcnuggets B 29. one week only.

案例分析：该广告把汉堡包和人们日常生活中熟悉的情景结合起来，碰撞后产生了意想不到的神奇效果，婚礼现场、拳击比赛间隙、游泳比赛等都是我们常见的情景，也都是非常严肃、认真的情景，但麦当劳太好吃、太诱人，所以连这些场合人们也忍不住吃它。整个广告既在意料之外，又在情理之中，非常幽默地传达了产品的美味。

（3）出现诉求对象的形象

以画面和文案配合，展现并且指明诉求对象，让诉求对象从广告中看到"自己"。在广告中出现诉求对象自己的形象，让诉求对象感受到这个广告就是为自己量身打造的。如果广告要向家庭主妇诉求，广告的主角应该是理想的家庭主妇形象，如果广告的诉求对象是个性青年男女，那么就在广告中出现青年男女的个性化活动。

【小案例】 ICFC 小企业贷款机构平面广告（见图 11-3）

"我不干了！"
"不行，你是老板。"
谁都会有倒霉的日子。甚至老板。
当你是一家小企业的老板时，倒霉的日子来得会比一般人更多。
在大公司里，也许你会被财务、销售、人事、市场、生产等专家团团包围。
你可以指责别人，和他们争论，让他们接受你的想法，批评他们，和他们共进午餐，或者干脆把事情交给他们去干。身边有人，让你在遇到麻烦时感觉好点。
但如果你是小企业的老板，你只能靠自己。
在过去的 34 年中，我们已经帮助过超过 5000 家小企业。
并且发现，友好的建议和 5000 元到 200 万元的资金常常能使一家小企业走出困境。
ICFC 是最大的小企业长期贷款机构。

图 11-3

（4）系列广告保持前后统一

建立品牌就是为了消费者的长期购买，每一则广告都是对品牌建设的长期投资，消费者更倾向于购买熟悉的、反复使用的品牌。消费品的广告，特别是系列广告应该保持前后统一，以稳定的、连续的和统一的风格来培养消费者对品牌的熟悉感和忠诚度。

【小案例】 玉兰油杂志广告

广告正文(一)：因为美丽，所以更想过新年。全新玉兰油，惊喜你自己。

广告正文(二)：别人送我礼物，我回送美丽给他。全新玉兰油，惊喜你自己。

（5）尽量追求鲜明的个性

当今市场竞争激烈，特别是消费品市场品牌与品牌、产品与产品之间的竞争更为白热化，广告传达时突出鲜明的个性会给诉求对象留下较为深刻的印象。人云亦云的广告只会让产品为同类产品所淹没。

【小案例】 老蜂农系列广告文案

《皇帝篇》 这位老人，有位皇帝的朋友。
《青山篇》 这位老人，住在绿色银行里。
《蜜蜂篇》 这位老人，有独到酿蜜工艺。
《信赖篇》 这位老人，非常值得您信赖。

案例分析：广告中每个瓶贴上都有一个神态自若的老蜂农形象，集中表现了该产品可以信赖的服务。广告还巧妙地利用包装和瓶贴传达产品形象，再配上通篇简洁的文案表现了老蜂农产品"百年御蜂，中华老牌"的卖点，树立了"老蜂农"的品牌形象。

（6）避免诉求对象的排斥

广告信息应该带给诉求对象真实感、安全感、信任感，而那些虚假、做作、言不由衷、强词夺理、花言巧语的广告在一开始就会被消费者拒绝。另外，在广告信息传达过程中避免出现一些有可能给诉求对象带来负面困扰的语言和画面。比如，一则整形医院的广播广告展现有一只恐龙来到医院，让医生帮其整形，广告语"某某整形医院，恐龙也能变美女"，显然这个恐龙的主创意会让部分诉求对象认为，只有恐龙（对超级丑女的虐称）才来这儿做整形，于是望而却步。

2. 工业品广告的基本思路

由于工业品的特殊性质，其消费者主要是生产或经营性机构，所以大多采取人员营销的方式，广告传播时也会以企业或品牌形象为主。在具体广告信息传达中，通常会向管理者和专业人员展开诉求，组织机构的消费者是纯粹理性的消费者，它们更重视产品的质量、价格、性能、服务等因素，广告应以严谨的风格做理性的诉求，同时传达较为专业性的信息，以具体的数据、术语和专业词汇对产品功能和特性做准确解释。

【小案例】 松下电器（中国）有限公司数字视频展示台广告

广告标题：真正物超所值

广告正文：视频展示台 WE-MV100

用于多种用途的显示，如文件、胶片、商品等各种实物演示。

1/3″CCD，即使在烛光下也能得到清晰的图像。

方便于投影小型物体局部放大的10倍变焦功能。

47万像素,450线高分辨率数字处理摄像机,图像清晰色彩逼真。

摄像头可多角度旋转,可拍摄周围的场景。

2000年新产品,国产机的价格,进口机的质量。有一年的保修卡。

案例分析:这是一则很久以前的报纸广告,但至今都可以给我们启示。这则松下电器(中国)有限公司数字视频展示台广告,是一则音像设备工业品广告。此广告采用理性诉求方式,介绍产品用途、功能、特点、价格、质量以及保修等方面的信息。客观说明产品的高品质、高功能,购买该产品是真正的物超所值。

3. 不同类型服务的诉求侧重点

高志宏、徐智明两位老师把此问题总结成如表11-1所示的表格,供大家参考。

表 11-1

问题	作用
以人为基础的服务	侧重提供服务的人,突出人员优势,如良好的专业素养、某种程度的服务水平、提供服务的经验、成功服务的先例
以设备为基础的服务	侧重服务所依赖的设备,突出设备的优势,如设备先进、配套完善、特殊设备等
顾客在场的服务	注重顾客的良好感受
顾客不在场的服务	注重服务的可信性
满足个人需要的服务	注重消费者的利益和消费感受,感性和理性并重
满足企业需要的服务	注重服务对企业的利益,以理性诉求为主

11.2 有形产品广告文案作品分析与鉴赏

我们可以尝试对有形产品进行分类总结,通过对最常见的有形产品的典型文案作品解读,分析其写作特点和要点。

11.2.1 食品类广告文案作品分析

中国人常说"民以食为天",国人对食物情感特殊而浓厚。当下的食品类广告总体来说应该采用感性的方式,做快乐、健康、生活化的表现,文案和画面应该充分调动诉求对象对食品的色、香、味的感受和想象。

知识链接

奥格威曾经对食品广告提出如下的忠告:要以食欲为诉求中心来创作广告;如果可能,就在广告中提供一些菜谱或者食用方法,家庭主妇总是会寻找新的烹饪方法来调剂家人的饮食;不要把烹调方法写进广告的正文里,要把它独立出来,要突出、要引人注目;要严肃,不要用幽默和幻想,不要耍小聪明,对绝大部分家庭主妇来说,操持家人膳食是一件很严肃的事情;示范如何使用你的产品;只要不牵强就用自问自答的方法;只要可能,就拿出新闻来。

现代人饮食习惯变化

随着生活水平的不断提高,现代人的饮食习惯,从以往的一成不变趋向于多样化和复杂化。总的来说,现代人的饮食变化主要有以下四种倾向。

(1) 节约时间的倾向

现代社会快节奏的生活方式,使各种快餐食品应运而生。方便面及各种速冻食品、半成品等纷纷涌现,给繁忙而重闲暇的现代人提供了更多方便。

(2) 多样化的倾向

随着各国、各民族间的频繁交流,欧美、日本以及东南亚的各种风味食品也影响到了中国,尤其是年轻一代对外来食品与口味表现出较强的偏好。此外,休闲小食品市场以及各种口味的饮料市场也得到了蓬勃发展。

(3) 对绿色天然食品的需求

消费者对生活品质的需求明显提高,饮食讲究纯天然,要求完全不使用食品添加剂,要求不使用化肥等培育出的绿色蔬菜等。生产这类产品的企业应该严格按照生产要求、相关规定去做,必须保证其质量。

(4) 对保健营养品的需求

在满足了基本生活需求之后,人们越来越注意食品的营养性与健康性。食品不仅可以果腹,还可以带来健康。近年来,市场上各种营养食品、保健食品、减肥食品的大量涌现,正符合了人们的这种需求。

当然,在快乐、健康、生活化的基调上,不同类型食品有不同的诉求方向。

1. 快餐食品广告作品分析

方便面这种快餐类食品,除了突出方便性,还要在广告中通过对其美味的诉求增加消费者的吸引力。

【小案例】 统一阿Q桶面平面广告(见图11-4)

画面主体为三份未及格试卷组成满分的100分成绩,画面下方有产品图片,配合文案"阿Q一下,快乐就好",然后在画面最下方再配合具体的随文。

阿Q的产品概念讲究大碗实惠,率真、不怕吃亏的人物形象便脱颖而出,成为品牌的核心价值,为强化品牌形象,更以"阿Q"命名,其阿Q品牌精神也借由创意的包装与幽默的传播手法,深植于消费者心中,也让消费者对阿Q的精神有了更多的体验。本则平面广告就是通过一个简单的"阿Q式"幽默画面吸引目标消费者,同时再用文案点睛,使得

图 11-4

整幅广告恰到好处地呈现了该品牌的特征。

【小案例】 "康师傅劲拉面"与"出前一丁"的弹力对比（见图11-5）

康师傅劲拉面的系列广告（两则）以"根根筋斗 弹力十足"为主文案和诉求,再配合以"筷子＋面条"形成的鞭子及"筷子＋面条"形成的弹弓组成两幅平面,画面右上方均出现产品包装。

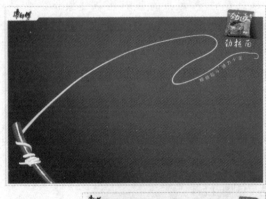

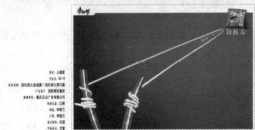

图 11-5

出前一丁的平面广告以"足够有弹性 自然绑得住你"为主文案和诉求,再配合以用面条绑住的女性马尾辫构成画面主体,画面右下方出现产品包装。

这两则广告虽然文案和画面不同,但两个产品的定位和诉求基本一致,在广告中都是要表现出本产品的弹性和筋斗特性。从文案来说,这两则广告不相伯仲,但当文案和创意配合在一起,我们仔细考量两则广告背后的创意概念时,就会发现康师傅劲拉面的广告整体上更胜一筹,也更加符合中国消费者的习惯,而出前一丁的这则广告创意显然忽略了产品本身是食品这一基本特性,中国人对食品的要求是色、香、味俱全,特别是广告中呈现的食品应尽量激发消费者的食欲,出前一丁的广告创意把面条和"发绳"做类比,试图突出产品的"弹性"这一点,但是创意本身和画面却忽视了食品广告最基本的内涵,画面不但不能激发观者的食欲,反而让人失去胃口。因此,我们在进行广告创意及广告创作时,必须考虑最基本的产品属性,同时必须注意画面和文案的有效配合。

【小案例】 统一炸酱面电视广告

广告由一些画面组合而成,如北方的道路、北方的树、北方的人、北方的面等,以此来突出"北方的人 北方的面"这个主要诉求点。

该产品的广告诉求非常明确,通过一系列北方的画面,通过质朴的画面从北方的路、树、人扩展到北方的面(炸酱面),将熟悉的怀旧经典美味、物超所值的炸酱面的浓厚情感自然流露出来,展现地道炸酱口味。整个电视广告的画面精良,非常符合诉求习惯,蒙太奇镜头串起的并不是一个完整的故事,而是一种质朴、怀旧的北方情怀,使观者为之动容。

2. 零食广告作品分析

大部分零食广告主要的诉求对象是青少年消费者,因此在突出口味上的新鲜感的基础上,可以渲染个性化、时尚感甚至幻想色彩等。部分零食也会独辟蹊径,通过其产品及广告呈现出特殊质感,来吸引成年消费者。

【小案例】 哈根达斯冰激凌平面广告文案(见图11-6)

图 11-6

中秋有好礼，何必寻千里？哈根达斯月饼冰激凌
中秋有好礼，何必捣药忙？哈根达斯月饼冰激凌
中秋有好礼，何必苦费力？哈根达斯月饼冰激凌

案例分析：哈根达斯是高价格高品质冰激凌的著名品牌，以品牌深获追求品位的消费者认同。这一系列的广告以简洁的画面表现和含蓄、安静的文案很好地突出了品牌的这一特性，画面呈现上也非常契合中国受众心理，创意上选用中国神话故事"嫦娥奔月"中的主角，强调中秋节这一传统节日，用嫦娥奔月、白兔捣药和吴刚伐树三个典型神话事件，自自然然地给哈根达斯这个洋品牌注入了中国魅力。

3. 家庭消费的食品广告作品分析

对于主要由家庭主妇选择的家庭消费食品，大包装、经济实惠是有吸引力的诉求点，既能表现对家人的关爱之情也能有效赢得家庭主妇的好感。新产品可尝试通过介绍其配方和食用方法，来建立消费者的认识。

【小案例】 五丰冷食"冰锁系列——饺子篇"（见图11-7）

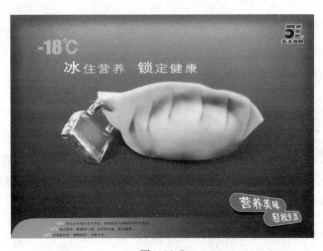

图 11-7

主广告文案："－18℃冰住营养 锁定健康"再配合饺子被锁住的图片

案例分析：冷冻饺子属于方便食品，怎样强调食品的"新鲜"和"营养"应该是诉求的重点，五丰冷食的这则广告用非常清新干净的画面给消费者新鲜的感觉，再用文案点睛，效果非常好。

【小案例】 KLIM 儿童奶粉

画面为中国台湾一间普通教室的黑板照片（黑板正上方放置着孙中山的照片），然后在右下角添加产品包装和广告文案"SuperKid 让孩子站最高"。

案例分析：给孩子买奶粉的人通常是爸爸、妈妈或爷爷、奶奶，KLIM 儿童奶粉的这则平面广告完美地切合了中国父母（长辈）千百年来"望子成龙"的心理期待，画面选择了

教室这一孩子和家长最熟悉的场景,显得非常平实,让观者感到熟悉、亲近,文案点睛,使得原本熟悉的事物在产品的刺激下产生了新鲜含义。

4. 调味品广告作品分析

调味品在一定程度上可以被归纳到食品当中,调味品广告也多可以从使用后烹调的食物更加新鲜、美味这方面来考虑,即诉诸食欲。在广告中应突出食品的色、香、味,尽量满足人们对食品的感官要求。

【小案例】 金龙鱼过节系列平面广告

元宵篇的画面为盘子里的宁波汤圆空出金龙鱼产品的形状,端午篇为竹篮里的端午粽子组成金龙鱼产品的形状,中秋篇为七星伴月的月饼盒中的月饼空出金龙鱼产品的形状,三则平面的主文案均为"地道的中国菜离不开金龙鱼(食用油专家)"。

案例分析:该系列广告把金龙鱼这一产品和中国传统的节日及节日食品连接在了一起,画面精美。通过元宵、端午、中秋这三个重要节日彰显金龙鱼的中国特色,突出金龙鱼对目标消费者的特别关注及产品的人文情怀,使得品牌形象得到提升。

【小案例】 味事达酱油系列平面广告(见图11-8)

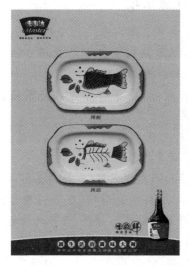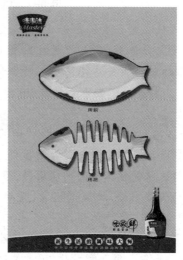

图 11-8

两则广告的画面均为上下两个不同的盘子,第一个下面写着"用前",第二个下面写着"用后",画面下方再附以"新生活的调味大师"等随文。

案例分析:食品要让人产生食欲,也可以使用广告创作中最常见的诉求方式,味事达酱油的广告就采用了最常用的方法"before/after",即"使用前""使用后",让受众通过前后对比感受产品的神奇力量或功效,这种方法很是常见,最关键的问题是能不能出新,具体广告的"执行点子"是不是独特。味事达酱油这两则平面广告显然是成功的,通过盘子中的整条鱼变成鱼骨和鱼形盘子变成鱼骨形盘子来夸张地强调产品的美味,让人过目难忘。

5. 保健营养食品广告作品分析

在做一些特殊保健营养食品的广告时，应在广告中同时强调体育锻炼、营养均衡等与之配合，使消费者信服。

【小案例】 白兰氏鸡精电视广告

广告首先展现了一个哨位兵在站岗时的各种经历和考验，烈日炎炎，孩子的胡闹和骚扰，他都顶住了压力。最后美女模特 Danielle Graham 惊艳亮相，缓缓走到哨兵跟前，慢慢蹲下，哨兵紧张及害羞的脸部特写，原来美女是利用他的皮带扣来当镜子涂口红，之后出现"白兰氏冬虫夏草鸡精让你耐力持久"的广告语，打出产品标板。之后的"小尾巴"，哨兵回到更衣室，认真擦拭自己的皮带扣。

案例分析： 白兰氏的这款冬虫夏草鸡精主要的受众群是中青年男士，广告通过强壮哨兵经历各种挑战来展现产品的功效，影视广告的可看性强，突出美女诱惑的悬念，广告标板之后的"小尾巴"都非常具有创意，让人感受到了产品的强大功效和幽默魅力。

知识链接

食品广告注意事项

广告文案人员在制作食品广告之前，除了需要了解广告法规中的一般规定及"广告审查标准"外，还应充分把握《产品质量法》《食品卫生法》《保健食品管理办法》《消费者权益保护法》等食品行业的相关法律法规。特别值得注意的是：

(1)《食品卫生法》《广告审查标准》有明确规定，要求广告内容必须符合卫生许可的范畴。

(2)《广告审查标准》中明确规定："食品广告表示其低脂、低糖、低盐、低胆固醇等含量的，必须出具卫生监督机构说明其明显低于同类产品含量的证明。"

(3) 强调特殊保健营养食品的功用时，不得出现医疗术语、易与药品混淆的用语以及无法用客观指标评价的用语，如返老还童、延年益寿、白发变黑等，也不得表示或暗示减肥功能，若表示有助于消化、保持体型，应在广告中同时强调体育锻炼、营养均衡等与之配合。

(4) 保健品广告，国家工商管理局和卫生部明确规定：在可视广告中，保健食品标志所占面积不得小于全广告面积的 1/36。其中，报刊、印刷品广告中的保健食品标志，直径不得小于 1 厘米；影视、户外显示屏广告中的保健食品标志，须不间断地出现；在广播广告中，应以清晰的语言表明其为保健食品。

11.2.2 酒类广告文案作品分析

历史与文化、品位与个性、情感与寄托是酒类广告经久不衰的主题。在世界各个国家，酒都具有浓厚的文化象征意味，无论是白酒、葡萄酒还是啤酒，悠久的历史和丰厚的文化底蕴都能给它增添魅力。此外，生产历史和储存年代也是消费者判定白酒和葡萄酒品质的重要标志。因此,历史和文化象征就成为酒类广告一个典型的诉求点,与之相联系的是悠远、凝重的风格。

同时,喝什么样的酒也代表着消费者的品位与个性,与消费者的身份、自我认同、社会地位密切相关,"品位之选""张扬个性"也是一个能够与诉求对象有效沟通的诉求点。

酒也是一种最能够寄托情感的东西,友情、爱情、怀旧的感情,都能够与酒产生关联。酒类产品的广告也可以以各种感情内容作用于消费者的情感世界。

【小案例】 孔府家酒电视广告

画面中王姬作为一名海外的游子,在春节前期从国外归来与亲人团聚,宴会上父母、丈夫、儿女谈笑而坐,一杯孔府家酒斟满了浓浓的亲情,背景音乐为:"千万里,千万里,我一定要回到我的家。我的家,永生永世不能忘记。"最后声音标板出现"孔府家酒,叫人想家"。

案例分析:这是二十多前的广告,但至今很多中国人仍记忆犹新。1995年最引人注目的就是王姬为孔府家酒拍的广告,孔府家酒巧妙地把《北京人在纽约》的火爆嫁接到自己的广告中来,而一炮成名的王姬和"千万次的问"成为最大的记忆点,不过人们也记住了"孔府家酒,叫人想家"这句充满中国人伦理亲情的广告语。

【小案例】 马爹利(Martell)洋酒报纸广告系列文案(见图11-9)

图 11-9

凝视斜斜的又一瞥/你与我擦肩而行/但我知道从第一眼开始/你已无法忘记/我们内心的约定/我是 Martell/今晚 我等着你/19:30 北京电视台一套

昨夜的浪漫30秒/短暂 意犹未尽/但我已被你彻底吸引/你就是我今生永远的记忆/深邃的内心 自由自我/超越平凡的规矩/每时每刻都散发着个性的魅力/马爹利/今夜我想再次见到你/与你共醉 享受更畅快的心灵/我是 Martell。

案例分析:马爹利是著名法国酒品牌,该次广告运作很好地把报纸和电视广告的排期结合起来,双媒体共进,加强了广告效果。又因其是法国品牌,报纸广告突出法国的神秘与浪漫情怀,特别是第一则,引发悬念,激发受众的广泛关注。

【小案例】 红舌狗黑啤酒·林子祥篇

（林子祥在黑暗的屋子里对着镜头说，说罢浅尝一口啤酒）

林子祥：你，怕黑吗？黑有什么好怕的？怕黑，那你不是白白地活着吗？

广告语（画外音）：红舌狗黑啤酒，妙在不言中

案例分析：在新加坡和马来西亚说粤语的当地人中，健力士通常被称为"黑狗啤"。这是因为通常只有老一代人喝健力士烈性啤酒，这些人几乎没有受过任何教育，文盲率很高。无法说出"健力士"，所以当地人都称其为"黑狗啤"。因此，健力士广告招贴也在啤酒旁加上一只黑色的斗牛犬。这就使得健力士，或者"黑狗啤"家喻户晓。该广告用林子祥这样一个健康沉稳的形象使得消费者对产品信服。

由于啤酒的消费者大多为青年人，因此个性、幽默的风格也常常会被啤酒广告创作所采用，可以通过个性的画面和文案来突出产品最重要的特征。

【小案例】 福建雪津啤酒系列平面广告（见图11-10）

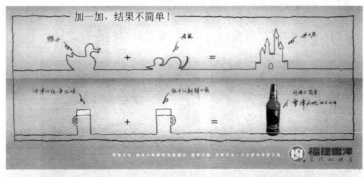

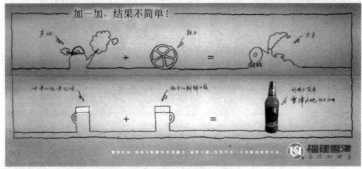

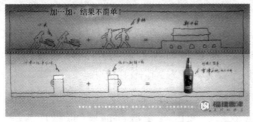

图 11-10

"加一加,结果不简单!

鸭子+老鼠=迪士尼

冰啤的纯净风味+纯生的新鲜口感=好的不简单　雪津天地纯生冰啤"

"加一加,结果不简单!

蒸汽+轮子=火车

冰啤的纯净风味+纯生的新鲜口感=好的不简单　雪津天地纯生冰啤"

"加一加,结果不简单!

小米+步枪=新中国

冰啤的纯净风味+纯生的新鲜口感=好的不简单　雪津天地纯生冰啤"

案例分析：这一系列的平面广告用生动的线条式漫画勾勒而成,再配合以幽默的文案,使得产品的形象个性突出,瞬间拉近了产品与目标消费者的距离,通过比较式文案也让消费者了解到了产品的特色所在。

【小案例】 哈尔滨啤酒"戒指篇"

画面是视角是啤酒瓶口,看起来非常像一枚璀璨的钻石戒指,主文案为"情定百年 一生恋眷",画面最下方是广告随文。

案例分析：哈尔滨啤酒集团有限公司创建于1900年,是中国最早的啤酒制造商,其生产的哈尔滨啤酒是中国最早的啤酒品牌,至今仍风行于中国各地。因此,本广告通过"情定百年"来强调其悠久的历史,同时为了笼络年轻受众,画面选择了钻石戒指这一当代年轻人定情的信物,整体广告既让人感受到了哈尔滨啤酒的百年历史,又使人领略到了该产品的时尚、尊贵气质。

【小案例】 镜泊湖无醇啤平面广告(见图11-11)

画面：很多个啤酒瓶盖子堆得特别高。

文案：

"喝不倒

镜泊湖无醇啤

低糖低酒精

酒精含量仅为普通啤酒的1/9;含糖量不仅低于普通啤酒的1/2,更低于干啤的含糖量;富含人体必需的氨基酸、纤维素、蛋白质和微量元素等营养成分;能让你始终保持清醒的头脑和健康的体魄。"

图 11-11

案例分析：该产品本身定位相当明确,产品相对于其他啤酒度数更低、含糖量更少、更为健康。主文案为口语化的"喝不倒",再用强烈刺激的创意画面去配合,起到了很好的传达信息效果。

11.2.3 饮料类广告文案作品分析

消费者对不同饮料有不同的需求和选择。因此,饮料产品可以采用的诉求点和表现出的产品风格会有很大差异。

茶和咖啡是较为传统的饮料,饮用者多为讲究品位与情调的成年人,因此纯正口味、情趣、格调、品位感、内心感受是茶和咖啡广告的基本方向,比如前面我们已经分析过的"左岸咖啡馆"广告、立顿黄牌袋泡茶广告。

【小案例】 雕刻时光咖啡馆平面广告文案

雕刻时光 心情故事

第一则

正文:9:30/杯子是满的/心是空的/10:00/咖啡是新的/故事是旧的/10:30/咖啡越喝越少/味道却越来越浓/11:00/还不会磨咖啡豆/先学会研磨心情

第二则

正文:13:37/坐在靠窗的位置/手指不自觉地在玻璃上写着他的名字/13:52/他就在对面/抿了一口蓝山/一幅冷静的表情/14:30/我低着头/静静地搅着/杯中的咖啡/15:30/这样的午后/我一个人

案例分析:整个广告营造出一种咖啡独有的情调,通过女主人公内心独白式的文案给读者一种静谧的、很私人的感受,这是属于一个人的空间,属于一个人的心情,也是当代很多人的心情,特别是在繁忙的工作和重压下,人人都需要有私人空间,需要有属于自己的小情绪,特别是对女性来说,而这则广告文案就非常好地抓住了这一点。

【小案例】 立顿红茶周华健篇电视广告

画面中的歌手周华健坐在自己沙发上,轻抿一口立顿黄牌茶,细细地品尝其中的滋味,也在感受一个人的美好午后时光。最后打出"立顿红茶 浸在不言中"的文字标版。

案例分析:立顿这则广告采用了最常见的明星代言的形式,但特别的是把产品本身特征和代言人结合,不是通过直接的"言语"代言,而是通过实际生活的细节感受呈现出产品带来的美好状态,立刻把产品与其他明星代言"吵闹"吆喝的产品区分开来,显得低调、自然。

【小案例】 新鲜果汁先生饮料系列平面广告(见图11-12)

西红柿篇:画面为一个西红柿撞墙后的惨状,文案为:"天哪!他每天都在亲吻他,也不想想我的感受。"

香蕉篇:画面为一把香蕉正在用绳子上吊,文案为:"冰箱已是它的地盘,活着还有什么意义。"

苹果篇:画面为一个苹果在铁轨上试图"卧轨",文案为:"听到她'咕嘟、咕嘟'的声音,我的心都碎了。"

图 11-12

案例分析：是香港和记黄埔成员屈臣氏集团旗下时鲜果汁国际的冷藏果汁品牌，于1974年面世，在香港冷藏果汁市场占有领导地位。其广告以幽默俘获了不少忠心消费者，这个系列的广告以拟人的手法，通过新鲜水果的诉说来展示出产品对消费者的强大吸引力，这种诉求独辟蹊径，让人眼前一亮。

【小案例】 台湾地区黑松企业黑松天霖水电视广告文案

挑逗的水（画面为香水）

游戏的水（画面为游泳池中的水）

补充的水（画面为输液的药水）

冒险的水（画面为托起小船的海水）

享乐的水（画面为酒）

成长的水（画面为奶瓶中的乳汁）

发现一瓶好水——黑松天霖水。

案例分析：该文案以各种水为例，介绍了黑松天霖水，突出水对每个人的重要性。黑松公司创立于1924年，被认为是台湾地区第一饮料品牌，面对年轻族群，黑松并未一味使用老品牌的感召力，因为黑松明白，历史悠久也会成为一种压力，因此黑松努力通过音乐行销，极力拉拢年轻一代。为了吸引年轻消费者以及继续与两可乐抗衡，在20世纪70年代末，黑松致力于推行"音乐行销路线"，每年投入巨资用于电视广告制作与投放。黑松甄选一批有实力的新人来演绎广告片和广告歌曲，帮助他们与黑松一起放飞梦想，实现自我理想。时至今日，无数台湾人的脑海中依然清晰记得当年张雨生、金城武、任贤齐等一批明星出演黑松广告片的画面与歌声。其中，黑松最为成功的广告曲《我的未来不是梦》不但托起一颗歌坛新星——张雨生，同时也使黑松企业更入佳境。

【小案例】 黑松沙士《我的未来不是梦》歌词

你是不是像我在太阳下低头

流着汗水默默辛苦地工作

你是不是像我就算受了冷漠
也不放弃自己想要的生活
你是不是像我整天忙着追求
追求一种意想不到的温柔
你是不是像我曾经茫然失措
一次一次徘徊在十字街头
因为我不在乎别人怎么说
我从来没有忘记我
对自己的承诺,对爱的执着
我知道我的未来不是梦
我认真地过每一分钟
我的未来不是梦
我的心跟着希望在动
我的未来不是梦
我认真地过每一分钟
我的未来不是梦
我的心跟着希望在动
跟着希望在动

案例分析:这是早期的一则广告,黑松沙士以其广告歌曲著名,它的广告歌曲经常不同,在选择歌手方面也非常注意。就是因为这首歌,张雨生一举成名,也正是因为这首歌,黑松沙士也广为人知。后来,黑松沙士签约内地歌手胡彦斌,当然加入了胡的个人风格,但听起来依然韵味无穷,历久弥新。这首歌曲是一代代人个性的表征,也正是黑松沙士的性格写照,在歌曲的感召下,张雨生时代的人会不自觉地回忆起往昔奋斗的点点滴滴……一首歌,是一个时代的象征,是一个团体的宣言,是许许多多的想象,这样的歌曲,不仅恰到好处地传递了企业信息,而且也具有持久的艺术魅力和广告沟通作用。

【小案例】 多喝水·世界语言瓶系列视频广告

语言老师用各个国家的语言和相关画面来重复"多喝水"这一品牌。

案例分析:"多喝水"是台湾味丹企业旗下的一个瓶装水品牌,由台湾奥美一手打造。奥美主张将这款产品卖给青少年,并且用了一句日常最常见的一句话"多喝水"来为产品命名,广告鬼才孙大伟先生想出了"多喝水没事,没事多喝水"这句广告语。近年"多喝水"做了很多的网络互动类广告都非常成功,这支"多喝水·世界语言瓶系列"的广告拿了2015年4A广告奖创意互动组全场大奖金印奖。将"多喝水"品牌植入到寓教于乐的语言学习中,整体好玩又不做作,演员的表现很有效果。在让人不排斥,拉近与消费者距离的同时,多喝水品牌观念如洗脑般在脑海中久久回荡。这一成功的品牌案例,背后其实是奥美的"精心呵护":把青少年作为产品的主要受众。在其他矿泉水品牌案例中,大多都主打把好水卖给妈妈,而奥美却主张将水卖给青少年,并且用了最八股的"多喝水"

来为产品命名。经过创新与八股的趣味结合后,这句曾经被哄堂大笑的名字,就真的让这个产品出师告捷。该品牌往年的一些作品也一直是非常有创意,堪称史上最有趣的矿泉水广告。

【小案例】 统一新西兰牧场牛奶平面广告
（见图11-13）

文案：小心喝上瘾

画面：一个女孩的嘴部特写

案例分析：这副平面广告的图片和文案的配合非常默契,虽是平面,但有一定的悬念性,让读懂广告的受众会心一笑。画面中女孩的嘴中间有一个看似自然形成的吸管大的洞,再加上文案"小心喝上瘾"就能很好地解释出该"洞"产生的原因,就像"水滴石穿",由于经常用吸管和统一新西兰牧场牛奶,所以嘴巴产生了变形,这和中国北方地区的"瓜子牙"异曲同工。

图 11-13

【小案例】 统一自由适运动型饮料系列平面广告（见图11-14）

1. 两条广告内容。

如果你走去7-ELEVEN买统一自由适Fit运动饮料 请喝轻量级

图 11-14

如果你跑去 7-ELEVEN 买统一自由适 Fit 运动饮料 请喝重量级

2. 画面为一张报纸的体育版,报纸版面上有两张图,其一是篮球比赛,旁边写"流汗多,喝"后面加重量级产品的包装;其二是一张步行的图片,旁边写"流汗少,喝"后面加轻量级产品的包装。

案例分析:运动型饮料大多强调产品的功能特性,统一的这款饮料非常好地分了两个小类,轻量级和重量级,有效的细分使得受众对使用时机更加明确。特别是第二幅平面对媒介环境的运用非常成功,刚好结合媒介自身的内容,把产品、创意、文案、媒介统一起来,不会使受众感到厌烦。

11.2.4　药品类广告文案作品分析

作为一种特殊用途的商品,药品与人的生命密切相关,无论是药品生产者,还是创作药品广告的广告公司都应对此有清楚的认识。

一般来说,消费者对于药品较少兴趣,也不了解,无法判断其安全,不敢随意服用。因而药品广告具有向普通消费者提供真实准确信息的责任。

药品广告的规则和表现特色。

1. 更强的严肃性、科学性和真实性

作为一种特殊用途的商品,药品比其他的商品与人的生命具有更密切的关系,因而药品广告具有向普通消费者提供真实准确信息的完全责任,从这个意义上讲,药品广告具有超越于其他商品广告的严肃性、真实性、科学性,对语言表现方面的严谨性、科学性的要求更高。

2. 更多的对有效性、安全性的理性诉求

由于药品的严肃性和特殊性,大多数药品广告以药品的有效性、安全性和使用方法为主要诉求点。由于法规的制约,不可以用专家推荐的形式出现,因此,大多可以消费者证言的表现形式出现,起到现身说法的效果。由于药品的严肃性和特殊性,大多数药品广告都以药品的有效性、安全性和使用方法为主要诉求点。

> **【小案例】　白加黑——首创"日夜分服"概念**
>
> 在 2000 年左右的中国感冒药市场上,康泰克凭借独有的缓释胶囊技术,以"早一粒晚一粒,远离感冒困扰"的"长效"定位第一个建立了全国性强势品牌;泰诺依赖"30 分钟缓解感冒症状"的"快效"定位与康泰克针锋相对。那么作为后来者的白加黑,如何才能"三分天下有其一"呢?
>
> 面对强大的竞争对手,白加黑没有跟风盲从,而是在长效、快效之外,提出"白天服白片,不瞌睡;晚上服黑片,睡得香",以"日夜分服"的概念重新定义感冒药。让"治疗感冒,黑白分明"的广告口号深入人心,也让"白加黑"创造了上市仅 180 天销售额就突破 1.6 亿元的神话。

由于药品的特殊性质,相关部门对药品的管制越来越细,这是一个好的现象,但对药品的广告创意和文案写作又增加了新的难度,药品要有销量和药品企业的品牌形象很有关系,因此要想长远发展,药品企业必须建立良好的品牌形象。

11.2.5 零售业广告文案作品分析

现代零售业的主要类型有店铺经营和无店铺经营。店铺经营主要有四种形式:百货商店、超级市场、专卖店、便利店。无店铺经营主要有:邮购、人员上门推销、电话订购、网上销售等。近年网络购物以势不可挡的姿态影响着整个的零售业,网络购物平台的广告也以其独特、个性张扬、日常化进入受众视线,虽然部分用词用语难登大雅之堂,但仍能快速刺激受众,引起广泛热议。

【小案例】 京东商城及淘宝"双12"广告大战

2014年的双12,淘宝客户端首页几个图标发生了变化,合在一起就是"真心便宜,不然是狗",而这个"狗"显然是暗指京东(吉祥物)。

而京东则更狠,客户端首页上直接显示"拒绝假货,不玩猫腻",暗指工商总局曝光天猫销售假货。

案例分析:从2012年开始电商之间的隔空骂战愈演愈烈,先是天猫、京东、苏宁、国美的混战,2015年开始天猫和苏宁合作联手对付京东,特别是天猫为了进驻北京(为京东总公司所在地)和苏宁一起打起了"平津战役",而京东也不示弱,针对天猫和苏宁的挑衅制作出了一系列的对比式广告,特别是把利用事件营销,发挥到了极致。如"奶茶妹妹(京东老板妻子)"怀孕一事,迅速提高营销影响力。电商的广告大多出现在网络等新媒体上,由于相关法律还没有及时跟进及网络等新媒体的"私人性质",所以常常可以不受部分广告规定的规约,如在电商广告大战大多以比较广告的形式展开,这在一定程度上刺激了网络广告文案的创作,但也值得广告人去深思之后的路。

店铺经营的四种类型,在选址、价格、经营风格等方面都有各自不同的定位。百货商店以经营品种多、营业面积大为特点,多设在商业街、购物中心,遵循高级化和大众化的路线,并注意贯注文化性要素,致力于发展成为具有信赖感的购物场所。超级市场是规模大、成本低、毛利低、销售量大的自我服务的经营机构,主要为消费者提供食品、洗涤剂和家庭日常用品的全部需要服务。它以多元化、大型化以及价格竞争为发展方向,使消费者可以方便、便宜地买到商品,具有方便性、大众性的亲切感。专卖店则以经营特定商品、讲究店面装饰为特点,向高级化发展,追求个性化、流行性。便利店大多设在居民区、交通干线、车站、医院等场所,便利居民购买,营业时间比超级市场时间长,有的甚至24小时营业,以应急性消费为主,利润和售价都略高于超级市场。

零售业非常需要推销技巧,广告是零售商与消费者交流的重要渠道。零售广告通过向消费者提供关于商店、商品、服务、观念等信息,以影响消费者对商店的态度和偏好,直接或间接地引起销售增长。

一般来讲,零售广告注意及时性,即商品上市的短期内就发布广告,进行宣传展示活动,以吸引购买。零售广告也注意传递商店整体的信息,树立商店形象,以增强对讲究生活品质的消费者的吸引力。企业根据消费者对不同类型营业场所的要求,设定自己的形象定位。百货商店强调经营商品的品质可靠、价格公道,文化性以及流行性;超级市场强调商品种类多样,物美价廉;便利店强调消费者购物的方便性;专卖店则强调格调、品牌、时尚等。撰写零售广告,还应充分了解《广告法》《广告审查标准》《产品质量法》《消费者权益保护法》《反不正当竞争法》以及零售业等相关法律、法规。

【小案例】 中兴百货《梅兰芳篇》平面广告

标题:没有服装就没有性

正文:虽然文身依然可以暗示肉感/珠宝还在批注性欲位置/但,自,从,/牛仔裤颠覆了纯粹两性理论/皮革吊带开始搭配莱卡内衣手铐蜡烛/那种把两性对立当作终极命题的传统世界秩序/已经看起来摇摇欲坠/也许连蕾丝边也将逐渐地装饰在三角肌上吧/我们所能抓住有关性别的真理/已经不多

【小案例】 中兴百货电视广告

声音部分:手为了袖子而存在/脚为了鞋子而存在/空间为了家具而存在/身体为了衣服而存在/三日不购衣便觉面目可憎/三日不购物便觉灵魂可憎

案例分析:许舜英及其领导的意识形态广告公司创意团队通过常年的服务,为中兴百货建立了强烈个性的品牌形象,引领时尚,独树风格,中兴百货广告是恋物的,是自觉的,是时尚的,是美学的,是后现代的,是阶级的,是女性主义的,是名牌的,是不只名牌的,其系列文案作品收集在2001年湖南美术出版社出版的《中兴百货广告作品全集》中。

【小案例】 李宁天羽跑鞋"山水画篇"电视广告(见图11-15)

图 11-15

案例分析：广告借助中国传统的山水画面，人如走在山水中，一切如诗如画，让人忍不住遐想，在这美妙的瞬间，"李宁天羽超轻跑鞋"真正让"一切皆有可能"。它给人的不仅是商业的信息，而且也是人生的思索，美的享受。在现代广告里，意境不仅仅是对语言的渲染，其实已经与画面等因素有机地结合在一起了，在情景的配合中显示着广告崭新的美感与商业的统一。

11.2.6 洗涤卫生用品及护肤品类广告文案作品分析

洗涤卫生用品包括香皂、洗发水、洗衣粉、清洁剂、牙膏、牙刷、卫生纸等，是消费者使用最多的日用消费品。对于这类产品，消费者最关心的是产品功能和产品免除威胁、帮助避免不利状况的实际利益。

总体来说，洗涤卫生用品应该确切传达关于产品功能和利益的信息，并做明确解释，展现使用产品的效果，渲染积极的感受。广告表现应该清新宜人。

护肤品和化妆品是以年轻女性为主要消费者的日用品。此类产品既提供实际的功能性利益，又与女性的外在形象、自我感觉密切相关，因此产品的功能、良好的自我感觉、个性和时尚感是这类产品的主要诉求点，而广告表现应该力求高雅、精致。

【小案例】 水平衡润肤电视广告

画面中，演员张震穿着苏格兰长裙骑着小摩托车出场，然后对坐在敞篷车上的雪儿一本正经地说："小姐，你脸上有脏东西""让水平衡深层凝露 深深的 深深的 深深的 去掉你脸上的脏—东—西""深层一点 深层一点 再联络"。

案例分析：近年部分女性护肤品和化妆品的广告中出现了男性形象，早先大多是日韩风的花样美男型角色出现在这类广告中，而本则广告独辟蹊径，选择张震这一型男以另类打扮和另类语言登场，碎碎念式地不断强调"深深的""深层"等这些有关产品特性的关键词，让消费者感受与众不同，亦很快记住产品特性，对产品产生强烈印象。

【小案例】 玉兰油沐浴乳（按摩篇）电视广告

画面中一个服务员款款走来为一位女士踩背按摩，可刚踩到女士的背部就被滑倒了。声音标板打出"超润滑肌肤 玉兰油沐浴乳"。

案例分析：这个广告很幽默，简短却意味深长，短短数十秒的镜头用夸张手法向我们传达了在使用过这款沐浴乳后肌肤的嫩滑程度，按摩师刚踩上客人的背就因为肌肤太过柔滑而摔了下来。非常直接地突出了这款沐浴乳的产品功效，快速让消费者记忆产品特性，最终促成购买动机的形成。

【小案例】 美加净"蒋雯丽篇"电视广告

电视广告通过蒋雯丽扮演的妈妈和孩子的对话展开，孩子对妈妈很是依恋，最后说出"妈妈，长大了我要娶你做老婆"，蒋雯丽说："那你爸爸呢？"孩子回应："我长大了，爸爸就老了。"

案例分析：就广告本身的创意来说非常不错,孩子和妈妈的日常对话,电视广告中设定的情节在现实生活中完全有可能发生,特别是最后孩子的回应"我长大了,爸爸就老了"显得机智幽默,趣味性强,但更多是孩子的无心之言,用在广告中却是不合适的。可不得不承认创作者高估了受众的宽容度,一句"妈妈,长大了我要娶你做老婆"一石激起千层浪,引发消费者的争议,这句话在当时甚至被认为带有"乱伦"倾向被网友质疑后,即在网上引起了轩然大波,许多网民甚至要求电视台停播这条"不健康"的广告,不得不承认,在洞察消费者方面还有很多东西值得我们学习和思考。

11.2.7 家用电器广告文案作品分析

家电行业是近年来我国发展比较迅速的行业之一,这不仅体现在电视等日用家电普及率较高,还体现在消费者对于家用电器需求的多样化。对于消费者来说,家用电器不仅是生活必需品,而且可以减轻家务,增加闲暇时间,提供更多的娱乐。

当前,家电行业的竞争日趋激烈,其竞争的重点主要集中在降低价格、促销、产品引入新技术上。同时,重技术、重质量的企业形象对于家电产品的销售始终有相当的促进作用。

价格相对较高、使用时间较长的家用电器是一种非常典型的选购品,消费者在决定购买以前,要经过慎重比较,对产品特性有了充分的了解才能决定购买,而广告是他们获取产品信息的重要渠道。

因此,家电产品的广告应该集中于产品功能和特性的诉求,如电视机图像清晰、色彩逼真、保护视力等;洗衣机容量大、清洗力强、不伤衣物、具有洗涤特殊材质衣物的功能等;空调制冷好、制冷迅速、工作时宁静无噪声等特点。"采用先进科技"是产品功能和特性的有力支持点,承诺周到的售后服务则可以增强消费者对产品的信心。

此外,家电产品的广告也适合生活化的表现,加入欢乐家庭的场面,以及表现使用产品的满足感等都可以给消费者积极的感受。

【小案例】 飞利浦真柔灯泡文案

子夜,灯一盏一盏熄了
浓密的夜色淹没了初歇的灯火
万物俱眠
怎舍得未归的人
独自在黑夜赶路
且点上一盏灯
点上家的温暖与期待
让晚归的人儿
不觉孤独
飞利浦真柔灯泡
为晚归的人点上一盏温馨的灯

案例分析：文案把灯光从照亮引申到人内心前行的力量，有家的温暖，让人在黑夜中不断前行，小小一个照明灯也可以直达人的灵魂深处。

【小案例】 东元冷气电视广告

画面通过一个成年男子回忆自己和父亲之间的过往串起来，这些过往夹杂着东元冷气和父亲对孩子深沉的爱。

案例分析：家用电器通常以家庭消费为主，家人之间的情感常常会成为广告的主要诉求点，但部分广告营造出的家人情感不够细腻和温暖，常给观众不真实、不真诚的感觉。东元冷气的这则电视广告通过怀旧的画风，把一对平凡父子的故事娓娓道来，有悲伤、有酸涩、有感动，在不经意间让受众感同身受，代入感极强。

【小案例】 东元吸尘器大象篇电视广告

画面中一个人在通过实验测试东元吸尘器的效果，先让大象踩碎 5 千克的饼干，然后用东元吸尘器吸净饼干碎杂，吸尘器工作结束后，称量吸尘器中的饼干碎，结果还是 5 千克。

案例分析：同样是东元的产品，但由于是吸尘器，创意者没有从情感方面去做诉求，而是直接地通过理性比较强调产品的吸力强大，值得注意的是创意者为了让理性诉求的可看性增强，引入了大象这样一个可爱动物的形象，使得整个广告显得生动、形象。

11.2.8 汽车广告文案作品分析

性能诉求和个性、身份诉求是汽车广告的两个方向。汽车广告的画面表现应该尽量精美，文案的语言也要较日用品广告更为正式，不能过于轻松、随意。

普通轿车是非常典型的选购品，豪华轿车、跑车和越野车则是典型的特殊品。

绝大部分消费者购买普通轿车，关注的重点是基本性能（发动机、耗油量、减震系统、操作的灵活性、行驶的安全性等）、舒适程度（内部空间大小、内部装饰和设备等）、售后服务（维修、保养等）、价格等各个方面的特性。少部分消费者购买豪华轿车、跑车和越野车，除了要了解产品的基本性能，他们更看重产品的特殊款式和特别的品牌个性。

汽车广告主要有两种类型，一是以产品性能为诉求点的产品广告；二是以品牌形象为诉求点的品牌广告。普通型汽车侧重产品广告，高档汽车侧重品牌广告。产品广告注重提供关于产品的丰富翔实的信息，品牌广告注重表现品牌的个性、品位，承诺购买者将获得的身份感或自我满足感。

电视广告适合展示形象，平面广告适合传达具体信息。汽车产品平面广告的典型形式是富有吸引力的产品图片加上包含较多技术术语、产品性能数据的长文案。

【小案例】 大众甲壳虫汽车：Think Small（想想还是小的好）平面广告（见图 11-16）

文案：我们的小车不再是个新奇的事物了。不会再有一大群人试图挤进里边。不会再有加油工问汽油往哪里加。不会再有人感到其形状古怪了。事实上，有很多驾驶我们

图 11-16

的"廉价小汽车"的人已经认识到它的许多优点,并非笑话,如 1 加仑汽油可跑 32 英里,可以节省一半汽油;用不着放冷装置;一副轮胎可以跑 4 万英里。也许一旦你习惯了甲壳虫车的节省,就不再认为小是缺点了。尤其当你挤进狭小的停车场时,当你支付那笔少量的保险金时,当你付修理账单时,或者当你用旧大众时,请想想小的好处。

案例分析:1960 年,DDB 公司受雇于德国大众美国公司,为他们的"甲壳虫"汽车在美国市场发布广告。当时大众汽车的竞争对手正在为婴儿潮时期孩子日益增多的美国家庭打造更加宽大的汽车。而"甲壳虫"相当小而且丑陋,谁会买呢?更要命的问题是,汽车是在德国沃尔夫斯堡一家由纳粹建立的工厂制造的。可以预见,这对于公关关系而言简直是一场噩梦。就是在这样的环境中,DDB 以激进前卫的广告运动将甲壳虫介绍给了美国人,凭借完美的产品定位获得了美国大众的青睐。因为这些广告出人意料的简洁,并且能够在情感层面与消费者建立关联,同时传达产品的利益。它区别于那些仅仅告知信息,缺少劝服、更虚幻而非真实、依靠媒介力量重复暴露而获胜的广告。伯恩巴克提出的"think small"等一系列主张,运用广告的力量,改变了美国人的观念,使美国人认识到小型车的优点。从此,大众的小型汽车就稳执美国汽车市场之牛耳,直到日本汽车进入美国市场。

【小案例】 马自达汽车"下雨篇"电视广告

画面中一男子走到自己的爱车跟前,仔细打量、轻抚车上的灰尘,然后坐到车上,打开车库电动门准备出发,电动门缓缓升起,男子发现外面在下大雨,男子默默下车,撑起雨伞走出车库。

案例分析:这则广告把男人对车的爱发挥到了极致,因为爱自己的车,不想让它有任何不漂亮,不想让它沾染任何尘埃,因此当主人公看到外面下雨时,宁愿自己走路也不愿爱车沾泥。让人忍俊不禁,但又深深震撼于该车的魅力。

11.2.9 房地产广告文案作品分析

房屋的特性、家的感觉、良好品位、身份感和自我满足感是住房广告的典型诉求点。

住房是家庭最大宗的消费,消费者在选购时最为慎重,需要仔细比较房屋的各种基本特性:面积、户型、地理位置、交通条件、价格、配套设施、社区环境等。因此,房地产广告应该首先提供充分信息。因电视广告制作周期长,不适合根据销售情况随时调整广告内容,而且信息容量有限,所以绝大部分房地产广告使用平面媒介。

对于购房自住的消费者,家的感觉是不可缺少的诉求点,广告应该充分展现消费者居住其中的自在、舒适以及心灵的满足。

不同档次的房屋,其广告诉求应该有不同的侧重点。房屋的价格越高,越应该突出附加价值的诉求,房屋的价格越低,越应该注重实用性的诉求。以一般消费者为对象的普通住房应主要诉求价格优惠、布局合理、交通方便、服务完善;而以富裕的消费者为对象的高档别墅、公寓,则应主要诉求特别风格、高级配置、品位、身份与地位。

1. 房地产业的特性

(1) 房地产的物业特色

房地产作为一种特殊的商品,是由质量、设计、地段、环境等有形商品与升值潜力、地位象征、建筑风格等无形商品共同构成的。因而,每一房地产都有着与众不同的特色,具有较强的个性与不可替代性。

(2) 房地产的市场特色

不同的消费群有不同的需要,开发商往往有明确的针对性。但无论哪一消费群,房地产依然是一种价位高、风险大的投入。因而,购买的决定往往需要经过慎重的考虑、收集大量的信息,开发商的形象与信誉是相当重要的影响因素,对此广告是一条重要的传播渠道。

(3) 房地产的营销特色

由于房地产个性化与高投入的特色,如能善加运用,较好地规划产品定位,分析住户层次,推出独特的付款方式,或是善于炒作气氛等,都会形成较好的营销机会。

2. 房地产广告的表现规则与特色

(1) 广告表现要细致、具体

房地产是高卷入度的商品,需要充分的信息。广告表现要尽量细致、对应性强。房地产的消费者不可能仅凭广告,未见商品就指名购买。但房地产广告要使消费者阅读后产生兴趣和欲望。因为感兴趣而打电话或专程到房地产销售处询问更多信息,以进一步了解,从而做出是否购买的决策。而欲望的产生,必须要在理解的基础上。而在进入实际购买环节时,消费者由广告得到的物业形象、公司实力印象会带来积极的影响。

【小案例】 深圳"万科17英里"楼书文案

DISTANCE

对距离坚持的理性尺度,在于境界。

距离,即空间。

距离产生美,不是每个人都能享受世界上最美好的事物,它需要心境,需要场所,更需要一个恰当的距离,"万科17英里",我能与这个世界保持的距离。

SEAHOUSE

渴求精神的宁静,于是便有了思想。

稀有,于物理而言,可以财富定之;于精神而论,唯睿智从容可得。

居海,观其喜而知性,闻其怒而明理,悟其哀而达志,品其乐而知行。于是,在不知不觉的思考中,在随意把玩的悠然上,我们置身于外物的繁华之上,被原始自然时光的质感,深深折服……

BOX

我在"17英里"的空间。

驾驭,或被驾驭空间,是阅读生活的最高形式,"床"是圆心,行走是步伐是半径,一寸蹑步亦明自我驾驭之能,而后驾驭世界。空间自由间离与超然私密的高度辩证统一,在伸手拿捏之间,实现理性哲学与浪漫诗学的一次交媾。在每一个时间的刻度,思想不需要宽度。

PARTYLIFE

看过比看懂重要。

相对是绝对。是财富掌管世界还是思想掌管世界,不一而论。

但名利场同时掌管着财富者与思想者,在PARTY这个名利场,我们各取所需。

名利,只是指间把玩的消遣,使其成为一个现场,虚荣与欲望才成为高尚,于此,我们称之为占领。

CLUBHOUSE

答案越多选择就越多。

时间和场所只是一些确定距离观念,而且这些观念之起,只是由于各可感物中,具有明确的各点,我们假设这些点的距离是一个空间的数值,不言而喻,每个距离是相异的,不同的尺度对精神的感应拥有不同的距离,距离界限一旦被冲破,世界就将会失去特权者和优势阶层。

案例分析:该组楼书的文案既突显了房子本身的特点,同时特别注意给受众传达品牌所承载的生活理念,让人感觉细腻、大气。

(2) 广告表现要体现目标利益

房地产广告的目标对象性强,房地产广告的表现要突出其最具对应性的内容。房地产广告主按照不同的目标对象及其不同的需求,开发其不同的房产项目。因此,针对工薪阶层的普通住宅广告,可较多地强调价格的优惠、布局的合理、交通的方便、服务的完善等,表现风格要直接、干净;以富裕阶层的消费者为对象的高档别墅、公寓等则更注重社区环境、所代表的身份地位等,表现风格要具有象征意义;针对购房产出于投资获利目的的消费者,强调房产的升值潜力,要在理性的基础上具有一定的欲望诱发性。

【小案例】 小户型单身公寓广告文案

恋上单身公寓
一个人怕孤独
两个人怕辜负
与其怕来怕去
不如喝完晚茶
各自回家
城市中,红男绿女生活得越来越没有安全感
与其坚守一段理不清、剪不断的感情纠葛
不如买套单身公寓来做伴
因为不论风雨彩虹,它始终在那里为你守候

案例分析:针对不同的购买群体,文案呈现出的感觉也应该有强烈差异,洞察目标消费者的心理,了解他们的情绪和归属后,便可以写出让他们感同身受的文字。

【小案例】 台湾地区捷和建设水莲山庄湖景系列广播广告文案

鲤鱼跃龙门篇

您听过鲤鱼跳跃的声音吗?这是清晨一点的金龙湖畔,请您侧耳倾听。多少人一辈子没有听过这种声音,住在和信水莲山庄,这个声音将回荡在您的睡梦里。天天鲤鱼跳龙门,就在和信水莲山庄。

夜猫子篇

您听过夜猫子的声音吗?这里是夜里十二点的金龙湖畔,请您侧耳倾听。如果您希望晚睡,住在和信水莲山庄,您将不会寂寞。和信水莲山庄,夜深人静,鸟比人忙。

莲花篇

您一定看过莲花开放,但是您听过莲花开放的声音吗?这是清晨六点的金龙湖畔,请您侧耳倾听。没错,这是一群早起的蜜蜂,正照着莲花,叫她快开门。和信水莲山庄,越早起床,人越健康。

案例分析:这则文案分别以鱼跃声、鸟鸣声、花开声,传达了水莲山庄环境优雅、安静、贴近自然的特点,通过广播广告单一的听觉性质,向听众传达静谧的情绪。

(3) 房地产广告的诉求向品牌个性建设方向发展

以前主要集中在地理位置、交通便利及环境诉求;房产质量、设计、配套设施、智能管理诉求;价格诉求;品位与社会地位的象征性诉求;绿色诉求等。可根据不同的房产特征和目标群的锁定,进行诉求重点的落实和表现。但一个好的房地产广告要深刻洞悉目标受众对家、对生活、对空间的独有理解和潜伏心底的情愫,找寻到最能代表、体现目标消费者对家与生活理解的相关创作元素,通过艺术的方式,形成对目标受众的强烈感召。这个元素可以是一个场景、一个生活片断,甚至是一份朦胧的向往。但这个诉求点必须与产品有关联性,能突出产品的特性。树立品牌性房产的品牌个性,挖掘富有文化气息的品牌个性,是房产广告的一大走势。

【小案例】 丽江花园(广州)平面广告文案

每天,都会遇到邻居,遇到朋友,遇到小孩。

从容,是生活的唯一韵律,活得出众,活出生活优雅节拍。棕榈滩掬水别墅,邻近便捷和优越,每项配套设施,只为更方便愉悦的生活贴身打造。感觉是酣然的,离家咫尺之遥,银行、邮局、医院、学校错落有致;踏出家门,消闲、购物、美食信手拈来,随意选择本身已是享受。私家泳池,网球场,住客会所内,身心皆陶醉于另一境界。这只是生活的基本,却是别人眼中的奢侈,每天,阳光或星星透过玻璃天窗家中探访;私家花园旁的潺潺青溪与家中音乐和唱;月色下,沿着宁静长街读夜的温柔;聪明屋智能配置体验至高别墅典范。棕榈滩掬水别墅的家,活出高一点的生活定义,自然而然,感受一份与众不同,但绝不会遇到些许麻烦。

华美青溪,家中流淌,掬水而乐,悠然独享。

华美青溪,依屋流淌,私家花园直接亲水,是为掬水别墅。独拥一方私家水道,坐享一份盎然雅趣。

望江单位,迎习习江风,观星灯渔火,写意无限。"聪明屋"配置,感受未来非凡!

示范单位由著名室内设计师高文安先生倾心演绎。丽江花园棕榈滩,堪称别墅的至高典范!窗外可以看到阳光、星星、小鸟。

唯独看不到人和车。每间屋都有窗,但不是每个窗外都会引发遐想,棕榈滩掬水别墅的立体全景天窗外,是一方奥妙天空。家中仰望,别人只看到宽敞的楼层,掬水别墅内看到的是天际的空间。这就是棕榈滩独有的别墅生活。棕榈滩小区配套成熟,独拥私家水道和宁静长街,聪明屋智能配置,打造掬水别墅的家,让您的生活基本,成为别人眼中的奢侈。

街道上,没有喧哗,没有烦嚣,亦没有陌生人。

一样的生,不一样的活。棕榈滩掬水别墅的街道,不只是穿越的路,亦是连贯全区无垠空间的通道。夜幕下,街灯亮起,漫步于区内六条雅致长街,私人空间的感受,在家中,亦在家门外。棕榈小区配套成熟,独拥私家水道和玻璃天窗,聪明屋智能配置,打造掬水别墅的家,让您的生活基本,成为别人眼中的奢侈。家里面,不时传来阵阵音乐声、欢笑声,潺潺流水声却从不间断。

别墅是我的家;掬水,是您私家的玩意。棕榈滩掬水别墅内,私家水道依屋流淌,蜿蜒于区内无限空间。无论在家中掬水,或是水道旁漫步,水波荡漾间,别墅生活的空间在棕榈滩无限延伸。棕榈滩小区配套成熟,独拥立体全景天窗和宁静长街,聪明屋智能配置,打造掬水别墅的家,让您的生活基本,成为别人眼中的奢侈。

是花园在室内,还是客厅在室外?

花园,是别人客厅外的景色,却是您客厅内的雅致点缀。棕榈滩掬水别墅的内庭花园,让您客厅的一角成为家中独特的风景。阳光,清风,雨露,家中探访自然的空间和别墅生活的空间在这里融为一体。棕榈滩小区配套成熟,独拥私家水道和宁静长街,聪明屋智能配置,打造掬水别墅的家,让您的生活,成为别人眼中的奢侈。

爱与人亲近,亦想远离人群

棕榈滩掬水别墅,拥有丽江花园美善的人文氛围和成熟配套,令都市的便捷与自然的静谧和谐共处。

仰望:巨幅透天大窗,朝迎晨曦,晚接繁星,期待如约而至的星月童话。

俯首:华美清溪环区蜿蜒流淌,传递邻里之间的脉脉温情。棕榈滩掬水别墅——建筑、自然、都市的完美融合。

案例分析:丽江花园(广州)——"呼吸是每个人的权力,而选择呼吸则是你的专利""人总需一些时间去享受,但你藉享受花时间""街道上,没有喧哗,没有烦嚣,亦没有陌生人"。精信出品的这则广告切中要害,用系列的形式展现出楼盘的各个侧面,同时又照顾到整体的品牌气质,使得品牌张力十足。

【小案例】 运动就在家门口(奥林匹克花园系列)

案例分析:现代白领办公室综合征,过肥、过瘦、精神萎靡等亚健康状态降低了生活质量。开发商打出运动牌,吸引了一批拥有财富、急需健康的白领,他们可以花上万元去健身房、买健康食品、购置保健器材,"运动就在家门口"的房子正符合他们的需要。

【小案例】 给你一个五星级的家(广州碧桂园)

案例分析:这个 1992 年在顺德启动的房地产企业,在房地产疲软的潮流中逆流而上,1994 年王志纲的团队提出"给你一个五星级的家"的口号,从此确定了碧桂园提供五星级生活的品牌方向。地产商指着"广州一期那点儿别墅和周边一堆烂地"对他说,碧桂园"要建四星级的酒店、五星级的会所,搞五星级的服务"。而现在他曾经听到的"疯"话真的全都实现了。现在碧桂园品牌从顺德走向全国,成为一家拥有 26 亿元资产,近 3 万名员工,在全国具有高知名度和重大影响力的大型房地产企业,到目前仍然是我国房地产企业五强之一。

(4) 房地产广告的相关法律、法规

创作房地产广告时,除了遵守《广告法》中"真实、合法""不得含有虚假的内容,不得欺骗和误导消费者"等一般规则外,还应遵守房地产业有关的法律法规如《城市房地产管理法》《城市房地产开发经营方案条例》《房产销售管理办法》《消费者权益保护法》等,以及各地的具体管理细则。

11.3 无形产品(服务)广告文案作品分析与鉴赏

11.3.1 旅游观光类广告文案作品分析

旅游地特色和从旅游观光中获得的休闲娱乐感受是旅游观光广告的两大诉求方向。

因为旅游者大多没有亲身到过目的地,所以在旅游观光广告中,详尽描述或生动展示旅游胜地的特色是吸引诉求对象的有效手段。同时,游山玩水已经不是旅游者的唯一需求,他们更看重从旅游观光中获得的感受,所以表现良好的感受也能有效激发诉求对象的向往。

旅游观光广告的诉求对象主要是消费者个人,广告的整体风格应该轻松而富有情趣。

【小案例】 新加坡旅游平面广告(见图 11-17)

图 11-17

广告标题:夕阳西下 新加坡依然魅力十足

广告正文:星光下的晚餐如梦如幻/芬芳的美酒香飘河畔/奔放的迪斯科挥舞热情/夜色中的大都市依旧生机盎然……这就是新加坡

广告标题:不会潜水也悠游

广告正文:不会潜水也能饱览海底世界风光/目睹食人鲨迎面掠食的刺激景象/不会潜水也能漫游于群鱼之间/悠游海底的奥妙世界/这就是新加坡

案例分析:这组平面广告色彩柔和,画面深邃,文案从不同角度给受众描述了新加坡的重要特征,让人心向往之。

【小案例】 台湾加利利旅行社形象广告文案

旅行,是一种生命分配的艺术!
一趟难得的人生,
应该分出 10 天在瑞法边界,
在英王爱德华七世曾爱恋过的
LIMP RIAL PALACE HOTEL,
倚着阿尔卑斯山安能希湖畔的琉璃意境中睡着。
应该分出七天在迪拜,
在望向阿拉伯海的七星级帆船饭店,
与情人共享几晚王储之梦,
经验此生无憾,美煞全世界的幸福奢华。

应该分出 10 天在布拉格,
白天享受波西米亚的放荡,
晚上选择一个梦想已久的身份,
秘密参加一场中古世纪留传至今的盛装舞会。
旅行,就是以独特创意,绝佳勇气,
把生命花在应该体验的地方。
正因为生命如此珍贵,体验如此难得。
加利利,将您的每次旅行,
都当成你这辈子首次的唯一经验。
依你目前生命阶段与步调,
量身设计出符合你渴望的旅行方式。
帮你规划在东非马赛马拉草原上的早晨,
在法兰克福罗曼蒂克大道上的午后时光。
在俯瞰坎伯利平原的古堡之夜,
让你拥有说也说不完的兴奋故事。
不让你只带回一沓与别人大同小异、到此一游的照片。
更不让劣质旅行的扫兴抱怨,
毁了你对一个国家难得的体验,
加利利旅行,用心规划每趟旅行的美丽记忆,
我们找的是生命旅行家,而不是到此一游的观光客。

案例分析:这篇文案是由文案天后李欣频撰写的,道出了旅行的意义,让读者感受到旅行应是生命的必须,应该行动起来,再加上最后几句加利利旅行社对受众的承诺,免除受众担忧,堪称经典。

11.3.2 餐饮类广告文案作品分析

美食、格调、气氛是餐饮服务广告的三大诉求重点。

对于现代人,出外就餐已经不是纯粹为了果腹,而是为了享受美食和体会一种与家庭氛围完全不同的格调和气氛,因此餐饮服务的广告不但要突出美食的诱惑,还要使诉求对象感受到他们所向往的氛围。

另外,一部分主题餐厅具有特别的风格,要以格调、个性和情趣的诉求引起诉求对象的共鸣。

【小案例】 香港四季酒店服务广告

广告标题(一) 对一家酒店害上相思可能吗?
广告标题(二) 如果我们不给你提供这么舒适的床,我们晚上怎么睡得着?
广告标题(三) 环球旅行者在远航之后怎么生存?
案例分析:香港四季酒店服务广告用温情脉脉、体贴周到的广告语,形象地表现出了

酒店体贴周到的服务。"对一家酒店害上相思病可能吗?"生动而略带夸张地表现了消费者享受了四季酒店服务后的感受——思念不已,居然"害上了相思病"。语言虽有些夸张,却也令人信服地表现出该酒店细致周到的服务令顾客念念不忘。"如果我们不给你提供这么舒适的床,我们晚上怎么睡得着?"再配合服务小姐精心整理床铺的情景,消费者仿佛体验到酒店服务小姐体贴入微的服务。"环球旅行者在远航之后怎么生存?"再配上远航者尽情享受的画面,充分地表现了该酒店服务的高水准,给消费者带来的极大享受。三则广告分别从不同方面表现了香港四季酒店的服务给消费者带来的美好体验,能打动消费者的心。

【小案例】 香格里拉酒店电视广告《全国篇》

广告文案:

字幕:杭州的隽永,武汉的聪敏,北京的雍容,西安的典雅,北海的写意,长春的淳朴,沈阳的直爽,哈尔滨的豪情,深圳的活力,青岛的欢畅,香港的动感,上海的浪漫,大连的朝气,十七家饭店在全国十三个城市欢迎你。其乐自在,香格里拉。

歌词:这美丽的香格里拉,这可爱的香格里拉,我深深地爱上了它,我爱上了它。你看这山和水啊,你看这红墙绿瓦,分明是一幅彩色的画,是我理想的家,香格里拉。

案例分析:香格里拉酒店电视广告《全国篇》,主要是介绍该酒店的规模、环境、态度、服务内容,是宣传品牌的广告。在说明该酒店在全国十三个城市设有十七家分店的同时,广告还具体说出了十三个城市的名称。这不仅能够让观众清楚地了解酒店的规模、档次,而且知道哪些城市设有香格里拉酒店。广告用形象的画面和生动的语言相配合,如"杭州的隽永,武汉的聪敏……",这是借对这些城市的赞美来衬托香格里拉酒店服务的丰富多彩。广告还配上深情的歌曲,突出了酒店环境美:"是一幅彩色的画",突出了酒店的服务优质,"是我理想的家",消费者享受了酒店的服务之后,"深深地爱上了它"。

【小案例】 麦当劳辣堡系列广告

近年,麦当劳在中国市场一口气推出3款新汉堡,口味都是以辣为主。它们分别是双层麦辣鸡腿堡、摩洛哥风味火辣板烧鸡腿堡和柚香黑椒辣牛堡。为此,麦当劳围绕着"辣"主题发起了一轮广告战役,以一支30秒电视广告作为开篇。广告画外音在模仿《动物世界》旁白口吻的同时,将城市里喜欢吃辣的人群诠释为一个独特物种,广告视觉效果上则通过体内涌动的热量图的创意来表现"新物种"对于辣的渴望,满足他们的食物当然是最后出现的麦当劳经典麦辣鸡腿堡。

此外,麦当劳在社交网络上推出的一组动态海报《四大名著麦辣篇》和一组平面海报《麦辣信条流行语》,主广告语分别为"有辣同爽 无辣不欢""君子之交 辣味相投""群雄逐辣 一辣当先""欢聚一堂 其辣融融"等。

案例分析:动态海报用轻松诙谐的小剧情将四大名著改编,瞬间使名著人物变得生动形象,平面海报用调侃的方式与消费者玩笑逗乐,而品牌则借此拉近和消费者之间的距离。据悉,目前麦辣鸡腿堡是麦当劳最畅销单品之一,它的名字在消费者测评中被多次提及,麦当劳也希望成为辣汉堡专家,试图让"麦辣"深入人心,让"辣汉堡"成为品牌的资产。

11.3.3 保险类广告文案作品分析

保险服务既可以提供给个人，也可以提供给组织机构。但无论是个人消费者还是企业消费者，他们的消费都会非常慎重，会以自己的利益为第一关心点，同时选择可信的企业和周到的服务。

因此，保险服务的广告应该以严肃认真的风格突出以下几个诉求重点：①消费者利益；②对消费者的关心；③企业信誉；④周到的服务。

【小案例】 美商保德信人寿保险公司平面广告文案

标题：智子，请好好照顾我们的孩子

正文：

日航123航次波音747班机，在东京羽田机场跑道升空，飞往大阪。时间是1985年8月18日下午6点15分。机上载有524位机员、乘客以及他们的未来。

45分钟后，这班飞机在群马县的偏远山区坠毁，仅有4人生还，其余520人，成为空难记录里的统计数字。

这次空难，有个发人深省的地方，那就是飞机先发生爆炸，在空中盘旋5分钟后才坠毁。任何人都可以想见当时机上的混乱情形：500多位活生生的人在这最后的5分钟里面，除了自己的安危还会想到什么？谷口先生给了我们答案。

在空难现场的一个沾有血迹的袋子里，智子女士发现了一张令人心酸的纸条。在别人惊慌失措、呼天抢地的机舱里，为人父、为人夫的谷口先生，写下给妻子的最后叮咛："智子，请好好照顾我们的孩子！"就像他要远行一样。

你为谷口先生难过吗？还是你为人生的无常而感叹？免除后顾之忧，坦然地面对人生，享受人生。这就是保德信117年前成立的原因。走在人生的道路上，没有恐惧，永远安心，如果你有保德信与你同行。

案例分析：保险广告的重要诉求方式就是用典型消费者的典型故事来展开，吸引消费者关注，然后在不知不觉中对品牌产生了解和认同。以上是一则非常"老旧"的广告，但其陈述的真实事件现在读来都会令人唏嘘不已，真实、情感仍然是广告文案创作的重要出路。另外特别强调，保险类广告中的灾难一定不要直接指向诉求对象自身，否则会引起诉求对象的反感。

【小案例】 金盛人寿保险公司《母爱》电视广告

广告文案：

独白：记得孩子接到录取通知书的那天，她下了岗。当我把保险金放在她手里的时候，没有想到她却说，千万别跟孩子提下岗的事。她把这笔钱全部用来供孩子上学。这四年来，她不知换了多少工作，走了多少路。我发现：这世上母爱不会下岗。

旁白：为了您的托付，我们全力以赴。

字幕：金盛人寿。

案例分析：金盛人寿保险公司《母爱》的电视广告，是一则服务广告。该广告旨在宣传保险给投保人带来生活的保障及人性的关怀。广告从具体人物经历切入，讲述了一个下岗女工投保及受益的故事，形象具体地对保险的作用、功能进行了生动的介绍，让人们更重视投保，积极参加投保。

11.3.4 银行类广告文案作品分析

银行卡是银行的重要服务项目之一，面向个人消费者。消费者使用银行卡主要是为了生活上的便利，因此，使用的方便性是银行卡广告的一个基本诉求点。如下面这则中国建设银行的平面广告就是突出产品便捷这一特征（见图11-18）。

图 11-18

一些银行还推出专门针对特定消费者的银行卡，这类银行卡的广告，可以做更有针对性的个性化诉求。近年来，银行的网络业务不断增多，还有与之竞争的其他互联网金融产品，互联网思维常常是这类产品文案创作的思路之一。

从整体上进行品牌形象的塑造也是银行类广告的创作重点，此类广告从整体上建立消费者对银行品牌的认同，不会专门提及产品的细枝末节，只是通过传播银行代表的某种理念来建立消费者对银行的好感。

【小案例】 第一银行系列视频广告

视频一：展现一对青年男女从相识、相知、相爱到结婚的画面，其中每个细节都大多与第一银行有一定关联，最后打出标板"第一银行　就在你左右"。

视频二：展现视频一中青年男女结婚后的场景，某一个夜晚，女主人公说自己的健保卡丢了，男主人公自顾自玩没有反应，之后女主人公说自己的银行卡丢了，因为自己的皮包丢了，男主人公这才反应过来，赶紧在计算机上帮女主人公网络挂失银行卡，挂失完后在赞叹银行业务便捷的同时发现爱人的皮包就在计算机桌后面并没有丢失，这时的女主人公已经偷笑着进房了，男主人公拿着找到的皮包跑近房间，一阵欢乐的嬉笑声。最后打出声音标板"第一银行　就在你左右"，同时字幕上出现了第一银行的各大便捷服务项目。

案例分析：第一银行的系列广告从最基本的诉求对象的日常生活展开，让人觉得非常平易近人，很符合"就在你左右"的主信息，通过系列广告展开最简单不过、但最真实的爱情故事，让观者通过了解、关心男女主人公，进而喜欢上第一银行这样一个最普通、但却与普通消费者最贴近的银行。视频广告拍摄自然、轻松、娓娓道来，给人以舒服温暖的感觉。

【小案例】 Visa 卡女孩梦想篇电视广告（见图 11-19）

图 11-19

案例分析：广告主要诉求 Visa 的功能，利用了幻想的表现方法进行夸张。每个孩子的童年都有一个美丽的梦想，而广告中的女孩是希望能够拥有一头大象。于是，在画面中我们可以看见她和一头大象的"相濡以沫"：散步、嬉戏、喝茶、倒立……他们之前建立了深厚的感情，甚至当女孩去上学时，大象还拖坏庭院的栏杆尾随她的校车而去。这么美丽的画面在瞬间消失了，原来这些都是女孩的幻想。那到底怎样才能使这些美梦成真呢？使用 Visa 卡，能够使你得到你所想要的一切……

11.3.5 公共交通广告文案作品分析

对于公共汽车、地铁、城市轻轨、短途铁路客运，消费者最为关注的是时间、路线、班次等方面的便利性。同时，因为他们是每天都要乘坐的交通工具，服务的人情味也能给诉求对象以良好的印象。

便利性和人情味是公共交通服务的两大诉求重点，广告的风格总体上应该亲切、自然、人性化。比如我们前面列举的罗湖列车平面广告的例子。

【小案例】 罗湖列车平面广告（见图 11-20）

画面为仅有稀疏刷毛的牙刷，文案为"密好过疏，所以罗湖列车的班次特别多"。

案例分析：罗湖列车是深圳和香港对开的一列公共汽车，以上广告是专门为传播其班次增加这个信息而做的，为了让受众更清晰地知道这一信息，创作者给出了"密好过疏"的概念，直指创意核心，可细想如果没有"密好过疏"这一先头语言和画面跟进，则广告的魅力就可能完全消失。

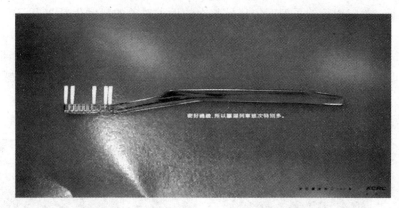

图 11-20

> 📚 【小案例】 广东地铁广告文案

每天 都会遇到这些 熟悉的陌生人
而陌生 因为日子久了 又渐渐熟悉起来
每个人 都有自己的路
难得有一段 可以一起走过
当平行的两条线 再度交会时
久违的亲切 沿着一条和谐的轨迹 铺到心里面
最真一面 地铁见
广州地铁 新生活干线

案例分析：文案用平淡但真实的语言，给人真实感的同时让人感动，道出都市人的情感轨迹和心路历程，直达心灵。

11.3.6 航空客运广告文案作品分析

便捷是消费者乘飞机旅行的首要原因，但在诸多航空公司之间如何选择，则取决于不同航空公司能提供什么样的服务——舒适性、餐饮、娱乐及对乘客的关怀。

因此，航空客运服务的广告有两个主要的诉求重点——便捷和舒适，而且对舒适程度的承诺更加重要。而在网络时代各种另类营销扑面而来，其实不论怎样的执行点子，广告应该表现得令人愉悦。

> 📚 【小案例】 荷兰皇家航空公司机场寻物小狗篇视频广告

视频中，荷兰皇家航空的空姐拾到乘客遗失的物品，身着KLM制服、聪明可爱的小狗循着气味，迅速在机场找到尚未离开的失主并将失物原物奉还。人们惊喜之余开心地抱住小狗拍照，画面很萌。自2014年9月上传以来，KLM官方YouTube账号上的视频已有1700多万次观看。

案例分析：在这个"卖萌"无下限的时代，是描述一个空姐拾金不昧的故事，还是让一只叫"夏洛克"的比格犬侦探卖萌效果更好?荷兰皇家航空公司(KLM)的小狗找失主的广告证明,广告教父大卫·奥格威当年提出的"3B"原则依然奏效。所谓"3B"就是美女(Beauty)、动物(Beast)、婴儿(Baby),以此为表现手段的广告符合人类关注自身生命的天性,最容易赢得消费者的注意和喜欢。虽然很多人误以为 KLM 真有这项服务,但它其实只是一次成功的视频营销。传播的目的一旦达到,谁还在乎它是不是真的呢?据制作短片的广告公司 DDB & Tribal 表示,当初是在听过航空公司的失物归还小组如何以座位编号、电话号码和社交媒体来追查到物主的经验之后,才得到了这个小狗归还失物的创意点子。

【小案例】 南航品牌微视频:《梦想,从心出发》

通过短短几分钟的视频讲述出一个引人入胜的话题或故事,让受众聚精会神地看完还在社交媒体上疯狂传播,而这个话题或故事恰好与某个品牌有关,这就是病毒传播时代的微电影营销。国外航空公司已有非常多的成功案例,不过中国南方航空公司在年末推出这个投资 200 万元的大片:《梦想,从心出发》,也的确给人耳目一新的感觉。

该片由中国台湾金马奖导演执导,改编自一个真实的故事。故事讲述的是新疆和田墨玉县喀瓦克乡的一群"自学成才"的小学足球队员,酷爱足球,却从未离开家乡参加过正式的球赛。由南航提供的免费机票,让这些边远乡村的孩子有机会走进大城市,在乌鲁木齐与当地小学足球队进行友谊赛。

作为南航的第一部品牌微电影,南航选择以公益主题为切入点,在微电影中并没有过多地植入南航元素,较完美地用纯粹的故事来唤起观众的情感共鸣。影片上线后,7 小时播放量超 10 万次,很多网友称看哭了。

案例分析:互联网时代,没人爱听大道理,最能走入受众内心的方式就是讲故事。南航"足球小子"的励志故事是典型的顾客影响型故事,讲的是公司的产品、服务给人们的生活带来的积极影响和改变。最难能可贵的是,南航抛弃了以往商业味较浓的叙事,将企业的存在感降低,用好故事自身去传播品牌。

但一个会讲故事的品牌,还需要有一个长久的、可以持续的故事。"这也是我看了南航那部片子之后心里有些不得劲的地方,200 万元啊,哪怕拿出来十分之一就够给他们小学建个球场了。"《足球报》的报道《一个乡村小学足球的真实故事》中的这句话足见公益营销的"双刃剑"作用。一部煽情的微电影不是营销的终点,切莫因为没把故事说圆满,而让传播效果打了折扣。

11.3.7 电信服务类广告文案作品分析

电信服务的主要功能是提供人际信息交流的便利,在这一基本功能之上,还可以引申出沟通情感的作用。因此,广告在传达具体的服务信息之外,可以用非常感性的方式表现各种各样的情感交流。事实上,感性诉求是电信服务广告最常使用的方式。

【小案例】 广东联通广播稿之"误会"篇

女:今天下雨,我恨你……我们……完了。再见!(中间夹杂信号中断声)

男：我……你……

另一男声：小伙子，别沮丧，这有可能是网络的问题。你为什么不试试话音清晰的130网？你听！

女：今天下雨，我恨透这鬼天气，你快来接我，我们晚上去看电影。好了，我说完了。再见！

男：哈哈！一打就通。话无遮拦130！（笑声）

标版声："全省联网，一打就通。"刮目相看130，我们的努力在延伸。

案例分析：这则广播广告是利用广播广告声音语言的特征来展开创意的，男女主人公之前的误会恰恰与产品的沟通特性连接在一起，只有声音的传播才能达到这样的效果，所以如果有契合的创意思路，这样看似投机取巧的文案也是可以有好效果的。

【小案例】 泛亚电信"业务员篇"电视广告文案

老业务（简称老）：今天第一次出来跑业务喔？

新业务（简称新）：对！

老：人家说见面三分情，做生意不能只靠电话。台湾哪一条路我没有走过。……怎么找不到？

新（接手机）：喂，是，左转，是，马上到。

老：你什么时候办的。要等很久喔？

新：今早出门才去泛亚办的，真的！

老：我跟你说，做生意没有第一次就成的，要多跑几趟，人家才会知道你的诚意，你在干吗？整天拿着电话？

新：哎！哎！你的电话，老板找你。

老：我的电话怎么会打到你那里？是……是！是！

新：别紧张！这只是语音信箱。

老：你安静啦！

新：好，好，谢谢……好，再见。

老：老板打来的？

新：不是啦，是泛亚，他们跟我说如何使用他们公司的服务功能。

老：对啦，我们跑业务的，不知道就要问，走到哪，问到哪，客户在哪里，服务到哪里。不好意思，这通是我的。

新：咦！你也有哦？

老：今天早上才去泛亚办的，这一通可是处女秀喔！是，是，老板，是……是……好！

案例分析：以上是业务老鸟与菜鸟的对话，让人在世态真相中自然而然地接受其信息传达……借助新老业务员的对话，把泛亚电信的服务和申办信息传递给接收者。泛亚电信的广告由四个系列组成："业务员篇""西服社篇""篮球场篇""棒球场篇"，全部采用对话的方式，通过特定场景与人物，把泛亚电信的服务等介绍得细致而深入，避免了一般介绍的空泛、乏味。特定的语言与特定的事件结合起来，使这个系列广告在21届金像奖中脱颖而出。

11.3.8　其他行业文案创作思路

从投资顾问、市场研究到法律咨询……咨询业提供的服务五花八门。这是一种提供智慧的行业,所以专业人员的知识、经验和技能非常重要,无论是个人消费者还是机构消费者,对咨询服务的选择都主要根据服务的专业化程度和可信程度来进行。所以,服务的专业性和高水平是咨询服务广告最主要的诉求重点。对于日常的咨询顾问服务,服务的便利性也是吸引诉求对象的有效诉求点。

租赁业是现代社会又一个颇有特色的服务行业,面向消费者的主要有房屋租赁、汽车租赁两个类型。消费者选择租赁服务,最主要的要求就是方便和安全可靠。因此,服务的快捷、方便、高质量就成为租赁服务广告的主要诉求点。此外,租赁服务的广告还应该诚心诚意地表现出对消费者需求的关心,比如前文提到了AVIS出租汽车公司的广告。

生产商为了促进产品的销售而向购买者提供的保障性服务被称为产品支持服务。按照提供服务的时间分为售前服务和售后服务;按照服务内容,产品支持服务又可以分为销售咨询服务、送货服务、产品维修服务等。售前服务通常以销售咨询为主,售后服务的重点是产品维修。为了争取更多消费者并且赢得他们的信任,多数耐用品生产商都提供这种服务。是否提供完善的产品支持服务也已经成为消费者选择产品的一个重要标准。生产商常常要通过广告来向消费者传达服务承诺。服务的完善、可靠和方便是产品支持服务广告的诉求重点。同样,广告也应该充分表现出对消费者的关心。

本章小结

本章主要从介绍和回顾产品的基本知识开始延伸到对各个不同品类的广告文案写作的探讨,笔者通过对有形产品和无形产品两个大类下的众多品类的优秀广告文案作品的分析,给出一些写作不同品类广告文案应该掌握的知识和理念,通过对优秀文案作品的分析学习文案写作。

应用分析

1. 试着分析健力士黑啤酒"这不是生活,是享受"视频广告。
Guinness(健力士)啤酒的广告,讲述了一群生活在刚果的劳苦工作者优雅洒脱、时尚前卫的生活方式。他们干着很脏很累的工作,却私藏了一套精致奢华的正装,拥有一颗嬉皮士的心。
2. 你怎么看待本章中提及的美加净"蒋雯丽篇"电视广告的创意及社会反应。
3. 搜集卡尔顿啤酒近年来的广告并进行相关评析。
4. 搜集中国移动动感地带系列广告并进行相关评析。

第12章

企业形象类及公共事务类广告文案作品分析与鉴赏

 学习要点

- 回顾并明晰企业广告的类型和文案写作思路；
- 学会对形象类的广告文案作品进行分析；
- 对公共事务类的广告文案作品进行分析；
- 尝试具体类型的广告文案写作。

 开篇案例

大众银行《母亲的勇气》篇

大众银行广告创意，秉承了大众银行所倡导的品牌精神——"不平凡的平凡大众"，台湾奥美广告公司对"大众"作了深刻的演绎，2010年发掘了台湾社会平凡大众——一位63岁的平凡台湾母亲为探望远在国外生子的女儿在途中所经历的一系列阻难的不平凡故事，并透过这个故事传达台湾人民坚韧、勇敢、真实且善良的一面，拍摄了3分钟时长的广告片《母亲的勇气》（见图12-1）。

本故事从第三者的角度来讲述一位63岁的平凡台湾母亲，为了探望远在国外生孩子的女儿，在言语不通的情况下，独自一人飞行三天经过三个国家跨过三万两千公里，在委内瑞拉机场因为携带给女儿煲汤的药材，因她解释不清，被海关人员认为是携带违禁品所以被拘捕，关键时刻一位华裔海关人员看到这一切帮助了她，使得她得以顺利过境探望女儿。

旁白：一个老妇人，因为携带违禁品，在委内瑞拉机场被拘捕了，她是一个（中国）台湾人，没有人认识她，她告诉他们，这是一包中药材，她是来这里炖鸡汤给女儿补身体的，她女儿刚生产完，她们有好几年没见了。

蔡莺妹，63岁，第一次出国，不会英文，没有人陪伴，一个人，独自飞行三天，三个国

图 12-1

家,三万两千公里,她是怎么做到的。

字幕标板:坚韧 勇敢 爱

字幕标板:不平凡的平凡大众

思考与练习:

1. 观看《母亲的勇气》,试对其拍摄画面进行分析。
2. 谈一谈你认为的企业形象广告。

12.1 企业广告文案作品分析与鉴赏

12.1.1 企业广告主要特征

企业广告,往往被简单理解为"企业形象广告"。其实,根据广告的目的,企业广告可以分为企业认知广告、企业形象广告、企业公关广告、企业实用性广告等四种类型。

1. 同企业形象密切相关

具体产品的广告以传达产品信息、塑造品牌形象为主,无须特别展示企业形象。但各种类型的企业广告都与诉求对象对企业的认知和态度有着密切的关系。企业认知广告和企业公关广告从远期目标上来看,也是服务于企业形象,企业应用性广告也必须与企业形象的基调相符。

因此,创作企业广告时,应该对企业形象有更深刻的理解,企业广告的创意、画面表现、文案的语气、措辞、广告的整体风格都必须能够帮助展示良好的企业形象。

2. 与诉求对象距离较大

具体产品的广告在内容上比较贴近诉求对象的具体需求,而企业广告要传达的信息,通常与诉求对象有一定距离,而且有些信息比较宏观和概念化,不够具体形象,不太容易为诉求对象理解和认同。

所以在创作企业广告时,应该精心选择那些最容易引起诉求对象关注的信息作为诉求重点,选择最容易与诉求对象沟通的诉求方式,以最大限度地拉近与诉求对象的距离。

12.1.2 企业认知广告文案作品分析与鉴赏

企业认知广告以建立诉求对象对企业的准确认知为目标,主要向潜在个人消费者、潜在机构客户或者其他相关个人机构传达关于企业的基本信息,如历史、产品、主要业务项目等。这类广告主要用于企业进入新市场、发行股票等特殊时机,也可以用于澄清诉求对象对企业的模糊认识。

【小案例】 希尔顿酒店平面广告

广告标题:耳之所闻尽是赞赏之声

广告正文:2002年2月10日完美见证——重庆希尔顿酒店隆重开幕。由餐厅到客房,由康乐设备到酒店大堂,在重庆希尔顿饭店,我们对您每一项指示、要求都会倾心聆听,因为我们相信只有完全明了您心底所想,服务才能超越期望,让您衷心赞赏。在重庆希尔顿酒店,完美不再是追求,因为我们已经为您做到。

广告口号:经典时刻,尽在希尔顿

广告标题:眼之所见,尽是完美无瑕

广告正文:2002年2月10日完美见证——重庆希尔顿酒店隆重开幕。由品味豪华的欧洲家具到细致精雅的东方装饰,希尔顿酒店不但在整体布局上汇集了中西方精粹,匠心更表现在每一个细微之处。眼之所见,皆让您衷心赞赏。在重庆希尔顿酒店,完美不再是追求,因为我们已为你做到。

广告口号:经典时刻,尽在希尔顿

案例分析:这是重庆希尔顿酒店的开业广告,目的是让广大消费者认知企业,分别从"耳闻"之言和"眼见"之景两个角度详细地介绍该企业的主要信息,让消费者对企业形象有基本的了解。

12.1.3 企业形象广告文案作品分析与鉴赏

企业形象广告旨在展现良好的企业形象(包括技术形象、精神形象、社会形象等),显示企业的实力和竞争优势,在诉求对象心目中建立企业的地位和形象,促进消费者对企业的产品或服务的认同。广告的诉求重点集中于企业的使命、宗旨、目标、理念、社会贡献等方面。企业形象广告可以与产品广告配合,在任何时机使用。

不同规模、不同行业的企业需要不同的形象,企业形象广告也应该有不同的诉求侧重点。

全球性著名企业的形象广告除了展示优势,也要表达企业对社会进步、技术进步、社会责任的关注,以赢得诉求对象的认同。这些企业在不同国家和地区所做的形象广告也要注重表达企业对所在国家和地区的善意和尊重,同时塑造人性化、富有亲和力的企业形象。

地区性著名企业可以在广告中展现企业的实力、规模、著名品牌在本地区同行业中的优势地位、对本地社会生活的影响力,同时表达对本地区社会进步、技术进步的关注和对本地区文化和社会生活的认同。规模和影响力不是很大的企业广告的最好办法是突出自身在某一个方面的优势,为自己塑造一种与众不同的形象。

从诉求手法上看,理性和感性手法都可以采用。采用理性手法,更有助于表现企业的严谨、平实、可信;采用感性手法,更有助于表现企业的人性化、亲和力。此外,如果企业希望塑造个性化的形象,形象广告也可以采用个性化的风格。

【小案例】 大众银行《梦骑士》篇(见图12-2)

图 12-2

旁白:人为什么活着?

为了思念?

为了活下去?

为了活更长?

还是为了离开?

5个(中国)台湾人,平均年龄81岁,一个重听,一个得了癌症,三个有心脏病,每一个都有退化性关节炎。6个月的准备,环岛13天,1139公里,从北到南,从黑夜到白天,只为了一个简单的理由。人为什么活着?

标板字幕:梦

标板字幕:不平凡的平凡大众

案例分析:这是大众银行继《母亲的勇气》之后,在2011年大年初二推出的又一则震撼人心的形象广告,《人为什么活着——梦骑士》也是根据真人真事改编,同样感动了无数观众。同样三分钟的时长,传达的理念是"梦",它属于每一个人,是不受年龄限制的,只要你愿意,任何时候实现都不会晚。又一次与大众银行全力打造的"不平凡的大众"形象完美契合。

【小案例】 大众银行《马校长的合唱团》篇(见图12-3)

图 12-3

旁白：马大山　校长先生

他不会乐器，不懂乐理，但他有个合唱团

15年来，他坚持每天放学后教孩子们唱歌

他像父亲一样用歌声教他们长大

他对孩子们说："你能唱出那么美的声音，就表示上帝对你与众不同，你也要爱你的与众不同。"

那个大日子，孩子们吓坏了

校长告诉他们："闭上眼睛，张开嘴巴，只管唱出身上的你自己。"

这一天，他终于让天使相信，自己就是天使。

标板字幕：关注　陪伴　相信

标板字幕：不平凡的平凡大众

案例分析：来自《马校长的合唱团》，大众银行广告三部曲中的最后一部，同样三分钟时长，同样源自真实的生活，故事的原发地在青梅飘香的台湾南投信义乡东国小学，那里有位受孩子们爱戴的马校长，他不懂乐器，不懂乐理，却拥有一个合唱团，十五年来，他坚持放学后教孩子们唱歌，他像父亲一样，用歌声教他们长大。如此美丽动人的故事，由台湾歌手张惠妹配音旁白，更能表现故事张力。最后揭示出主题"关注、陪伴、相信"，契合了"不平凡的平凡大众"企业形象。

【小案例】 中国移动通信形象广告

广告标题：敬上一杯茶，还望多体谅

广告正文：承蒙大家信赖，中国移动通信客户逐日递增。在月初月末的交费高峰期，交费需要排队等待。这占用了您的宝贵时间，我们深感不安。为此，我们将不断扩大服务网点,提供更快捷的付款方式,满足您的需求。您的体谅是最好的支持。奉上这杯热茶,以表达我们最真诚的谢意。

广告标题:再注一杯茶,新感情,新前程

广告正文:中国移动通信历经八年风雨,从幼小的弱苗成长为今天的参天大树,一路走来,全凭您的无尽关爱。中间,有过无间的真挚理解,也有因种种原因引起的误会。但无论怎样,走到一起总归是机缘,请让我们典藏和珍爱。新世纪初,我们将不断完善通信网络,增设服务项目,为您提供更便捷的服务。再注一杯新茶,传递无尽情谊,祈愿我们的天空更宽广,前程更远大。

广告标题:茶杯空了,心却暖了

广告正文:饮尽一杯热茶,一切都会变得释怀,俨然多年老友,彼此关怀,彼此理解。您事务繁忙,未能及时缴费,我们非常理解。对因故未能按时缴费的客户进行暂停服务,我们也实属无奈。是为保障您的合法权益,防止手机丢失,被他人无限制盗打。种种原因,期望您能理解。往后,对于未缴费客户我们将以新的方式进行提醒,即使暂停服务也会分批、分区进行,缴费方式及网点也将更多样,更宽广。彼此理解方能相互扶助。互敬一杯茶,溶解心中的疙瘩;坦诚相见,方能共筑美好未来。

案例分析:该系列广告是中国移动通信南京分公司发布的形象广告,广告展现出了真诚的态度,强调企业与消费者之间的友谊与理解。通过"敬上一杯茶",感谢顾客的体谅,接着"再注一杯茶",消除种种误会,最后"茶杯空了,心却暖了"大家坦诚相见。三则广告层层深入,情感越来越深,越来越浓,话语中再次展现了企业对消费者的重视和良好、亲和、诚恳的形象。

【小案例】 碧桂园电视形象广告

广告文案:

(男独白)在这个世界上人真像蚂蚁一样忙碌。没钱的时候拼命赚钱,有了钱之后,还不是一样辛苦。有时想想:一个人活着却不知为了什么。人家都说,辛苦拼搏之后就要懂得享受,住豪宅,开名车。但是每天只顾着工作,怎么算得上享受呢。

人生成功的时候要善待自己。在一个山清水秀的地方,细细品尝一份人生的平常。这种境界才真正是让人羡慕的。

碧桂园,给你一个五星级的家。

案例分析:该广告通过消费者的内心独白,描绘了一段个人奋斗成功的心路轨迹,表达了人们成功之后要善待自己,去"细细品尝一份人生的平常"的愿望。由消费者的愿望引出"碧桂园,给你一个五星级的家"的承诺。这一利益承诺符合消费者的心理需求,具有打动人心的力量。

【小案例】 中央电视台广告部形象广告"心有多大,舞台就有多大"(见图12-4)

画面由一个年轻女孩乡村独舞到女孩在大舞台与众人一块起舞,最后回到舞台上女孩一人尽情舞蹈。

案例分析:央视的形象广告"心有多大,舞台就有多大"虽然从小人物出发,但整体画

图 12-4

面和思路显得是含蓄又大气,蕴含了多层意味,既表明中国企业家可以长袖善舞的舞台足够宽、足够阔,又向人们传达"信心第一,策略第二,技巧第三"的理念,另外强调广告传播在企业发展中的加速作用,条理清晰而明确,能更好地吸引广告主在央视投放广告。之后央视广告部的形象广告不断变化,比如调整成"相信品牌的力量",但每次都很有特色。

【小案例】 宜家家居——《猫》影视广告

该广告展现的是宜家家居店打烊后把100只猫放进店里,用事先安放的许多摄像头录下猫咪们一夜之间在宜家的所作所为。广告以猫咪在宜家店内从顽皮、嬉戏到各自找到舒睡的空间的过程为线索,一气呵成。通过猫咪慵懒的状态,充分体现了宜家的品牌诉求。

案例分析:从广告创意手法上分析,该广告使用感性诉求,展现宜家为大众创造的更美好的生活。通过大胆冒险的创意,简单温馨的画面,舒缓轻柔的音乐,以及简约生动的表现手法,并通过对猫的动态记录从侧面展现了宜家家居品种繁多、简约、精美、实用的产品优势,让消费者感觉到宜家可以为自己创造一个舒适美好的生活空间,从而让消费者对宜家心生向往。

12.1.4 企业公关广告文案作品分析与鉴赏

企业公关广告主要表达企业对社会事务的关心,告知企业的社会公益行动,目的在于帮助企业与政府机构、有业务联系的机构、社会公众建立良好关系。它既可以配合企业开展公共关系活动,也可以利用其他时机,如节日、重大的社会性事件等。企业公关广告与企业赞助的公益广告在目标上有相近之处。公益广告注重传达某种正确观念,而公关广告更注重传达企业对社会、公众的关怀。

为了加强与企业、客户或相关机构的沟通,许多企业经常开展各种公共关系活动,并且通过公共关系将企业的活动、看法和感受向公众广为传达。

重要节日是公关活动和公关广告的良好契机,企业可以借机表达对公众的关怀,如在教师节、母亲节、父亲节举办活动,并通过广告提醒受众不要忘记表达对老师、父母的关爱。

举办慈善活动为处于贫困和灾难中的人提供帮助,也是企业建立良好公共关系的重要手段,广告不但可以传达关于活动的具体信息,更可以直观、可信地传达企业关心公益的理念。

企业还可以借助具有广泛影响力的重大社会事件来表达自己的看法,争取公众的好感。如发生不利于企业形象的新闻事件、市场上出现影响企业声誉的舆论,企业应该在第一时间做出反应,通过广告说明真相或原因,澄清公众的误解,或者降低公众的反感。

与常规的企业形象广告相比,公关广告在争取受众的好感方面更有作用。企业公关广告应该更关注与诉求对象的沟通,表现出对公众情感的理解,广告的总体风格应该比较谦逊、感性和人性化。此外,真诚是企业赢得好感的重要武器。自然,这种真诚必须发自内心并且经得起时间的考验。

【小案例】 台湾地区中华电力公司公关广告文案

(一)(画面为三相插头,插头的三只脚为钻头形状)

标题:我们为独居长者提供义工服务,让他们乐在家居中

正文:中华电力三百多名热心员工,在工余时间义务为有需要的老人家重铺电线。

(二)(画面为三相插头,插头的三只脚为绿色嫩芽)

标题:我们致力参与绿化环境,让你乐在自然中

正文:中华电力积极建设却不忘爱护大自然,多年来已种植超过一百三十万棵树。

案例分析:文案采取直白的方式,用事实说话,辅以相关画面,阐述企业长期的公益主张,所以企业做相关的公关或公益广告时一定要符合实际,言之有物,方能真正打动消费者。

12.1.5 企业实用性广告文案作品分析与鉴赏

企业还需要为一些应急性或实用性目的发布广告,如告知企业迁址、招聘人才、就商标侵权等涉及法律的事务发表声明等。这些广告,统称企业实用性广告。

企业事务广告文案主要用于传递招聘、迁址、更名等具体事务信息。这一类广告比较实用,它们往往需要得到公众的直接回应,因此更需要在传递企业事务信息的同时,巧妙地使用多种表现手法,使广告具有吸引公众注意的力量。写作企业事务广告文案要注意准确、清楚地传达企业事务信息,同时不失时机地宣传企业。

在写作企业实用性广告时,注意要把它们当成一种普通的广告来进行创作。以诉求对象易于接受的角度、语气和措辞表达对人才的要求。另外,还应该注意表现良好的企业

形象。

【小案例】 麦肯广告公司招聘广告（见图12-5）

图 12-5

麦肯不要人，专要吝啬鬼！

你的门好抠吗？如果你能把算盘玩出花样来，算死计算机，而且还能算计了骗骗子的骗子，那么就带上你的铁刷子来守麦肯的门吧！吝啬鬼也该有机会发挥独特的优势，来麦肯，就是找光明！

麦肯不要人，专要丑八怪！

凡手眼通天之人必有古怪之相，丑八怪就是稀有动物！就要你视野宽广，就要你耳纳八方，此以己身所完备之能，岂世俗之人可以明了！丑，因为我比别人通透，我就是世上少有的怪才！丑八怪也会变成天鹅，来麦肯，就是找光明！

麦肯不要人，专要人妖！……

麦肯不要人，专要色魔！……

画面：《妖篇》是蓝色画面上，一个古灵精怪、动作神秘的泰国风格人妖；《魔篇》是绿色画面中，一个在时隐时现的形形色色的众生中凸现的另类；《鬼篇》是橙色画面中，一个戴着小帽的精于算计的账房先生；《怪篇》是红色画面里，一个不对称的丑八怪。

案例分析：该广告是麦肯广告公司一则招聘员工的企业事务广告。文案抓住广告行业新鲜、动感、富有挑战性的特点，喊出了一句惊人口号"麦肯不要人"，专要"特殊的不同凡响的人"。这"不同凡响的人"居然是"人妖""色魔""吝啬鬼""丑八怪"。这似让人感到不可思议，然而仔细观察广告的画面，再回味咀嚼，你就会为该广告创意而拍案叫绝。

【小案例】 上海智得行企业管理咨询有限公司搬迁平面广告（见图12-6）

文案：

搬一下，我们思如泉涌。

搬一下，我们电量十足。

搬一下,我们全速前进。
2月18日我们将搬往新家,
汉口路400号华盛大厦18层。
画面分别为线条勾勒出来的消防栓、电闸、汽车变速器。

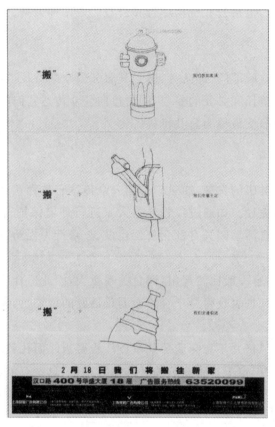

图 12-6

案例分析：上海智得行企业管理咨询有限公司的这则广告,传递的是企业搬迁的事务信息。广告文案没有就事论事,而是"搬一下",企业会更开阔"思路泉涌",企业会更有动力,"电量十足",企业发展速度会更快,"全速前进"。巧妙地将搬家与公司的广阔前景结合起来,广告用排比句式,表达了企业对未来充满了信心,使人们对企业"搬迁"后的发展前景也充满信心。另外,文案的语言朴素,又让人觉得余味无穷;文风平实,又不显直白,有耐人寻味之感。一则搬迁广告能做出这样的创意,实在是匠心独运。

12.2 公共事务类广告文案作品分析与鉴赏

作为一种有效的信息传播和说服手段,广告也广泛地用于各种非商业性的信息传播,服务于公共事务和公众利益。广告公司会接触到各种各样的非商业性客户,文案人员也应该熟悉各种非商业广告的诉求与表现,学会撰写非商业广告的文案。

12.2.1 公共事务广告的分类和诉求点

公共事务广告指向社会公众发布的、以公共事务为内容、以社会或公众利益为取向、不以盈利为目的的广告,包括公共机构广告和公益广告两种类型。

1. 公共机构广告

公共机构,如相关政府部门、部队等,由于其服务公众的特征,需要通过树立自身的形象来争取公众的理解、信任和必要的参与,同时也向公众传达它们的主张。这种信息传播如果以广告的形式出现,就被称为公共机构广告。

2. 公益广告

要实现社会良性、健康的发展,通过广告向公众传达有教育意义和行为指导意义的信息,是一种非常有用的途径。如通过广告号召大家进行环境保护、保持健康生活方式、注意用电安全等,这些广告活动因具有社会公德建设、公众行为规劝、倡导良好观念的意义,便被称为公益广告。

公共事务广告的内容一般比较严肃,而且关系重大,因此适合严肃、郑重的风格,不适合轻松、活泼的风格。广告表现得过于轻松会弱化话题的重要性,无法对诉求对象产生足够的影响力。

要求严肃、郑重的风格并不意味着公共事务广告要板起面孔教训诉求对象,广告完全可以在这种总体风格的限定下找到新鲜独特的创意,对信息做有创造性地传达。

高志宏、徐智明老师将公共事务类广告的典型诉求点总结为表12-1所示的内容。

表 12-1

公共机构	形象	警察形象/军队形象/政府部门形象/国家或地区形象等
	主张和行动号召	依法纳税/保护文物/遵守法律/打击犯罪/参加军队/支持公共机构行动等
公益广告	卫生健康	良好的生活习惯/正确性观念/传染病防治等
	环境保护	节约资源/保护森林/保护动物/保护水资源/保护城市环境等
	生活常识	火警、急救、匪警电话与报警方法/应急自救等
	社会公德	尊老爱幼/尊师重教/见义勇为/文明礼貌等
	弱势人群保护	未成年人保护/妇女保护/公平对待特殊群体等
	慈善求助	义务献血/救助失学儿童/帮助残疾人/救助灾民等
	交通安全	遵守交通规则/不能酒后驾车等

12.2.2 公共机构广告文案作品分析与鉴赏

目前我国公共机构的广告意识已经普遍有所强化,在广告文案中展现可信、可爱、可敬的中国形象,并与人民"共情"非常重要。在中外广告史中不乏优秀的公共机构广告文案,有的关注到人性,有的则是优秀传统文化的有效传达。

📚【小案例】 印度都市警察学校平面广告(见图12-7)

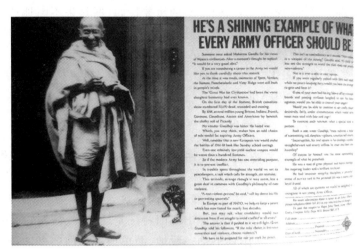

图 12-7

他是每个军队军官的光辉模范。

有人问过甘地关于西方文化的见解。他思索一会儿后回答:"挺不错的。"

如果你在军队谋得一职,我们希望你对这简评仔细思考一下。"文明的圣战"是人类最恶劣的屠杀。英国每年意外灾难死亡、受伤及失踪的人数达57470人。1918年,几百万年青英国人、印度人、法国人、德国人、加拿大人和美国人死去,难怪甘地感到痛苦,他恨战争,你会懂得他选择非暴力不合作的原因。当然他本身就是这场运动的楷模,他有着巨大的体力及精力,是位令人鼓舞的领袖和光辉的战术家。他正直、守纪,全心全意为人民服务;私底下,他还是个慈祥、忠诚的朋友。这些品质是任何青年军官必须具备的。

案例分析:这是著印度知名广告人因迪拉·辛哈(Indra Sinha)为印度警察学校所做的形象广告,广告通过甘地及其言论来强调青年军官应具有的品质,也意在告诉青年人该学校及该学校中成员应该具有的形象。

📚【小案例】 纽约市政府电视广告文案

标题:一位死去的警察通过他家人的眼睛说话

正文:

在一个平平常常的中午,约翰·约瑟夫·达西,一名巡警,被无缘无故地打死了。他留下了幼小的儿子、年幼的女儿和年轻的寡妇。

请公正对待警察。你不知道什么时候需要一位警察的帮助。

案例分析：这是著名广告人乔治·路易斯在20世纪60年代中期为纽约市政府做的电视广告，当时美国大众对本国警察有偏见，甚至贬称警察为"警猪"。广告以一位警察照片的大特写开始，接着以极慢的速度从照片上拉开，画面上出现一个幼小的男孩，他年幼的姐姐还有他年轻守寡的妈妈。观众会很快意识到这是一个死去的警察的家庭。文案则以话外音展开。路易斯说："这个广告让人从脊梁骨生起一阵寒意。如果理性诉求不起作用，那么情感诉求会收到很好的效果。"我们看到，在这个广告中，文案的平淡叙述远比声泪俱下的哭诉更具效果。

当然有一部分公共机构已经认识到传播的重要性，近些年来不断地通过微博、微信公众号等新媒体平台与民众进行有效交流，特别是利用一些网络热点事件，巧妙地让民众产生亲近感，取得了不错的传播效果，如"平安北京"等公共机构官方微博。

我国有着悠久的传统文化，公共机构在进行广告传播时可以尝试找到与传统文化的契合点，在广告中彰显大气和厚重感。

【小案例】《澳门回归》公益广告

广告文案：莲，出淤泥而不染，濯清涟而不妖。中通外直，不枝不蔓，香远益清，亭亭净植，莲，花之君子也。

案例分析：《澳门回归》公益广告，选择了澳门特区区花——莲花作为形象代表。淡雅的水墨莲花，配上清新脱俗的诗文，表现出澳门特区是"莲花气质"。在澳门回归这一历史性时刻，澳门获得新生，广告创作者不是一般地、简单地解释回归事件，而是独出心裁地借莲花的形象来展现澳门的魅力；利用脍炙人口的诗文名句赞美莲花气质、神韵，其真正用意在于表现澳门独有的精神气质。这样的公益广告具有让人回味再三、念念不忘的艺术效果。

12.2.3 公益广告文案作品分析与鉴赏

由于公益广告的主题众多，可以根据相关主题进行具体的文案创作，但是在创作过程中始终不要忘记"人性化"这一基本原则，在写作文案过程中撰稿人应该真诚地表达情感，只有这样的文案才会直达受众心灵，空洞的口号式的文字只会让人生厌。

【小案例】 关爱老年人系列广告文案

（一）当我想听到别人的声音时，就打开电视机。

在办公室度过10127个深夜之后，

在17203个紧急电话和259盒散利痛之后，

在1406次商务餐和974盒Digene之后。

什么？

停下来把会议延迟，

推迟几个电话，花一点儿时间陪陪老人，

借一个肩膀给老人靠着，陪老人笑一笑，

待在老人身边就行了。
因为当你还未察觉时,自己也将老去。
你只要花一点儿时间陪陪老人就够了。

(二) 如果没有人陪伴,连茶的味道都会不一样。
倘若你想醒来时躺在另一个人怀里,而不是空荡荡的床上,怎么办?
倘若你在等待门铃响起,却没一个人来,怎么办?
倘若你穿上一件新的纱丽,但只有你的镜子注意到了,怎么办?
倘若你做了一道刚学来的菜,但餐桌旁总是只有你一个人,怎么办?
倘若日子就这样无情地流逝,而世界还在飞速运转,怎么办?
倘若你有一生的故事要讲,却没有人来听,怎么办?
倘若这一切突然之间发生在你身上,怎么办?
你只要花一点儿时间陪陪老人就够了。

(三) 上帝给你肩膀是为了让别人靠的。
我该说些什么?
她会保持安静吗?
万一她哭了怎么办?
她能不能听见我讲话?
我会有时间吗?
万一……
你可以找到一百万个理由推迟拜访一位老人,
但记住,你忧心的只是如何度过剩下的几个晚上,
她忧心的是如何度过剩下的生命。
你只要花一点儿时间陪陪老人就够了。

(四) 有时,孤独跟关节炎一样痛。
露出笑脸会花掉你多少钱?
半个小时。
三块自家做的蛋糕。
自家采摘的花朵。
你男朋友的一张照片。
一个长途电话。
模仿一下 Dev Anand。
问一些问题。
读一篇小说。
听一个故事。
星期天早上出其不意的拜访。
遛狗。
换一个灯泡。
讲一个黄色笑话。

征求一下他的建议。

给他一些建议。

调情、闲聊、笑、聆听。

你只要花一点儿时间陪陪老人就够了。

（五）如果眼泪是自己的手擦干的，那它就白流了。

你可以坐在办公室的装有椅套和软垫的椅子上，

抽出你的支票本。

拧开笔尖，

用黄金做的 Mont Blanc 水笔，

给你最喜欢的慈善机构捐献一笔巨款。

内心感觉很舒服。

但是，老人不需要你的钱。

你能，捐献一点点时间吗？

你只要花一点儿时间陪陪老人就够了。

案例分析：这是印度著名广告人 Freddy Birdy 所写的关爱老人系列公益广告文案，仔细读来每一则都让人动容，其中有很多设问、很多生活琐事和细节，但恰恰是这些生活细节的自然流淌直戳受众心窝。

📚【小案例】 中国健康教育协会"每天洗头"公益广告

　　这是一套系列电视广告。一则表现打扮入时的女子对着街边的玻璃整理头发，而没有发觉上面阳台上一老妇正在拍打地毯；一则表现商场中一女孩试帽子时打了个喷嚏，急忙用帽子捂住，下一个试帽子的女孩对此一无所知；一则表现公共汽车上一猥琐男子在窗玻璃上又哈气又写写画画，后来坐到同一座位的漂亮女子毫不知情，把头靠到玻璃上。

　　画外音：你未必知道秀发每天的真正经历……

　　字幕：你今天洗头了吗？

案例分析：洗头发是生活中的"小事情"，洗头的好处大家都知道，但头发每天的经历，很少人会关注，该广告从细节出发，带领受众经历、感受，最终产生认同。在某种程度上该广告算得上恐惧诉求，但是它的"度"把握得非常好，用轻度的诉求让受众信服，又不显得夸张。

📚【小案例】 拒绝摇头丸平面广告文案（见图 12-8）

　　拒绝毒品，向摇头丸摇头

　　我是 I 你是 YOU，来是 COME 去是 GO，点头 YES 摇头 NO，谢谢你 THANK YOU。

　　接触身边摇头丸，比学这几句英语还简单

　　广告口号：拒绝毒品，向摇头丸摇头

案例分析：毒品对人的精神、肉体上的伤害实在太惊人心了。这一则公益广告是直接倡导拒毒、戒毒观念的，号召人"拒绝毒品""向摇头丸摇头"。

图 12-8

【小案例】 开发孩子的想象力,你够格吗？——公益广告

一所小学的课堂上,女老师正在上绘画课。"今天,你们想到什么,就可以画什么。"老师计划用一种完全开放的形式,来培养孩子们的创作、想象能力。于是,各种造型独特、色彩艳丽的昆虫、动物跃然纸上。但老师发现,有一个小男孩的画风却有些异常:他用黑色画笔,把白色的画纸全部涂黑,而且一张接着一张,非常专注。其他同学都放学了,空荡荡的教室里,小男孩依然埋头涂黑,"沙沙"作响的画笔声让老师们面面相觑。夜幕降临,家里的台灯下,小男孩"沙沙"的作画声一刻没有停息。年轻的父母以为孩子得了什么病,忧心忡忡。医生问小男孩在画什么,小男孩根本无暇应答,只顾一张接着一张地"沙沙"涂黑……终于,小男孩被送进了医院。白发苍苍的老专家被请了出来,他坐着轮椅,和一大群医生一道给孩子会诊,但依然不得其解。白色的病房里,小男孩创作完成的黑色纸片已经铺了满满一地,但他依然没有任何"辍笔"的迹象……细心的女老师在小男孩的课桌里发现了一盒拼图游戏,顿时恍然大悟:莫非小男孩创作的是一件拼图作品？ 于是,老师、家长和医生护士一起动手,在体育馆的地板上将一张张黑纸片拼接起来。渐渐地,一个活泼可爱的黑色的形象展现在了人们的眼前。谁也没有想到,小男孩创作的是一只硕大无比的大鲸鱼,他一刻不停地画出的无数张黑色画面,正是为了拼出自己想象中的大鲸鱼。鲸鱼硕大的身体上,打出了该片的广告语:"如何鼓励一个孩子？你必须发挥自己的想象力。"广告呼吁人们来支持儿童发展基金会。

案例分析:这则日本的公益广告创意大胆,引人入胜,观众会随着广告剧情的发展而思考,关注片中的小男孩到底怎么了？ 影片的最后揭开谜底,观者在恍然大悟的同时陷入深思,我们对孩子的教育到底应该怎样？ 我们是否真正关注过孩子的想法？ 我们是否太低估孩子了？ 我们有没有从孩子的角度去思考问题？ ……至此,广告的目的也达到了。

【小案例】 保护环境公益广告

　　非洲肯尼亚广袤的原野,烈日当头,微风轻拂。一位非洲小伙子,一手提着锋利的长矛,一手紧抱着一个小包袱,神情焦急,一路小跑,一路寻觅……他循着路标,来到了首都内罗毕机场,毅然决然地搭上了走出非洲的航班。飞机上,他用双手把小包袱紧紧抱在怀里,唯恐有任何闪失。他只有一个想法:无论如何,也要把自己捡到的东西归还给它的主人。飞机降落在繁华的欧洲都市。在这个完全陌生的文明都市里,小伙子处处感到不适,而他的出现也引来了好奇的都市人的纷纷侧目。但非洲小伙子痴心不改,依然是一手长矛,一手包袱,在茫茫人海中苦苦寻觅。功夫不负有心人,他最后竟然幸运地找到了失主的家门。家门打开,年轻夫妇满脸疑惑,不知发生了什么事情。非洲小伙子却如释重负,他小心翼翼地从小包袱里拿出一样东西,笑呵呵地说:"这是你们在非洲打猎时遗忘的东西。"原来,那是被年轻夫妇随手丢弃在非洲大陆的一个空矿泉水塑料瓶。广告最后告诫游人要懂得尊重大自然,不要在旅途中乱扔杂物,污染环境。

　　案例分析: 环境保护广告除了传统的恐惧诉求,即告诉人们不保护环境的危害,也可以尝试用幽默戏谑的手法来表达,让观者在"看热闹"的过程中对故事产生好感,进而揭开最后的谜底,让同是人类的观者产生羞愧感和震撼,推动人类行为的改变。

本章小结

　　本章主要介绍形象类和公共事物类的广告文案写作知识,通过对相关优秀广告文案作品的分析,明确广告文案写作的知识和传播理念,在分析作品中学习具体的广告文案写作。

应用分析

1. 分析中兴百货的系列广告文案 5 则。
2. 试着分析哈六药厂的一系列广告运作,总结其中优劣。
3. 尝试以小组为单位成立广告公司,撰写相关的招聘广告文案。
4. 撰写一则以"拒绝艾滋病"为主题的公益广告文案。

第13章

广告文案测试

 学习要点

- 了解广告文案测试的基本概念;
- 认识广告文案测试的分类;
- 掌握广告文案测试的基本方法;
- 学会进行基础性的广告文案测试工作。

 开篇案例

引起争议的耐克广告——恐惧斗室

2004年12月8日9时,在国家广电总局发出停播耐克广告片"恐惧斗室"的通知后,耐克首次做出书面致歉。据称,此次是耐克广告历史上第一次被政府叫停。

名为"恐惧斗室"的耐克篮球鞋广告片,男主角是NBA巨星——勒布朗·詹姆斯。很多人认为该广告有涉嫌侮辱中国人之意。主要有三个场景的出现引起了人们的争议,认为其"侮辱中国"的形象,其一,詹姆斯与身穿长袍中国人模样的老者"争斗",詹姆斯将老者击倒。其二,身穿中国服装的妇女(与敦煌壁画中的飞天造型极其相似)暧昧地向詹姆斯展开双臂。随着詹姆斯扣碎了篮板,"飞天形象"随之粉碎。其三,篮板旁出现了两条中国龙的形象,二龙吐出烟雾和阻碍詹姆斯的妖怪。

耐克"恐惧斗室"广告事件的对外发言人周晓梦称,因为主要消费者是青年人,所以"恐惧斗室"融合了青年人喜欢的日本动画、美国嘻哈及中国武术等元素。"当初我们在创意时,把这些流行元素糅合在一起,而没有明确为这些文化分一个国界,因为文化是没有区域限制的。"周晓梦说,耐克公司没有考虑到该广告有可能亵渎中国民族风俗。他代表耐克公司向中国观众致歉。对于广电总局叫停"恐惧斗室",周晓梦表示,耐克公司将积极配合中国政府,"恐惧斗室"所有其他形式的广告也将撤掉。

思考与练习：
1. 观看本案例，试对其进行全面分析。
2. 设想如果该广告进行了广告文案事前测试，结果是不是会不一样。

13.1 广告文案测试的概念和意义

广告文案测试属于广告效果测试的一部分，在广告效果测试中对广告作品诉求效果的检测，通常称为"文案测试"（Copy Test）。虽然叫作"文案测试"，但并不仅局限于对广告文案进行测试，而是指对整个广告作品的效果进行相应的测试。具体操作时，可以采用不同方法分别对广告文案的有效性、广告画面的合理性以及广告创意的逻辑性进行检测。

毫无疑问，广告文案测试会在一定程度上减少广告投资风险，提高广告传播效率。具体来讲，可以减少不必要的广告花费，降低企业运营成本；让企业主提前看到可预测的广告投放效果；对广告制作方来说，可根据测试结果对广告进行修改，促使广告更加符合市场的发展规律。但是由于其周期长（文案测试会使广告的制作时间延长几周甚至几个月）、费用高，商家只关注广告在测试中"得几分"而忽视测试对广告发展的意义等原因，文案测试在我国受到一些广告公司的"遗弃"。由于耗资多、周期长以及投资方的不理解，很多广告公司会选择不做文案测试，多数地方性广告没有经过测试，很多全国性广告也未经过正式的文案测试。再加上新媒体时代，很多即时性广告强调的是速度，也就没有办法和时间进行测试了。但笔者认为，广告活动，尤其是在进行大规模的广告运作、大投资的广告项目时，事先的广告文案测试是非常有必要的。仅依赖创意小组、个人经验或直觉判断广告可能出现的效果风险太大，我们要想提早知道潜在顾客将对广告做出何种反应，就必须进行相关文案测试。

13.2 文案测试的标准和类型

根据几个著名广告人的观点，文案测试主要有以下五个标准。
（1）诉求对象对广告的认知。
（2）诉求对象对广告内容的记忆层面的效果。
（3）广告对诉求对象态度改变层面的影响。
（4）广告对于购买行为的影响。
（5）广告在提高品牌忠诚度或产品消费量方面的效果。

在这5种准则中进行选择的关键问题是：在当前市场营销活动中，有关此品牌或此广告活动的广告效果是根据什么来测量的。每一品牌通常在认知、偏好、尝试、重购四个"等级"层次中有广告"问题"，并且通过对消费者数据的分析，可用来确定某一广告或广告活动的具体目标。低参与度的广告活动更注重消费者对广告内容的认知与回忆，而高参与度的广告活动更注重广告所传递的信息对消费者的说服、态度改变的影响。

因此，每个广告在文案测试之前，应确定自己的有效性准则。

但是，一般不会只有一种准则评价广告的有效性，通常需要涉及几个准则。比如，经常根据人们对一则广告的认知或回忆分数来评价它的"广度",因为这些得分告诉你有多少人看到了这个广告。而广告的说服或购买意图分数可用来评价它的"深度",它说明广告影响受众的程度,他们是否更喜爱这种品牌以及他们是否愿意尝试它。

在广告作品发布前、广告发布期间和广告发布后都有必要进行文案测试,这三个阶段的测试分别称为事前测试、事中测试、事后测试。

事前测试可以帮助广告公司预先了解广告可能产生的诉求效果,并参照测试结果对广告作品进行必要的修正。事中测试可以帮助广告公司了解广告作品是否正在达成预期的诉求效果,是否让目标受众对这则广告有了初步的认知。事后测试则着重于了解广告作品产生了什么样的诉求效果,受众是否通过观看了广告,加深了对产品的喜爱以及是否诱发了购买行为。相对来说,事前测试比较受到重视。

13.3 事前测试

一般分为内部事前测试和外部事前测试,前者是面向公司内部,后者是面向消费者本身,前者因为在公司内部执行,测试成本低廉,因此,稍微规模的广告公司均会或多或少地涉及。

13.3.1 公司内部事前测试

广告诉求效果的内部检查,在广告创作进入文案写作和设计阶段之前就应该开始,比如对创意的方向的探讨;对创意概念进行评价,以选择最有效的创意。

正式的内部文案测试在广告定稿前进行,广播广告和电视广告可以简单录制成不那么精细的样带或者样片。内部事前测试可以采用小组讨论或资深专业人员评判的方式,也可以采用一些更为具体、客观的方法。

1. 内部检核表

内部检核表主要由公司内的高层创意人员根据公司积累的经验和公司内部的评价标准制作,在检核表中列明需要检查评价的项目,然后将完成的作品初稿对照检核表进行检查。

检核表可以针对文案、画面和广告的整体表现详细列出多个项目,几乎包括一切可以对广告进行评价的标准。对文案可列"是否表现出创意""标题是否有吸引力""正文和标题是否有密切联系""语气是否适当""用词是否准确""产品、服务的主要销售特色是否都包括在内""文案中使用了什么样的人称代词、使用了多少次""广告文案中如何出现品牌的名称、出现了多少次"等。

检核表测试方法看起来只是机械地分析广告的基本内容,但能够对广告文案的内容进行全面、系统地检查,可以充分保证广告方向的正确,并确定没有明显的错误存在。

2. 内部评分量尺

内部评分量尺是一种量化的方法，可以结合检核表使用。如果需要在多个作品中做出最佳选择，采用评分量尺得出的量化结果可以提供重要的参考。

具体做法是：针对被测试的作品提出多个具体的、有评价意味的问题，如"第一段有没有承上启下，并引导广告正文""品牌名称在广告中是否引人注目"等，每一个问题后都附有一个包括五点的评分量尺："很好/好/一般/不好/很不好"，由参加测试的每个人根据自己的看法做出选择，最后进行综合的数学分析比较。

3. 可读性测试

可读性测试主要用于测试以印刷品为载体的广告文案，可以帮助判定被测文案被受众阅读、理解的难易程度。

可读性测试有几种公式可以采用，最著名的是由弗莱齐所发展的"弗莱齐公式"。它通过对以下几点的计算来判定印刷广告文案的可读性。

（1）文案中所有语句的平均长度。
（2）文案中所用词汇的音节的平均长度。
（3）文案中使用的涉及人称的文字占文案中所有文字的百分比。
（4）在100字长的文案中涉及人称的语句占语句总数的百分比。

弗莱齐公式指出：最易读的广告文案为每句有14个字、每100字有140个音节、10个涉及人称的文字、总计有43％涉及人称的语句的文案。

以上这三种测试方法在人力、物力、财力方面都花费较小，便于应用，通常能够直观、初步地发现广告作品的明显不足。但是在广告公司内部进行的测试只是文案测试的一小部分工作，对广告更可靠的意见，来自对广告诉求对象测试结果的分析。

知识链接

罗伯特·布莱的"文案作者确定清单"

罗伯特·布莱在《文案创作完全手册》中提到：在你把完成的文案交给客户或创意部门之前，先问自己以下几个问题。这些自我提问或许可以帮助文案撰稿人检测自己的文案，进而形成更出色、可行的文案。具体清单如下。

（1）这份文案是否落实了标题所做的承诺？（在有标题的情况下）

假如文案的标题是"如何赢得友谊、发挥影响力"，那么接下来的文案就应该告诉你，用什么方式赢得友谊、发挥影响力。假如文案没能落实标题的承诺，就等于在欺骗读者——而且读者绝对会发现。

（2）这份文案够有趣吗？

假如读者边读你的文案边打哈欠，那么你的文案就不可能点燃读者心中对产品的热情。你可以在文案中讲故事、提供新消息、改善读者的生活，总之务必要让它看起来有意思。无趣，不是让读者掏钱购买的方法。

(3) 这份文案容易读懂吗?

读者看到你的文案时,并没有义务要猜得出来你在说什么,反而是你有责任用简单的语言表达清楚。你应该使用较短的句子跟段落,以及简单的词汇,使你的语意清晰明确。

(4) 这份文案具有可信度吗?

曾经有个老师这样描述我的文章:"这段话的诚信度只值一张3元钞票。"大众本来就不信任广告或广告人,你得格外努力才能说服读者相信你的话。建立可信度的方法之一,是拿出满意顾客的见证说法;另一个方法是提供实际展示或科学证据,以证明自己所言不假。然而要让大家相信你的最好方法,还是——说实话。

(5) 这份文案有说服力吗?

文案光是清楚易读还不够,你得兼顾销售及沟通效果。要达到销售目的,你的文案必须先能够赢得读者的注意力、将他们吸引住,接着让他们对商品产生购买欲望,并且证明商品的优越之处,最后才能指望他们掏腰包。

(6) 这份文案够明确具体吗?

要说服大众购买,你得提供具体细节,包括相关事实、产品特色、使用益处、折扣优惠等,各种为什么他们应该买这项商品的理由。内容越明确具体,你的文案就越有信息性跟可信度。

(7) 这份文案够简洁吗?

尽量用最少的字来叙述整个故事;当故事讲完,就立刻停笔。

(8) 这份文案跟商品紧密联结吗?

特约文案作家席格·罗森布拉姆(Sig Rosenblum)解释:"优秀文案要遵守的原则之一,就是不要谈自己。别告诉读者,你做了什么努力、达到什么成就,或你喜欢什么、不喜欢什么……这些对读者都不重要。真正重要的是读者喜欢什么、需要什么、渴望什么!"所以你应该确保文案提到的事实,都跟读者自身的利益相关。

(9) 这份文案的节奏够流畅吗?

优秀的文案会从一个重点,流畅运行到下一个重点。当中没有造成困扰的段落,没有令人迷惑的说法,也没有奇怪的词汇来影响读者、打断阅读的流畅度。

(10) 这份文案是否能够鼓励读者实际购买?

你希望消费者转而购买你的品牌、写信要求寄送免费宣传册、打电话给你的销售代表、然后寄给你一张支票吗?那么你应该在文案中,说明接下来要采取什么步骤,并且要求读者实际行动。为了达成目的,你可以提供优惠券、回复卡、免付费服务电话以及其他能够增加回应的做法。

13.3.2 面向诉求对象的事前测试

为了使测试更可靠,测试对象最好采用科学的抽样方法选定。如果有通过抽样方法选定的固定的调查对象,可以使用这些固定样本来进行事前测试。如果时间有限,无法进行抽样,也可以在产品或服务的潜在消费者比较集中的人群中进行,比如超级市场、购物中心的购物者等。

1. 定性研究

集中群体研究广泛地运用于广告开发的后期。对112家大型广告公司采用技术的研究发现,使用集中群体研究,96%的时间是为了广告形成创意;60%的时间用于预测对广告草案的可能反应。正如本章开始提到的那样,在过去10年中,人们大大地增加了对定性技术的使用。

2. 受众对广告的印象

许多文案测试增加了一些较为随意的提问,以试探观众对广告的初步印象。这一方面是要检查出受众对广告可能出现的误解;另一方面就是发现基于受众视角的可能存在但现在还没发现的巧妙联想。如果在受众中出现了太多不好的评论,那就该加以注意了,应对广告采取相应的更改。一则大众汽车广告描述了一位底特律汽车工人驾驶着一辆VW罗比特车,只因该车具有更优良的性能。这则广告最终没有被通过,因为很多受众不喜欢广告所表现出的对公司不忠诚的形象。

3. 形容表格

如BRC邮寄问卷包括了一个形容表格,该表格使广告公司可以判断受众对广告的看法(广告是温馨的/有趣的/令人愤怒的/信息含量大的)。ASI公司、电信研究公司及其他一些广告公司都使用了类似的表格。雷奥·伯内特广告公司和杨—鲁比凯姆广告公司也采用了一个类似的表格,称之为观念反应记录。表格中的一些语句用于测试观众的理解程度,如"我自己也可能会那样做""我指的就是那样"等。有些人认为,广告必须要与观众心灵相通,否则难以取得成效。

4. 文案测试情感反应

许多广告公司施展浑身解数,只是为了测试广告能否激发消费者的某种情绪,或者是否意外地激发了一种不该激发的情绪。据报道,一些词汇的尺度可用来测试这些情感反应,这些度量方法在爱尔公司和麦堪—爱立克森公司,及其他广告公司里得到应用。雷奥·伯内特通过计算机辅助消费者访问的方法,测试了这些反应,消费者首先选择自己受广告触动产生的一种情绪种类,在这一种类下,计算机又进入一个更详细的情绪分类中,消费者再继续选择。

BBDO广告公司选择的是一种非文字系统。此系统向看过广告的观众展示53张人脸照片,这些照片显示了26种不同的情绪。再由消费者选择一种最能反映他们感受的表情。研究者把统计数字列表,表明各照片被选择的概率各是多大。在进行统计分析时,每个广告都被置于一个两维的情感空间里,这两维分别是主动—被动和肯定—否定(这是情感研究中经常使用的两组概念)。把BBDO公司的方法应用到吉列剃须刀广告"一个男人能得到的最好的东西"中,广告取得了极好的效果。男士们剃须后宣称,自己增加了自信,充满了欢乐和幸福。广告的情感战略大获全胜。

5．心理测试的方法

研究者们还通过一些心理测试设备观测人们对广告的反应，捕捉人们在观看广告时神经系统或情绪上出现的变化。这些方法着重观察人们的眼部运动。

（1）眼睛摄像器

眼睛摄像器可拍摄眼睛的移动。它可以拍下眼睛反射出的一束光，也可以拍下眼睛运动的影片。这种设备可记录下印刷广告中目光每秒停留60次的视点，从而得知读者看到了什么，视线主要集中在广告内容的哪一部分。在包装测试中，受测试者也被要求在一堆同类产品中找出测试品牌来。

（2）测瞳仪

测瞳仪根据眼睛收缩原理进行测试。当眼睛看到一些有趣或赏心悦目的东西时，瞳孔放大；反之，看到丑陋的、恶心的东西时，瞳孔缩小。这一原理被用到观看新的电视节目中。一些与眼睛运动相关的设备，如视速仪、影像位移仪、测距仪、照度表、立体声测速计都在测试中发挥了作用。

（3）广告动态策划分析

广告动态策划分析是指观众在收看广告时，可通过一个手动或脚动的操作装置，控制电视机音像频道的强度。广告节目的音像信号会以一种特定的方式减弱，观众为保持信号的强度需付出努力。他们为之付出的努力是衡量他们对广告兴趣大小的标准。

（4）大脑波

有些公司根据激发的大脑波的数量、性质和分布来测试广告效果。测试者让消费者坐在椅子上，在他们身上（前、后、左、右）插上电极。广告播放时，通过脑电图（EEG）记录大脑不同部位的大脑波。通过对大脑波频率和幅度的分析，可以测试广告的各个部分及整体对观众注意力的吸引程度。例如，广告的认知是在大脑左半球进行，因为左半球一般负责对信息进行分析性处理。

通过这些方法及其他心理测试（如电触皮肤反应等）得到数据，可能产生的问题有：

① 人为因素的干扰，使数据不能真实地反映广告的有效性。
② 数据本身难以解释（比如，大脑波活动的加剧或减少到底与认知过程有何关系）。

6．广告反应的线上监视

ASI公司的剧院测试利用了一个特殊的号码盘，号码盘数字的升降显示消费者对广告兴趣的大小。从号码盘记录器中得到的数据可提供诊断性信息，告诉人们广告的哪部分更令人感兴趣。市场实情公司开发了一套系统，当观众感觉广告的某部分给他的印象很深时，就按一下按钮，然后，让观众再看一遍广告，并问他们为何在那些时候按按钮。通过这种方式可以理解观众的反应。琳达·阿尔维特和她的同事在研究广告的播出频率和播放进程时，也采用了相似的技术。

戴维·艾柯、道格拉斯·斯德蒙和迈克尔·哈格梯利用计算机操纵杆测试观众在收看广告时对温馨感觉的反应。该方法同样可监测其他情感，如愠怒、幽默或喜好。詹姆斯·麦克拉士兰和约翰·迈尔斯根据消费者在不同品牌产品间进行选择的时间来衡量广告是否有效。这种被称作反应等待的方法，在广告研究中应用广泛。另一种很有潜力的技术称作面部反应活动编码。通过观察观众在收看广告时的面部表情变化，可以监测出不同的情感反应，C.大卫·休斯和他的同事们开发了一种拨号式连续测量方法来观测观众对广告的反应。他们发现，这种方法可以测试广告是否因过时（wearing out）而失去作用，因为该方法给出了消费者不再从广告中提取新信息的时间。

值得一提的是，现在很多在线调查公司兴起，也使得调查的可行性和便利性更高。图 13-1 所示为调查网在线广告文案测试调查的流程，可供参考。

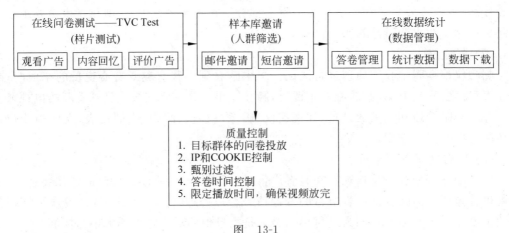

图 13-1

13.4 事后测试

广告刊播后产生的实际效果的测试同样要面向诉求对象进行。下面介绍常用的方法。

13.4.1 辅助回忆法

向调查对象提示一些关于被测试广告的具体信息，如广告中的人物、标题或者人物语言，然后询问调查对象是否接触过这个广告以及接触过该广告的相关信息，如在什么时间，通过什么媒介，还记得广告的哪些内容或者哪些具体表现手法。

这种方法可以测定广告在诉求对象的认知层面的效果，衡量诉求对象对广告的记忆度，但是无法测定态度、购买行为、品牌忠诚等方面的效果。

13.4.2 纯粹回忆法

不做任何提示，直接让调查对象回忆是否接触过某个广告，询问他们还记得广告的哪些内容或者哪些具体表现形式。这种方法同样可以测定广告在认知和记忆方面的效果，而且未经提示的回忆比经过提示的回忆更加可靠。

13.4.3 态度测试法

用直接提问、语意差异量表测试等方法调查诉求对象接触广告后在态度方面的变化。可以提出"你以前认为这个产品是什么样的产品,现在怎么看"之类的问题。将广告刊播前后的态度测试结果做比较,可以更准确直接地测定诉求对象态度的变化。

13.4.4 查询法

在广告中鼓励诉求对象打电话询问或者索取详细资料、免费样品,然后观察和记录广告刊播后的反应情况。查询测试的结果,可以直接反映广告引起受众注意、产生对产品详细信息兴趣的能力,但同样无法反映广告对于销售的作用。

13.4.5 销售测试法

销售测试法是最能直接反映广告对购买行为的作用的测试方法。可以选定两个规模相同、消费者构成相似的市场,在一个市场投放广告,在另外一个市场不投放广告,然后比较广告投放后一段时期内两个市场的销售状况。也可以在相似的市场上投放两个不同的广告,比较广告投放后的销售变化。

这种方法成本较高,而且影响销售情况的因素非常复杂,测试结果不能作为判定广告销售效果的唯一依据。

即使测定的标准、方法和技术非常完美,也没有绝对可靠的方法可以完全准确地预测或者测定广告作品的诉求效果。因为广告效果受到多种因素的影响,也需要长时间的积累,还可能延迟一段时间才能显现出来。此外,文案测试还有一个重要的不利因素:调查对象可能因为知道是调查而不完全真实地表明想法。所以,任何测试结果都只能作为参考,不能作为判断广告优秀与否的根本依据。

文案准确度和可信度测试

现已开发了多种文案测试方法可供广告公司选择。在提出是否需要进行文案测试的问题后,还要考虑选择合适的测试方法。这一问题是文案测试产生以来研究者们关注的对象,关于这一问题有不少专著问世。人们对评价不同类型广告的准确度和可信度很感兴趣。这个问题对广告主来说也十分重要,因为他们付出了巨额广告经费,期望能发现一种合适的测试方法。广告研究基金会成立了一个常设委员会,以鼓励开发更好更新的测试方法,它的年度大会总是围绕某种方法或技术的优势和劣势进行讨论。

选择测试方法的一个基本问题是该测试方法是否准确可靠。它真的能检测广告的有效性吗?某种测试方法中的测试值能真实地度量一个广告吗?测试可信吗?它每次测试时都是在衡量同一个事物吗？如果一个测试就能测出所有一切时还需要采用多种测试方法吗？选择文案测试方法时需考虑以下问题。

1. 合适的文案测试方法

评价文案测试准确度的首要问题是：要测试的广告是否有明确的沟通目标。如果此目标存在，文案测试必然有一个运行目标，这需要一个代表该目标可度量的有用的变数。

事实上，研究者们往往面对的是一些模糊的、不明确的目标，从广告中搜索出明确的广告运行目标，并在文案测试中检验出来，这是很必要的。一个量度不能代表另一个量度，如：回忆不能衡量说服力。

很明显，某种文案测试的准确度取决于广告期望激起何种反应。一个期望产生识别效果的广告不能采用强调即时行为反应的测试方法；一个试图创造一种形象或酿造一种温馨氛围的广告可能需要反复播放的评价方法和比较细致的评价方法。比方说，根据产品使用经验问一些问题，那种常附随机赠券的只播一次的广告测试方法可能不合适。这就是说，必须根据广告目标来评价文案测试中不同准则的有用性。

此外，对文案测试方法的选择还必须结合广告决策的风险性。如果一个全新的广告活动涉及高风险的战略决策，那么，我们需要对上述所有方面进行评价。同时，检验广告是否会使观众产生某种对抗性反应也很重要。一个完整的评价还必须提供足够的诊断信息以判断受众对广告可能产生的反应，以便于我们根据所有这些评价和诊断性信息做出决策。一个广告同时获得高度识别和负面反应是可能的。

广告的全面评价在经费上并非总是可行或必要的。涉及低风险决策的广告只需部分评价。在有些评价中，说服力和改变受众态度是关键，而吸引受众的注意力则不重要；有时候清楚地传递信息是关键，对说服力的强弱进行主观判断就足够了；还有的时候是强调运作过程中可能存在的消极因素。每种情况下，文案测试的目标都是不同的。

2. 最佳尺度：ART 研究

一旦这些目标已经确定，针对各个目标采取哪种文案测试的方法是好的呢？在广告研究基金会最近指导进行的一项使用分线测试的研究中，涉及了6种文案测试方法、5对包装产品的广告和超过一年的销售数据，最终发现的结果是：

（1）测试说服力的最佳方法是采用从最差到最好品牌的排列，这通常在广告展示后获得。

（2）测量文案特色的最佳方法是无辅助认知情况下首先提到被测品牌的次数。

（3）测试广告沟通（信息传递）能力的最佳方法是考虑这样一个问题："除了劝你买这种产品外，广告还告诉你什么了？"

（4）销量的最佳预测是根据对"这则广告是最近我见过的广告中最好的一个"这句话同意和不同意的数量比。

（5）如果广告给人的印象是"告诉我很多关于产品如何工作的知识"或是"这个广告很有趣、很聪明"，那么产品销量就会增加；如果广告给人的印象是"我觉得这是个很有艺术性的广告"，或是"这个广告没有提供任何信息，只是创造了一个形象"，那么这个广告对销售不起任何作用。

3. 竞争环境

大卫·史都华和保罗·米尼亚德等研究者提出，由于受测试的广告最终要进入竞争环境中，而且这种竞争会降低广告的有效性，所以，只有在竞争环境中进行测试才能检验一个广告是否成功。在测试中，需要搜集测试品牌及所有竞争品牌的资料。有时候，虽然测试品牌在消费者好感和整体态度方面的反应没有增加，但其竞争品的相应指标有所下降。

当然，除非测试中收入了竞争者的相关资料（如："哪种品牌这一属性更好？"），否则这些信息无法在文案测试中显示出来。

如果采用比较型广告，在测试前后，就要收集两种品牌的相似度信息，因为广告的一种效果可能是增加比较品牌的相似度。此外，广告还有可能改变受众对测试品牌（或竞争品牌）的某种认识（哪怕这些消费者认识在广告中并未明确提到），而消费者对这些认识会有自己的推断，所以，文案测试还需收集有关这些认识的相关信息。

4. 目标市场

如果大致知道目标市场的大小，那么受测试者们就应代表这个目标市场。最好是进行随机抽样，并且抽样人数要具有统计意义。当然，也应根据实际情况灵活处理，有时候取得数量较大的随机样本在经费上不可行，特别是在有个别采访的情况下更是如此。受测试者的个体差异也会给一些测试造成影响。人们在回答问题、参与实验和参加心理测试时，倾向很不相同。那些不愿参加测试的人与那些欢迎测试的人的回答也会截然不同。

此外，在购物中心采访只能遇见购物者，基于电话的采访会漏掉那些没有电话的人。还有一个问题是：在一个城市甚至三四个城市抽样能否代表整个目标市场。若不能的话，测试结果就很难作为决策的依据。

5. 反应

受测试者对测试环境和检测手段的反应。研究表明，那些希望接受广告回忆或认知效果测试的消费者比没有这种愿望的消费者表现得好。这种不同的反应会歪曲测试结果。不同的人在测试环境中的表现不一样，而任何广告测试中的主要问题都是受测试者是否做出他们应有的反应（称作反应效果或角色选择等）。研究表明，在某些系统中，抽样成员开始适应了系统环境，这个问题不太显著。然而，在那些需要受试者表明态度的系统中，这就成了最值得人们重视的问题，受测试者愿意或者能够如实回答吗？

有些技术可减少这种偏见效果。一种是不让受测试者知道实验的真实目的，只告诉他们：他正在评价一个电视节目而不是其中的广告。然而，这种方法，也不能完全消除所有的偏见反应，而且，在涉及伦理和道德问题时，未经受测试者同意，能够这样欺骗他们吗？另一种是采用非反应的测量，受测试者可以不受情绪干扰而做出回答。直接邮寄测试就可以避免偏见反应的干扰。

6. 广告初稿与成稿

广告初型与最终广告的测试结果高度相关。要认识这一问题，首先要了解广告初稿模型和最终广告有何不同，以及这些差异对受众反应的影响。例如，在初型广告形式下，很难测试幽默感、情绪反应及对整体广告的喜好程度。从另一方面看，动画这类的初型广告适合测试对文案要点的理解程度，因而可用于战略测试中，尽管一些研究表明，动画可能比最终广告更突出了对要点的理解。

7. 广告展示次数

文案测试如何预测在广告展示了几十次甚至上百次后受众的反应？一次性展示能提供有意义的结果吗？是不是至少应让受测试者看二三次呢？另一个值得探讨的问题是，测试广告应置于什么样的背景环境中？最好的办法是在一个节目或一本杂志中安插许多广告，但这无疑使测试变得复杂。还有可能干扰实验结果。

8. 自然观看和强迫观看

比哈维尔斯卡分线测试的方法被称为在线测试，因为受测试者是在家中收看电视节目。诸如 ASI 的方法也属于在线测试的一种，但受测试者知道他们是进行试验，且收看广告的时间也不是他们一般习惯看的时间。因而，其收看环境可能影响到试验结果。

人为的测试环境可能会影响到测试结果的准确性。人为环境的极端情况是在购物中心的购物者中抽样，请他们观看广告模型，并在纸上记录他们看完广告后的反应。比哈维尔斯则是在比较自然的环境下进行测试，观众们知道自己是在进行一项试验。

有3种主要的文案测试研究：实验室测试、模拟自然环境测试以及市场测试。

实验室测试和模拟自然环境测试是强迫观看广告，而市场测试更倾向于在线回忆测试。据对广告公司专业人士的调查，他们最偏爱的是只播放一次、在多个市场中进行的在线测试（而非单播放、单市场；多播放、单市场；多播放、多市场），对于强迫观看的情况，剧院和实验室测试比电影预告片和家庭强迫观看测试更受这些人士的欢迎。当然，这只反映了一个整体的偏好，测试方法的选择应该是具体问题具体分析。

9. 文案测试可靠性

选择文案测试还需考虑测试方法的可信度。每次测试测量的都是同一个东西吗？针对这一问题人们做了很多工作。凯文·克兰西和利蒙·奥斯伦进行的一项研究中，对106个广告先后进行了两次在线回忆测试。可信度系数（两次测试分值的相互关系）是0.67（去掉产品类别的影响）和0.29，显然这些系数较低，实验者向在线回忆测试的可靠性提出了挑战。研究表明，偏爱测试的可靠性甚至比回忆测试的可靠性还低，特别是在播放一次的情况下更是如此。

阿尔文斯·斯尔克指出使用反复测试的方法来评价可靠性也有很大困难，因为每次测试的条件必须一样。如果消费者在两次测试中观看广告的环境不同，测试的条件就不一样，此时较低的相关系数并不意味着较低的可靠性。加科布·霍尼克的研究甚至表明：文案测试的分值与测试时间有关。如果广告测试在上午9：00进行，回忆得分最高，因为人们在那个时间最清醒！由于这些因素，使用反复的方法直接评价文案测试的可靠性十分困难。

10. 文案测试敏感性及其他因素

选择文案还需考虑其他一些因素，如测试的性质、测试提供者等。除了可靠性和有效性以外，约瑟夫·普鲁默还提出评价测试的另外5个标准。

(1) 敏感性：测试应能区别同一品牌的不同广告。

(2) 测试的独立性：在测试中不同测试值的关系不大。

(3) 全面性：测试不仅提供基本的评价分值，还应解释各评价分值代表什么。

(4) 与其他测试的关系:同一广告经相似的两个测试系统检验,结果应该相似。

(5) 接受性:测试结果应被决策负责人接受。

在选择广告测试公司时,主要考虑因素有:公司声誉,如服务记录、是否存在标准、在行业中的地位等。此外,公司的地理位置、与竞争者相比服务费用的高低也要考虑。

这些便是评价广告测试有效性时应考虑的因素。

11. PACT 原则

1982年,21家广告公司联合发布了一套文案测试原则,它被称作定位广告文案测试(Positioning Advertising Copy Testing,PACT)。PACT总结了包括我们在本章中提到的许多原则。

(1) 一个好的文案测试系统提供了与广告目标密切相关的量度。

(2) 一个好的文案测试系统应保证在测试开始之前,就在如何使用测试结果上达成一致意见。

(3) 一个好的文案测试系统应提供多个测量值,因为一个测量值不足以评价一个广告的效果。

(4) 一个好的文案测试系统应建立在人类反应模型基础上——接受刺激、识别刺激、对刺激产生反应。

(5) 一个好的文案测试系统应考虑是否应播放几次广告。

(6) 一个好的文案测试系统应意识到,一个广告文案越接近完成,越能很好地评价它,至少应使用与广告完成程度一致的测试模型。

(7) 一个好的文案测试系统应尽力避免因观看环境的不同而产生的偏见效果。

(8) 一个好的文案测试系统应合理抽样。

(9) 一个好的文案测试系统应同时具备可靠性和有效性。

(资料来源:网络相关资料整理汇总)

本章小结

本章主要介绍广告文案测试的基本概念、分类和方法。目前,广告文案测试虽然没有在国内普及,但随着广告运作日益科学化,未来的企业和广告公司一定会越来越重视文案测试这项工作,大家在对基本的文案测试方法掌握的同时,可以多关注目前国际上比较前沿的一些测试方法。

应用分析

1. 查阅大型4A广告公司的网站,考察其是否有相关文案测试工具或栏目,如果有,他们具体是怎么操作的,有没有一些经典的测试案例。

2. 试着用所学知识对自己小组创作的广告作品进行内部测试。

3. 通过网络调查平台或工具对自己小组创作的广告作品进行外部测试。

4. 选定一则最近某企业发布的广告,尝试对其进行事后测试。

拓展阅读推荐书籍及网站资源

写作修辞类：
[1] 谭君强. 叙事学导论[M]. 北京：高等教育出版社，2008.
[2] 吴礼权. 传情达意：修辞的策略[M]. 广州：暨南大学出版社，2014.
[3] 李庆荣. 现代实用汉语修辞（修订版）[M]. 北京：北京大学出版社，2010.

数字营销类：
[1] 阳翼. 数字营销[M]. 北京：中国人民大学出版社，2015.
[2] 陈刚. 创意传播管理[M]. 北京：机械工业出版社，2012.
[3] 谷虹. 品牌智能[M]. 北京：电子工业出版社，2015.

创意方法类：
[1] 李欣频. 十四堂人生创意课[M]. 南宁：广西科学技术出版社，2010.
[2] 赖声川. 赖声川的创意学[M]. 南宁：广西师范大学出版社，2015.
[3] 丁邦清，程宇宁. 广告创意：从抽象到具体的形象思维[M]. 长沙：中南大学出版社，2011.
[4] 金定海，郑欢. 广告创意学[M]. 北京：高等教育出版社，2008.
[5] [美]詹姆士·韦伯·杨. 创意的生成[M]. 北京：中国人民大学出版社，2014.
[6] [美]贝纳德·格塞雷. 广告创意解码[M]. 北京：中国物价出版社，2003.
[7] [日]佐藤可士和. 佐藤可士和的创意思考术[M]. 北京：北京科学技术出版社，2011.

文案写作类：
[1] [英]英国设计与艺术指导协会. 全球一流文案：32位世界顶尖广告人的创意之道[M]. 北京：中信出版社，2013.
[2] [英]罗伯·鲍德瑞. 广告文案写作教程[M]. 上海：上海人民出版社，2009.
[3] [英]多米尼克·盖廷斯. 牛文案是怎样炼成的[M]. 北京：中国传媒大学出版社，2010.
[4] [美]乔治·费尔顿. 广告创意与文案[M]. 北京：中国人民大学出版社社，2005.

广告文案网站资源：
[1] 广告门，http://www.adquan.com/.
[2] 顶尖文案，http://www.topys.cn/.
[3] 互动中国，http://www.damndigital.com/.
[4] 麦迪邦讯，http://www.madisonboom.com/.

参 考 文 献

[1] 高志宏,徐智明.广告文案写作[M].北京:中国物价出版社,2002.
[2] 胡晓芸.广告文案写作[M].北京:高等教育出版社,2003.
[3] 何辉.广告文案[M].北京:北京大学出版社,2009.
[4] 王汀.华文广告语点评[M].广州:广东人民出版社,2005.
[5] [美]罗伯特·布莱.文案创作完全手册[M].北京:北京联合出版公司,2013.
[6] 吕尚彬,等.广告文案教程[M].北京:北京大学出版社,2007.
[7] 小马宋.那些让文案绝望的文案[M].北京:北京联合出版公司,2015.
[8] 乐剑锋.广告文案[M].上海:上海人民美术出版社,2009.
[9] 张立梅.广告文案创作[M].北京:经济管理出版社,2010.
[10] 谭君强.叙事学导论[M].北京:高等教育出版社,2008.
[11] 阳翼.数字营销[M].北京:中国人民大学出版社,2015.
[12] 陈刚.创意传播管理[M].北京:机械工业出版社,2012.
[13] [美]菲利普·沃德·博顿.广告文案写作[M].北京:世界知识出版社,2006.
[14] [美]大卫·奥格威.一个广告人的自白[M].北京:中信出版社,2008.
[15] [美]艾·里斯,杰克·特劳特.定位[M].北京:机械工业出版社,2010.
[16] 奥美集团.奥美的观点[M].北京:中信出版社,2013.
[17] [美]阿尔伯特·拉斯克尔.拉斯克尔的广告历程[M]:北京:新华出版社,1998.
[18] [美]詹姆士·韦伯·杨.广告传奇与创意秒招[M].呼和浩特:内蒙古人民出版社,1998.
[19] [美]克劳德·霍普金斯.科学的广告[M].北京:华文出版社,2010.
[20] [美]路克·苏立文.文案发烧[M].北京:中国人民大学出版社,2010.
[21] [美]菲利普·科特勒.营销管理[M].北京:中国人民大学出版社,2001.
[22] [英]罗伯.鲍德瑞.广告文案写作教程[M].上海:上海人民出版社,2009.
[23] [英]多米尼克·盖廷斯.牛文案是怎样炼成的[M].北京:中国传媒大学出版社,2010.
[24] [美]乔治·费尔顿.广告创意与文案[M].北京:中国人民大学出版社社,2005.
[25] [美]德鲁·埃里克·惠特曼.吸金广告[M].南京:江苏人民出版社,2014.
[26] 泛克.文案设计30人[M].武昌:湖北美术出版社,2003.
[27] [美]斯科特·C.珀维斯.创意的竞赛[M].北京:中国财政经济出版社,2004.